CONCOURS
2025
2026
Catégorie B

J'INTÈGRE
LA FONCTION
PUBLIQUE

GARDIEN DE LA PAIX

Externe et interne

Delphine Belleney
Thibault Couarc'h
Nicolas Grenier
Yannick Lévêque
Corinne Pelletier
Benoît Priet
Frédéric Rosard

DUNOD

LES + EN LIGNE

Pour aller plus loin et mettre toutes les chances de votre côté, des ressources complémentaires sont disponibles sur le site www.dunod.com

Connectez-vous à la page de l'ouvrage (grâce aux menus déroulants, ou en saisissant le titre, l'auteur ou l'ISBN dans le champ de recherche de la page d'accueil).
Sur la page de l'ouvrage, sous la couverture, cliquez sur le lien « LES + EN LIGNE ».

Édition : Aurore Béra, Anne Le Duc
Couverture Studio graphique Dunod : Nicolas Wiel (DA) – Elizabeth Riba (graphiste)
Mise en page : Belle Page

NOUS NOUS ENGAGEONS EN FAVEUR DE L'ENVIRONNEMENT :

PAPIER CERTIFIÉ

Nos livres sont imprimés sur des papiers certifiés pour réduire notre impact sur l'environnement.

Le format de nos ouvrages est pensé afin d'optimiser l'utilisation du papier.

Depuis plus de 30 ans, nous imprimons 70 % de nos livres en France et 25 % en Europe et nous mettons tout en œuvre pour augmenter cet engagement auprès des imprimeurs français.

Nous limitons l'utilisation du plastique sur nos ouvrages (film sur les couvertures et les livres).

11 rue Paul Bert, 92240 Malakoff
www.dunod.com
ISBN : 978-2-10-087665-5

Sommaire

Épreuve d'admission n° 3

Questionnaire à choix multiples de langue étrangère (anglais)

Épreuve d'admission n° 4

Tests psychotechniques

Épreuve d'admission n° 5

Épreuves physiques

Épreuve d'admission n° 6

Entretien avec le jury

Connaissances professionnelles

Environnement et cadre d'intervention

Pour s'entraîner

Annales et sujets inédits corrigés

Les auteurs

Delphine Belleney
Professeure agrégée d'anglais et traductrice littéraire indépendante.

Thibault Couarc'h
Enseignant en éducation physique et sportive (EPS) et en activité physique adaptée (APA).

Nicolas Grenier
Professeur de culture générale et auteur des fiches d'actualité en ligne sur le site www.dunod.com.

Yannick Lévêque
Chef de service de Police municipale en fonction et ancien gardien de la paix. Formateur dans la préparation des concours des métiers de la sécurité intérieure : Police nationale, Police municipale, Gendarmerie nationale, Douanes, Administration pénitentiaire.

Corinne Pelletier
Diplômée en psychologie cognitive et directrice d'une association gestionnaire de services et établissements pour personnes déficientes sensorielles.

Benoît Priet
Professeur de français et de tests psychotechniques à Poitiers, spécialiste de la préparation aux concours.

Frédéric Rosard
Docteur en mathématiques, concepteur de tests psychotechniques, préparateur et jury de concours.

Devenir gardien de la paix

Le gardien de la paix (GPx) appartient au corps d'encadrement et d'application de la Police nationale. C'est un emploi de catégorie B de la fonction publique, accessible par concours externe, ou par concours internes pour les policiers adjoints comptant au moins un an de service, les cadets de la République option Police nationale ayant effectué leur formation initiale d'un an et les gendarmes adjoints volontaires (GAV).

Remarque

Un policier adjoint est un contractuel de droit public (rémunération nette à hauteur de 1 500 € par mois). Il assiste les fonctionnaires de police. Doté d'un uniforme, il participe à l'accueil et à l'information du public, fait des patrouilles et contribue au développement de la sécurité. Il bénéficie d'une formation professionnelle de 16 semaines en école de police et de 2 semaines de stage d'adaptation, puis d'une formation continue.

Un cadet de la République, option Police nationale, est un policier adjoint qui bénéficie pendant la première année de son contrat d'un dispositif intégrant la formation à l'emploi de policier adjoint et la préparation à un concours spécifique de gardien de la paix (en alternance en lycée professionnel, école de police et en service actif). Durant cette première année, il perçoit une allocation d'études de 552 € net. Dès la fin de sa scolarité, il peut poursuivre son contrat comme policier adjoint ou se présenter au concours de gardien de la paix.

Que ce soit pour le concours externe ou pour les concours internes, il existe deux concours nationaux et un concours déconcentré en Outre-mer :

- un concours national à affectation en Île-de-France avec un nombre important de postes (2 à 3 fois plus que pour le concours à affectation nationale), pour une durée minimum de 8 années dans cette région. Des avantages (indemnités et avancement dans la carrière) sont alors prévus ;
- un concours national à affectation nationale, pour des postes à pourvoir sur l'ensemble du territoire y compris en Île-de-France, pour une durée de 5 ans minimum ;
- un concours déconcentré en Outre-mer organisé sur le ressort des services de police de Guyane, Mayotte, Guadeloupe, Martinique, La Réunion, Nouvelle-Calédonie et Polynésie française. En fin de scolarité, les lauréats sont affectés exclusivement dans ces territoires.

Les candidats peuvent présenter ces concours autant de fois qu'ils le souhaitent.

1 Conditions d'inscription

a. Conditions générales

- Être de nationalité française.
- Être âgé au 1er janvier de l'année du concours d'au moins 17 ans et de moins de 45 ans (37 ans pour le second concours interne). Selon le concours, un recul de la limite d'âge, voire la suppression de celle-ci, est possible sous certaines conditions.
- Être titulaire d'un diplôme de niveau 4 (baccalauréat ou équivalent) pour le concours externe ; aucun diplôme requis pour les concours internes.
- Les concours internes sont ouverts aux fonctionnaires et agents publics justifiant de plus de 4 ans de services publics (premier concours interne) et aux policiers adjoints, cadets de la République, GAV APJA ou volontaires des armées justifiant d'un an de service effectif (second concours interne).

Remarque

Pour le concours externe, le diplôme de niveau 4 n'est pas exigé pour les parents de 3 enfants et plus, pour les sportifs de haut niveau et pour tous ceux qui peuvent justifier d'au moins 3 ans d'activité dans le domaine de la sécurité. Cette condition est réduite à 2 ans pour les titulaires d'un diplôme de niveau 3 (diplôme national du brevet, CAP).

b. Conditions d'aptitude physique

- être médicalement apte à un service actif de jour comme de nuit.
- être apte au port et à l'usage des armes.
- Avoir une acuité visuelle, après correction, au moins égale à 15 dixièmes pour les deux yeux, avec un minimum de 5 dixièmes pour un œil, chaque verre correcteur ou lentille ayant un maximum de trois dioptries pour atteindre cette limite de 15 dixièmes.

c. Autres conditions

- Avoir un casier judiciaire vierge.
- être recensé et avoir participé à une session de journée défense et citoyenneté (ex-JADP) pour les candidats nés après le 31/12/1978 ou être en règle avec la législation sur le service national pour les autres candidats.

2 Épreuves

Les épreuves du concours de gardien de la paix sont fixées par l'arrêté du 8 mars 2022. Les épreuves sont communes pour le concours externe et les concours internes, seul l'entretien avec le jury peut légèrement différer. Depuis septembre 2024, il n'y a plus de phase de sélection préalable (admissibilité). Le concours de gardien de la paix se compose désormais d'une seule phase d'admission dont toutes les épreuves sont obligatoires.

<table>
<tr><td colspan="2" align="center">Épreuve 1
Coefficient 4 (externe) ; 5 (internes)
Durée : 2 heures
Note éliminatoire : 5/20

À partir d'un dossier ne pouvant excéder 15 pages, résolution d'un ou de plusieurs cas pratiques consistant en des mises en situation guidées par des questions. Cette épreuve est destinée à évaluer les capacités rédactionnelles, de compréhension d'une situation professionnelle, d'analyse et de synthèse des candidats ainsi que leur faculté à se projeter dans les missions du corps.</td></tr>
<tr><td colspan="2" align="center">Les deuxième et troisième épreuves se déroulent simultanément.
Le candidat dispose d'une heure pour répondre aux deux questionnaires.</td></tr>
<tr><td>Épreuve 2
Coefficient 2 (externe) ; 1 (internes)
Durée : env. 30 minutes
Pas de note éliminatoire

Questionnaire à choix multiples de culture générale en rapport avec l'actualité en France et dans le monde, le cadre institutionnel et politique français et européen, les valeurs et symboles républicains de la France prévus par la Constitution et les grandes périodes de l'Histoire de France.</td><td>Épreuve 3
Coefficient 1
Durée : env. 30 minutes
Pas de note éliminatoire

Concours internes : seuls sont pris en compte pour cette troisième épreuve les points obtenus supérieurs à 10/20, qui s'ajoutent à la somme des points des deux premières épreuves.

Questionnaire à choix multiples de langue étrangère permettant d'évaluer les compétences linguistiques des candidats. Les langues proposées sont l'anglais, l'espagnol et l'allemand. Les candidats précisent la langue choisie lors de l'inscription au concours et ne peuvent en changer après la clôture des inscriptions.</td></tr>
<tr><td colspan="2" align="center">Épreuve 4
Durée : 2 heures
Pas de coefficient, pas de note

Tests psychotechniques destinés à mesurer les aptitudes intellectuelles des candidats ainsi que leur profil psychologique, en évaluant notamment leur stabilité émotionnelle et le rapport à l'autorité. Les résultats de ces tests sont communiqués aux membres du jury d'entretien.</td></tr>
</table>

Épreuve 5		
Coefficient 4 Note éliminatoire : inférieure à 7/20 **Épreuve d'exercices physiques composée** de 2 ateliers : – un parcours d'habileté motrice ; – un test d'endurance cardio-respiratoire.		
Épreuve 6 Coefficient 5 Durée : 25 minutes Note éliminatoire : 5/20 Le jury dispose, comme aide à la décision, des résultats des tests psychotechniques passés par le candidat, interprétés par le psychologue.		
Concours externe	**Premier concours interne**	**Second concours interne**
Entretien avec le jury permettant d'apprécier les qualités de réflexion et les connaissances du candidat ainsi que son aptitude et sa motivation à exercer l'emploi postulé. Le jury dispose du curriculum vitæ détaillé, transmis le jour même de l'épreuve. Il devra faire apparaître les compétences acquises lors du parcours scolaire et extrascolaire et développer les raisons de ce choix professionnel.	**Entretien avec le jury** s'appuyant sur un dossier professionnel préalablement déposé par le candidat auprès du service organisateur. Ce dossier a pour objet de mettre en évidence les acquis de l'expérience professionnelle du candidat durant son activité **ainsi que ses motivations à devenir gardien de la paix.**	**Entretien avec le jury** s'appuyant sur un dossier professionnel préalablement déposé par le candidat auprès du service organisateur. Ce dossier a pour objet de mettre en évidence les acquis de l'expérience professionnelle du candidat durant son activité.

À l'issue des épreuves, chaque note est multipliée par son coefficient et le total détermine le score du candidat. Un classement est effectué sur la base de ce score.

Deux listes sont dressées : une liste principale et une liste complémentaire, dans laquelle des candidats arrivés au-delà du nombre de places offertes peuvent tout de même être repêchés en cas de désistements, d'empêchement ou d'irrégularité d'un ou de plusieurs candidats reçus sur liste principale.

Deux conditions déterminent particulièrement l'impossibilité d'une admission :

- une aptitude physique inappropriée, déterminée lors de la visite médicale ;
- une aptitude morale inadéquate déterminée par l'enquête de moralité.

Remarque

En 2025, 3 800 postes sont ouverts aux différents concours de gardien de la paix.

Épreuve d'admission n° 1

Résolution d'un ou plusieurs cas pratiques

1 Déroulement de l'épreuve

1 Présentation de l'épreuve

a. Contenu

L'épreuve de cas pratique est commune aux concours externe et internes.

Il s'agit d'une mise en situation professionnelle ayant pour objectif d'évaluer le candidat sur :

- ses capacités de discernement ;
- son aptitude à évaluer une situation ;
- son aptitude à formuler des propositions.

Le sujet sera généralement composé d'un ou plusieurs cas pratiques et d'un dossier professionnel (documentaire) ne pouvant excéder 15 pages.

Chaque cas pratique est assorti d'une ou plusieurs questions auxquelles le candidat doit répondre de manière argumentée en se basant sur les documents fournis dans le dossier professionnel et/ou en faisant appel à ses connaissances générales et son opinion propre.

Il n'est pas demandé de construire la réponse en partie et sous-partie.

Le dossier peut comporter toutes sortes de documents permettant d'éclairer utilement le candidat : articles de presse, graphiques et données chiffrées, jurisprudence, extraits de lois, décrets, arrêtés, circulaires, notes internes, etc.

La durée de l'épreuve est de 2 heures. Coefficient 4 pour le concours externe, coefficient 5 pour les concours internes.

Toute note inférieure à 05/20 à cette épreuve sera éliminatoire.

Cette épreuve ne nécessite pas de connaissances spécifiques et est accessible aussi bien au public externe qu'au public interne.

b. Objectifs

L'objectif de cette épreuve est de placer le candidat dans une situation de travail concrète, proche des réalités professionnelles d'un gardien de la paix.

Les candidats devront pour cette épreuve être en mesure de :

- analyser la situation professionnelle proposée ;
- hiérarchiser et synthétiser les informations contenues dans le dossier ;
- rechercher les solutions appropriées au regard du contexte proposé ;
- prioriser les actions nécessaires ;
- prendre des initiatives ;
- formuler des propositions pratiques et opérationnelles ;

- se projeter dans un collectif de travail ;
- se projeter dans une organisation hiérarchique (droits et devoirs) ;
- rédiger (qualité de l'expression, de la rédaction, de l'orthographe) ;
- gérer le temps imparti (3 heures pour traiter l'épreuve).

2 Conseils

a. Lecture du sujet

À la lecture du dossier, le candidat doit se mettre dans la situation qui lui est suggérée par le sujet. Il doit s'approprier le scénario et le comprendre avant de commencer à rédiger.

Plusieurs lectures peuvent être nécessaires.

b. Gestion du temps

Lorsque le candidat démarre son épreuve, il doit gérer son temps.

Il est déconseillé de rédiger une copie sans brouillon car les idées doivent être préalablement déroulées dans un plan.

Les documents fournis sont déterminants pour la rédaction de vos réponses, il convient donc de réserver une part importante à leur lecture, d'analyse et de détection des idées fortes. Cette phase permet l'élaboration du plan, le classement des idées pour formuler vos réponses.

Ensuite, vient le temps de rédaction au cours duquel le candidat doit s'appliquer autant sur le contenu que la forme. Il recopie son brouillon.

Enfin, le temps de relecture permet de corriger les fautes.

2 Réussir la résolution d'un ou plusieurs cas pratiques

Il est possible de rédiger de deux manières :

1. Écrire les questions et y répondre les unes après les autres ;
2. Écrire une rédaction en deux phases.

1 Écrire les questions et y répondre les unes après les autres

Comment réagissez-vous à l'annonce de votre chef de brigade ? Pourquoi ?

J'accepte l'ordre du Brigadier-chef ROBERT car les articles R. 434-4 et R. 434-5 du Code de déontologie précisent que l'autorité investie du pouvoir hiérarchique prend des décisions, donne des ordres et les fait appliquer [...]. L'autorité hiérarchique assume la responsabilité des ordres donnés.

Le policier [...] exécute loyalement et fidèlement les instructions et obéit de même aux ordres qu'il reçoit de l'autorité investie du pouvoir hiérarchique, sauf dans le cas où l'ordre donné est manifestement illégal et de nature à compromettre gravement un intérêt public.

En ma qualité d'agent de police judiciaire (article 20 du Code de procédure pénale), j'ai pour mission de seconder les officiers de police judiciaire dans leurs fonctions et de recevoir par procès-verbal les déclarations qui me sont faites par toute personne [...].

Vous êtes affectés en police secours, pensez-vous que cette mission d'accueil vous incombe ? Expliquer votre point de vue.

Oui, cette mission primordiale d'accueil m'incombe comme à tout policier, d'autant qu'elle constitue l'un des six axes prioritaires de la Police de Sécurité du Quotidien : avoir un contact accru avec la population.

Que pensez-vous de la mission d'accueil au sein d'un commissariat ?

Tout comme le précise la « charte d'accueil du public et des victimes », je pense que l'accueil du public constitue une priorité majeure pour la Police nationale.

Selon vous, en quoi consiste-t-elle ? À quelles situations pouvez-vous être confronté ?

La mission d'accueil permet au citoyen de disposer du droit d'être écouté à tout moment pour mieux prendre en compte le besoin, d'être assisté et secouru.

Au cours de cette mission d'accueil, je suis conscient que je serai mis en présence de victimes d'infractions pénales, de familles déclarant une disparition et de tout type de public.

Quelles qualités vous semblent indispensables pour occuper cette fonction d'accueil ? Pourquoi ?

Je devrais faire preuve, comme le précise l'article R. 434-20 du Code de déontologie, d'un comportement empreint de politesse, de retenue et de correction, de confidentialité et je ne devrais pas me départir de mon impartialité.

2 Écrire une rédaction en deux phases

Dans un premier temps, le candidat doit décrypter le sujet et répondre simplement aux questions qui lui sont posées, soit par oui ou non, soit par des mots-clefs ou des phrases courtes. Il annotera accessoirement les articles de presse ou les extraits de textes officiels par : « cas 1 », « cas 2 » etc. en référence au cas pratique concerné.

Dans la seconde phase, le candidat écrit une rédaction portant sur ces réponses courtes qu'il développe.

a. 1re phase : décrypter

Comment réagissez-vous à l'annonce de votre chef de brigade ? Pourquoi ?

J'accepte.

Code de procédure pénale – article 20.

Code de déontologie PN (R. 434-4 et R. 434-5).

Vous êtes affectés en police secours, pensez-vous que cette mission d'accueil vous incombe ? Expliquer votre point de vue.

Oui.

Police de sécurité du quotidien – Extrait de dossier de presse.

Que pensez-vous de la mission d'accueil au sein d'un commissariat ?

Charte d'accueil du public et des victimes.

Selon vous, en quoi consiste-t-elle ? À quelles situations pouvez-vous être confronté ?

Accueillir et écouter pour mieux prendre en compte le besoin. Des victimes d'infractions pénales, les familles déclarant une disparition et de tout type de public.

Quelles qualités vous semblent indispensables pour occuper cette fonction d'accueil ? Pourquoi ?

Comportement empreint de politesse, de retenue et de correction, confidentialité et impartialité (R. 434-20 CSI).

b. 2e phase : développer

Le policier national est soumis à un Code de déontologie dont les articles R. 434-4 et R. 434-5 précisent respectivement que l'autorité investie du pouvoir hiérarchique prend des décisions, donne des ordres et les fait appliquer [...]. L'autorité hiérarchique assume la responsabilité des ordres donnés.

Le policier [...] exécute loyalement et fidèlement les instructions et obéit de même aux ordres qu'il reçoit de l'autorité investie du pouvoir hiérarchique, sauf dans le cas où l'ordre donné est manifestement illégal et de nature à compromettre gravement un intérêt public.

Bien que je sois stagiaire, l'article 20 du Code de procédure pénale dispose que je suis agent de police judiciaire et qu'à ce titre, j'ai pour mission de seconder les officiers de police judiciaire dans leurs fonctions et de recevoir par procès-verbal les déclarations qui me sont faites par toute personne [...].

J'accepte donc cette mission primordiale d'accueil qui m'incombe comme à tout policier, d'autant qu'elle constitue l'un des six axes prioritaires de la Police de Sécurité du Quotidien : avoir un contact accru avec la population.

Tout comme le précise la « charte d'accueil du public et des victimes », je pense que l'accueil du public constitue une priorité majeure pour la Police nationale qui permet au citoyen de disposer du droit d'être écouté à tout moment pour mieux prendre en compte le besoin, d'être assisté et secouru.

Au cours de cette mission d'accueil, je suis conscient que je serai mis en présence de victimes d'infractions pénales, de familles déclarant une disparition et de tout type de public pour lesquels je devrai faire preuve, comme le précise l'article R. 434-20 du Code de déontologie, d'un comportement empreint de politesse, de retenue et de correction, de confidentialité et je ne devrais pas me départir de mon impartialité.

3 Conseils sur la forme

1 L'écriture

Elle doit être claire, ni trop sophistiquée, ni enfantine.

Ainsi, il ne faut pas :

- remplacer les points de *i* et *j* par de petits ronds ;
- mal former la fin des mots pour cacher les fautes d'orthographe ;
- former les « o » comme les « a », les « n » comme des « m » ou autres ambiguïtés spécifiques à votre écriture (à vous de les identifier) ;
- former des lettres trop complexes en début de phrase ou de paragraphe ;
- mal former les accents (tous droits).

Une bonne écriture est simple, facile à lire et n'est pas hésitante. Pensez toujours que votre écriture en dit déjà beaucoup sur vous.

2 La présentation

Elle doit permettre au correcteur de repérer rapidement la réponse à chaque question pour la prise d'informations, l'analyse de l'information et l'organisation des idées pour l'écriture d'un texte argumentatif.

Pour une présentation convenable, il faut :

- avoir une écriture qui ne monte pas ou ne descend pas (si le support de réponses est sans lignes, tracez-en au crayon ; vous les effacerez à la fin) ;
- espacer d'une ligne les réponses à une même question et de deux lignes les réponses à une question différente ;
- écrire avec un retrait à l'occasion d'un nouvel alinéa (si l'alinéa est bien fait, les paragraphes se dégagent bien) ;
- respecter le principe d'une seule couleur d'écriture (votre copie ne doit contenir qu'une seule couleur – le noir ou le bleu – sous peine d'élimination) ;
- souligner les titres des œuvres citées (y compris du document joint) mais pas les citations, celles-ci doivent être entre guillemets ;
- s'exprimer à la première personne du pluriel ou, à défaut, employer *on*. Ne dérogez pas à cette règle, car le pronom *nous* a deux avantages : il est collectif, donc il invite le correcteur à suivre votre raisonnement, et il est humble, car c'est une façon d'admettre que vous n'avez pas trouvé seul toutes les idées que vous proposez (d'autres les ont eues avant vous) ;
- faire correctement les coupures de mot en fin de ligne. La coupure doit se faire entre deux syllabes ou entre les consonnes redoublées (le mot *apprendre* peut donc être coupé de deux façons : *ap-prendre* ou *appren-dre*). Lorsqu'un mot est coupé, le trait de séparation est indiqué en fin de ligne et en aucun cas au début de la ligne suivante.

Remarque

Une erreur fréquente est de mal construire les paragraphes. Rappelons qu'un paragraphe, qui désigne habituellement une section entre deux alinéas, est une unité. Il contient une idée majeure. Lorsque l'on change d'idée (pour critiquer la précédente ou poursuivre un raisonnement dans une autre direction), il faut un nouvel alinéa. En revanche, si l'on poursuit la même idée, il faut le faire au sein du même paragraphe. Évitez particulièrement le retour à la ligne après chaque phrase. Cela produit un texte mal structuré, une présentation confuse.

3 La longueur des phrases

Il faut rédiger des phrases de longueur convenable avec une ponctuation pertinente qui aide à la bonne lecture de votre rédaction. La longueur de la phrase est importante pour la forme comme pour le fond. Pour la forme, il est recommandé de faire des phrases qui ne contiennent pas trop de subordonnées, sans quoi le texte est assez lourd. Pour le fond, la phrase doit être d'une longueur moyenne pour permettre l'exposition des idées.

Exemples

« *Mais pourtant je n'ai jamais su qui c'était, je ne l'ai jamais rencontré dans la ville et tandis que même le chanteur, le Suisse et les enfants de chœur avaient, comme les dieux de l'Olympe, une existence moins glorieuse où j'avais affaire à eux, comme maréchal-ferrant, crémier et fils de l'épicière, en revanche, comme je n'ai jamais vu que jardinant le petit jardinier en stuc qu'il y avait dans le jardin du notaire, je n'ai jamais vu le pêcheur que pêchant, à la saison où le chemin s'était touffu de feuilles des pruniers, de sa veste d'alpaga et de son chapeau de paille, à l'heure où même les clochers et les nuages flânent avec désœuvrement dans le ciel vide, où les carpes ne peuvent plus soutenir l'ennui de l'heure, et dans un étouffement nerveux sautent passionnément en l'air dans l'inconnu, où les gouvernantes regardent leur montre pour dire qu'il n'est pas encore l'heure de goûter.* »

Marcel Proust, *Contre Sainte-Beuve*, 1954 (publication posthume).

Cet exemple est composé d'une seule phrase de 155 mots ! Il est possible de construire de telles phrases dans une recherche littéraire particulière et surtout quand on s'appelle Proust. Mais dans votre cas (et le mien !), il est recommandé de faire plus court. Vous constaterez d'ailleurs que cette phrase peut contenir certaines ambiguïtés.

Cependant, il faut éviter aussi le contraire. Si les phrases trop courtes sont utiles dans un contexte narratif, dans une composition elles ne permettent pas toujours de déployer une pensée.

« *La délinquance est grave. Surtout chez les mineurs. Elle vient de leur inexpérience. Ils sont parfois peu encadrés. Ils n'ont pas assez de repères.* »

Ces petites phrases courtes donnent certes du rythme, mais la réflexion manque de continuité. Il valait mieux écrire : « *La délinquance est un problème grave, particulièrement chez les mineurs. Elle a notamment pour cause leur inexpérience, ainsi que leur manque de repères et d'encadrement.* »

Cette 2e rédaction est meilleure parce qu'elle utilise des connecteurs pour structurer des phrases un peu plus longues.

Remarque

N'hésitez pas à adapter nos conseils à votre propre niveau rédactionnel. Si vous jugez votre niveau faible ou fragile, choisissez de préférence des phrases un peu plus courtes. Dans le cas contraire, vous pouvez construire des phrases plus longues.

4 La ponctuation

Si elle est bien utilisée, elle guide le lecteur pour indiquer les pauses, les intonations, etc. de la langue orale. Un exemple montrera la nécessité du bon usage de la ponctuation pour éviter les erreurs d'interprétation.

> **Exemple**
>
> « *J'ai dit que vous étiez un sot : c'est vrai. Je vous fais mes excuses : j'ai tort.* »
>
> Cette phrase semble signifier que la personne confirme ce qu'elle a dit et renonce aux excuses faites. Mais si l'on changeait quelque peu cette ponctuation, le sens serait très différent : « *J'ai dit que vous étiez un sot, c'est vrai. Je vous fais mes excuses, j'ai tort* ». Dans cette phrase, le sens est inversé. La personne confirme ce qu'elle a dit mais y renonce. La différence vient de la valeur explicative des deux points, alors que la virgule marque une simple pause.

Rappelons l'usage des principaux signes de ponctuation :

Le point marque la fin de la phrase déclarative. Il est présent pour séparer nettement des idées. Il est suivi d'une majuscule. Il s'emploie aussi dans les abréviations. Ex. : U.R.S.S.

Le point d'interrogation marque la fin d'une phrase interrogative. Il est suivi d'une majuscule.

Important

Une phrase interrogative indirecte ou exclamative indirecte ne prend pas de point d'interrogation si elle est elle-même déclarative .

Exemple : « Je me demande s'il viendra. »

Le point d'exclamation marque la fin d'une phrase exclamative. Il est suivi d'une majuscule si la phrase est terminée (il équivaut alors à un point). Il est suivi d'une minuscule si la phrase n'est pas terminée (il équivaut à une virgule), sauf si le premier mot est un nom propre.

Les points de suspension, au nombre de trois, marquent la fin d'une phrase laissée inachevée. Cet inachèvement signifie que l'action évoquée n'est pas arrivée à son terme, que le locuteur hésite dans ses paroles ou qu'il est interrompu. Les points de suspension sont suivis d'une majuscule si la phrase est terminée (ils équivalent alors à un point). Ils sont suivis d'une minuscule si la phrase n'est pas terminée (ils équivalent à une virgule), sauf si le premier mot est un nom propre.

Les deux points servent à introduire un propos, une explication, une citation, une énumération, une justification. Ils sont suivis d'une minuscule, sauf s'ils introduisent une citation. Il ne faut jamais mettre deux fois deux points dans une même phrase.

Le point-virgule sert à marquer une pause dans une phrase entre des propositions longues. Il joue le rôle d'une virgule en séparant davantage. Le point-virgule est suivi d'une minuscule.

La virgule sert à marquer une pause de peu de durée à l'intérieur d'une phrase. Ce signe est le plus complexe à employer. Il s'emploie :

- Entre des **termes *coordonnés*** :
  - sans conjonction de coordination ;
  - par une conjonction de coordination autre que *et*, *ou*, *ni*. La virgule précédant ces trois conjonctions est possible, mais rare et doit être justifiée par la présence d'un réel silence entre les termes qu'elle coordonne.

Exemple 1 : Il est riche, mais avare.

Exemple 2 : La terre était belle, et riche, et féconde.

- Entre des **termes *subordonnés*** : la virgule est utilisée pour entourer des termes subordonnés qui ont une valeur explicative. Il faudra donc faire la différence entre :
  - Je n'aime pas les chiens qui sont turbulents. (= Parmi les chiens, je n'aime pas ceux qui sont turbulents : valeur non explicative.)
  - Je n'aime pas les chiens, qui sont turbulents. (= Je n'aime pas les chiens parce qu'ils sont turbulents : valeur explicative.)

Un complément circonstanciel placé en tête de phrase peut être suivi d'une virgule, principalement lorsqu'il est assez long.

Les virgules s'emploient aussi pour encadrer des incises ou pour séparer des éléments répétés.

Exemples : Le temps est frais, le soleil rare. / Sois sage, ô ma douleur, et tiens-toi tranquille.

Les parenthèses servent à isoler une idée que l'on pourrait supprimer sans modifier le sens de la phrase. Il ne faut pas mettre des parenthèses à l'intérieur d'une parenthèse.

Le premier terme de la parenthèse commence par une minuscule (sauf si c'est un nom propre).

Les guillemets s'emploient pour encadrer une citation ou des paroles reproduites telles quelles. Si toute une phrase est entre guillemets, le point (ou point d'interrogation, d'exclamation, de suspension) se place avant la fermeture de ceux-ci.

Remarque

N'abusez pas des points d'exclamation, de suspension et des parenthèses, c'est un défaut qui fait ressembler votre écriture à celle des **SMS**.

5 Le registre de langue

Il faut soigner son registre de langue en évitant un registre trop familier ou trop soutenu.

Le registre de langue ou le style est l'utilisation de procédés de langue afin d'adapter son expression à l'auditoire. Il est attendu du candidat qu'il soit capable de produire un texte dans un registre de langue correct. Il doit éviter tout ce qui est trop familier, voire vulgaire. Il faut absolument éviter d'écrire comme on parle en général ou à l'oral.

Exemple

« *Où tu vas ?* »

Dans la langue familière, nous formulons ainsi la question. Même si cela est correct, il est préférable de dire : « *Où vas-tu ?* » parce qu'une question est mieux posée dans une structure sujet-verbe inversée.

Pour éviter cette familiarité, nous rappelons que les répétitions doivent être évitées, sauf si leur absence nuit à la clarté de la phrase. On évitera particulièrement de rédiger un texte à l'aide des cinq ou six verbes les plus courants (*avoir*, *être*, *aller*, *faire*, etc.) et l'on s'efforcera de diversifier sans trahir le sens.

> **Exemple**
>
> « *J'ai un chien et j'ai deux hamsters. J'ai aussi un petit chat dont je m'occupe et qu'a ma voisine.* »
>
> Cet extrait contient quatre fois le verbe (ou auxiliaire) *avoir*. C'est beaucoup trop. De plus, la fin est ambiguë et mal formulée. Dites plutôt : « *J'ai un chat et deux hamsters. Mais je m'occupe également du petit chat de ma voisine.* » Remarquez que nous n'avons pas supprimé tous les emplois du verbe (ou auxiliaire) *avoir* ; il n'est pas interdit de l'utiliser.

Notez que l'emploi des auxiliaires *avoir* et *être* peut justifier une répétition.

> **Exemple**
>
> « *Il a acheté une maison qu'il a vue dans un journal et qu'il a visitée deux fois.* »
>
> Sans être exceptionnelle, cette phrase est acceptable malgré trois occurrences de l'auxiliaire *avoir*.

Pensez également que certaines répétitions peuvent permettre plus d'expressivité.

> **Exemples**
>
> - « *Je n'écris point d'amour, n'étant point amoureux, Je n'écris de beauté, n'ayant belle maîtresse…* »
>
> Ce début de poème de Du Bellay, dans *Les Regrets*, montre bien une insistance volontaire d'autant mieux exprimée par la répétition.
>
> - « *Moi, je t'écoute.* »
>
> Là encore le *moi je* qui est à éviter ordinairement peut favoriser l'insistance du locuteur.

Il faut également se prémunir contre un autre défaut qui est celui du pédantisme. Employer sans cesse un vocabulaire trop technique ou philosophique peut produire l'effet inverse de celui recherché : vous donnerez le sentiment d'être un candidat sans vocabulaire qui le cache derrière des mots techniques appris récemment. Un bon vocabulaire doit aussi s'intégrer naturellement dans le texte. C'est pourquoi un mot apparemment imprécis comme *bizarre, chose, machin* par exemple n'est pas toujours à éviter.

Important

Vous vous méfierez particulièrement de l'usage excessif des mots en *-isme*, en *-ité*, en *-ude* ou en *-ion*.

Exemple

« *La systématicité de l'individualisme contemporain élude le procès d'une contemporanéité de la fraternité.* »

Cette phrase est trop compliquée et permet finalement de dire peu de choses, car elle exprime une idée très simple. Le mot *procès* y est employé dans le sens de *processus* (ce qui peut être ambigu). Nous pourrions la reformuler ainsi : « *L'égoïsme actuel des hommes fait obstacle à la solidarité* ». Cette phrase est correcte, plus claire, plus simple et malgré tout bien rédigée.

L'autre inconvénient d'un tel vocabulaire est le risque de faire des néologismes, c'est-à-dire d'inventer des mots (la « systémation », la « rationabilité », la « bravitude », etc.) ou d'écrire des phrases qui n'ont aucun sens.

Exemple

« *Dans sa giration autour de la périphérie du Soleil, la Terre rote.* »

Cette phrase ne veut rien dire. *Rote* est censé renvoyer à *rotation*, ce qui n'est pas le cas. Plus grave encore, l'idée sous-jacente est très simple : « *La Terre tourne autour du Soleil et tourne sur elle-même* ».

Remarque

Méfiez-vous de l'usage des expressions. Elles donnent à votre texte rédigé un côté commun et trop général. Évitez de dire « au jour d'aujourd'hui » (dites « actuellement »), « censément » (dites « est censé »), « conséquent » (dites « important »), « embrouillamini » (dites « confusion »), « émotionné » (dites « ému »), « entre deux alternatives » (l'alternative suppose déjà deux possibilités), « malgré que » (dites « bien que »), « pallier à quelque chose » (dites « pallier quelque chose »), « solutionner » (dites « résoudre »).

Évitez également de supprimer « pas » ou un équivalent pour alléger une phrase ; c'est souvent fautif.

Exemple : « Je ne pense comme toi ». Cette phrase est incorrecte, car l'adverbe doit être renforcé par un auxiliaire de négation (*pas, points*, etc.). Il faut donc écrire : « Je ne pense pas comme toi. »

6 Les connecteurs

Il faut guider le lecteur par l'utilisation cohérente de connecteurs qui hiérarchisent et organisent les idées présentées.

Le lecteur sera dans de meilleures dispositions si vous le guidez à l'aide des bons connecteurs.

Suivant la relation logique à exprimer, voici les principaux connecteurs :

- connecteurs d'expression de la cause : *car, parce que, puisque, en effet*, etc. ;
- connecteurs d'expression de la conséquence : *donc, par conséquent, c'est pourquoi, ainsi*, etc. ;
- connecteurs de relation d'opposition : *mais, cependant, néanmoins, pourtant, toutefois, par contre, en revanche, nonobstant*, etc. ;
- connecteurs de liaison ou d'addition : *et, de plus, en outre*, etc. ;

- connecteurs de simple enchaînement : *aussi, d'ailleurs, par ailleurs, d'autre part, or*, etc. ;
- connecteur d'explication : *à savoir, c'est-à-dire*, etc.

Soyez prudent avec les connecteurs d'énumération qui, bien souvent, ne produisent qu'un exposé (et une superposition) d'idées là où l'épreuve réclame plutôt un enchaînement. C'est le cas notamment de *tout d'abord, ensuite, enfin* ou de *premièrement, deuxièmement*, etc. C'est bien souvent une mauvaise idée.

Important

Si vous avez tendance à manquer de rigueur dans l'organisation de vos idées, efforcez-vous d'utiliser des connecteurs (à bon escient) pour vous contraindre à mieux agencer vos idées, surtout lors des réponses plus longues.

7 L'orthographe

Il faut veiller à limiter les fautes d'orthographe et de conjugaison.

Cela fait aussi partie de la qualité de la présentation. Une orthographe médiocre ou négligée peut justifier la perte de points sur l'ensemble de l'épreuve, même si l'étude de texte n'est pas une épreuve d'orthographe.

Remarque

Pour revoir l'orthographe et la conjugaison, travaillez la partie de cet ouvrage consacrée au questionnaire sur les fondamentaux scolaires.

4 Conseils sur le fond

1 Respect des consignes

Avant de répondre à une question, il faut toujours vérifier que l'on respecte bien la consigne et rectifier sa réponse si ce n'est pas le cas.

Soyez extrêmement attentif à ce qui vous est demandé. Ne donnez pas deux exemples si un seul est demandé, ne justifiez pas une réponse si l'on vous demande seulement de relever l'idée de l'auteur, etc. Du reste, si vous allez plus loin que la question posée, vous risquez de vous répéter dans vos réponses aux questions suivantes.

Nous verrons plus particulièrement comment traiter chaque type de question dans les parties qui suivent.

2 Argumentation

Quand il est demandé de justifier, d'expliquer ou d'argumenter, il faut toujours le faire avec l'argument le plus précis et le moins discutable.

Il n'est pas toujours facile de trouver le bon argument, mais il ne faut jamais en faire l'économie quand il est demandé. Soyez très exigeant dans le choix de vos arguments ou de vos justifications. Quand vous vous appuyez sur le texte, prenez bien le temps de sélectionner le meilleur passage par rapport à la question posée. Quand vous donnez une idée personnelle, ne cherchez pas ce qui plaira mais cherchez l'argument le plus convaincant et le plus universel.

Par ailleurs, même quand vous êtes sûr de la qualité de votre argumentation ne l'imposez jamais comme une évidence. Il est toujours préférable d'introduire son idée ou son argumentation personnelle par « il semble que… » plutôt que par « il est un fait que… ». La tendance à imposer son idée avec autorité vient particulièrement quand on est en plein accord avec l'idée du texte. Mais il ne faut jamais penser que le texte présente la vérité unique et incontestable. Il est sujet à la critique (avec prudence, bien entendu).

3 Citations

Il faut citer le texte dans vos réponses et indiquer précisément où sont prises vos citations.

Dans des questions qui sont directement liées à un texte, il est indispensable de citer le texte. Une citation :

- ne doit pas être trop longue (éviter plus d'une ligne, sauf si c'est absolument nécessaire) ;
- doit être expliquée ;
- doit être mise entre guillemets ;
- doit être bien indiquée pour que le correcteur puisse la vérifier.

Pour ce dernier point, vous veillerez à numéroter les lignes du texte si ce n'est pas déjà fait (en notant un numéro toutes les 5 lignes par exemple) et à mettre à la suite de la citation le numéro de ligne qui lui convient. Comptez les lignes à partir de la ligne qui suit le titre !

4 Exemples

Les exemples peuvent servir à illustrer un propos ou à le démontrer. Ils doivent rester dans un domaine comparable à celui du thème traité.

Un exemple peut être **illustratif** ou **argumentatif** :

- quand il est illustratif, son rôle est d'aider à comprendre une idée complexe. Il apporte un éclairage supplémentaire sur le sens d'une idée ;
- quand il est argumentatif, il sert à remplacer un argument rationnel parce qu'un chiffre, un témoignage, un cas concret est particulièrement représentatif d'une situation générale.

Dans les questions de prise d'informations et d'analyse de l'information, vous devez surtout repérer des exemples, mais dans l'écriture d'un texte argumentatif, vous aurez à choisir vos exemples (plutôt qu'à reprendre ceux du texte) pour montrer votre appropriation de la réflexion que vous menez.

Important

Il ne faut jamais se contenter de citer un exemple pour justifier ou argumenter. Il faut toujours montrer en quoi il s'applique bien à ce qui doit être prouvé. Les rédactions qui ne sont qu'une succession d'exemples sont ratées. L'exemple est bon parce que le discours plus général qu'il permet ou qu'il illustre est également développé.

Pour d'autres conseils plus spécifiques sur la forme et le fond, nous allons à présent décrire chaque type de question et la façon de bien les traiter.

5 Rappels de français

1 Le vocabulaire

a. Le contexte

Il existe des centaines de milliers de mots en français et certains ont plusieurs définitions. Il faut mettre en contexte le mot concerné pour en comprendre le sens.

Exemple : **un bar** peut désigner un café, une unité de pression atmosphérique ou un poisson.

b. Les homonymes

Il faut savoir distinguer les homonymes en connaissant la définition qui correspond à chaque orthographe.

Un homonyme est un mot qui se prononce ou s'écrit de la même façon qu'un autre, mais qui n'a pas la même signification.

Pour distinguer les homonymes, il faut apprendre les principaux :

- **acquis** : possession, acquisition / **acquit** : acquittement, soulagement (« acquit de conscience ») ;
- **air** : gaz respirable/mélodie apparence / **aire** : surface / **ère** : période / **erre** : vitesse en régression / **haire** : chemise de pénitence / **hère** : misérable ;
- **appas** : charmes / **appât** : produit utilisé pour attirer ;
- **are** : mesure agraire / **arrhes** : acompte / **art** : création esthétique / **hart** : pendaison ;
- **auspices** : présages, plutôt favorables / **hospice** : maison d'accueil des pauvres ;
- **bailler** : donner / **bâiller** : ouvrir la bouche à cause de la fatigue ou de la faim / **bayer** : dans l'expression *bayer aux corneilles*, ne rien faire, rêvasser ;
- **balade** : promenade / **ballade** : poème chanté ;
- **ban** : bannissement / **banc** : siège ;
- **cahot** : saut d'un véhicule provoqué par les ornières d'une route / **chaos** : désordre ;
- **cane** : femelle du canard / **canne** : bâton de soutien ;
- **ceint** : entouré / **sain** : en bonne santé / **saint** : parfait / **sein** : poitrine / **seing** : signature ;
- **censé** : supposé / **sensé** : de bon sens ;
- **chas** : trou d'aiguille / **chat** : félin de compagnie / **Shah** : souverain en Orient ;
- **cours** : classe, cours particulier / **court** : bref, court de tennis / **cour** : cour d'école ;
- **cuisseau** : partie du veau / **cuissot** : cuisse de gros gibier ;
- **détoner** : émettre un bruit violent en explosant / **détonner** : changer de ton ;
- **différend** : désaccord / **différent** : non identique ;
- **écho** : renvoi d'un son / **écot** : part de chacun ;

- **égailler** : disperser / **égayer** : rendre gai ;
- **envi** : dans l'expression *à l'envi*, en rivalisant, sans limite / **envie** : désir ;
- **foi** : croyance / **foie** : organe du tube digestif / **fois** : marque la fréquence ;
- **fond** : base d'un objet / **fonds** : somme d'argent / **font** : forme du verbe *faire* ;
- **fore** : creuse / **fors** : sauf, excepté / **fort** : puissant ;
- **geai** : oiseau forestier / **j'ai** : je possède / **jais** : pierre noire / **jet** : un lancer ;
- **goûter** : savourer / **goutter** : couler goutte à goutte ;
- **haillon** : vêtement en loques, très usés / **hayon** : élévateur ;
- **héraut** : messager / **héros** : personne très brave, exceptionnelle ;
- **lai** : poème médiéval / **laid** : sans beauté / **laie** : femelle du sanglier / **lait** : liquide blanc / **lé** : largeur du papier peint / **les** : article pluriel / **lez** : près de ;
- **li** : mesure chinoise / **lie** : dépôt du vin (ou) ce qu'il y a de pire / **lit** : couche ;
- **lice** : chienne de reproduction / **lis** (ou) **lys** : fleur blanche / **lisse** : verbe lisser ;
- **maire** : élu local / **mer** : étendue d'eau / **mère** : maman ;
- **marc** : reste de fruits pressés / **mare** : étendue d'eau / **marre** : assez ;
- **maure** : du Maghreb / **mors** : dispositif pour conduire un cheval / **mort** : défunt ;
- **pair** : multiple de deux / **paire** : duo / **perd** : forme du verbe perdre / **père** : papa / **pers** : bleu-vert ;
- **plain** : dans *plain-pied*, au niveau du sol / **plein** : rempli ;
- **poids** : masse d'un corps / **pois** : plante comestible / **poix** : résine collante ;
- **rai** : rayon / **raie** : poisson ou ligne / **ré** : note / **rets** : filet, piège / **rez** : base ;
- **ras** : court / **rat** : rongeur / **raz** : détroit parcouru par les courants de marée ;
- **résonner** : renvoyer un son / **raisonner** : réfléchir ;
- **ri** : forme du verbe rire / **ris** : plat conçu avec un organe du veau, de l'agneau / **riz** : céréale ;
- **saut** : bond / **sceau** : cachet, signature / **seau** : récipient / **sot** : idiot ;
- **taie** : enveloppe d'oreiller / **tais, tait** : forme du verbe taire / **té** : règle / **thé** : boisson ;
- **tain** : métal appliqué derrière une glace pour en faire un miroir / **teint** : forme du verbe teindre (ou) coloration de la peau / **thym** : plante vivace / **tint** : verbe tenir ;
- **tan** : écorce de chêne en poussière / **tant** : autant / **taon** : mouche / **temps** : durée ;
- **tribu** : groupe d'individus / **tribut** : ce qu'il faut donner.

c. Les paronymes

Il faut savoir distinguer les paronymes en connaissant la définition qui correspond à chacun.

Un paronyme est un mot qui ressemble à un autre mot mais qui a un sens différent.

Pour distinguer les paronymes, il faut apprendre les principaux :

- **abhorrer** : détester / **arborer** : porter avec fierté ;

- **abjurer** : renoncer / **adjurer** : demander avec instance ;
- **acception** : signification / **acceptation** : accord ;
- **affection** : amour / **affectation** : comportement manquant de naturel ;
- **affiler** : aiguiser / **effiler** : défaire un tissu fil à fil (ou) rendre mince et long ;
- **affinage** : amélioration finale d'un produit / **affinement** : fait de rendre fin ;
- **agonir** : insulter / **agoniser** : mourir ;
- **alternance** : succession alternée / **alternative** : choix ;
- **amnistie** : pardon général / **armistice** : accord qui suspend les combats ;
- **anoblir** : donner un titre de noblesse / **ennoblir** : donner de la dignité ;
- **apurer** : vérifier des comptes financiers / **épurer** : rendre pur ;
- **aréole** : partie pigmentée à l'extrémité du sein / **auréole** : cercle lumineux ;
- **assentiment** : consentement / **ressentiment** : désir de venger une offense ;
- **avanie** : affront, offense / **avarie** : dommage matériel subi lors d'un transport ;
- **brume** : brouillard léger / **bruine** : pluie fine ;
- **capiteux** : qui enivre / **captieux** : qui veut tromper, induire en erreur ;
- **clouer** : fixer avec des clous / **clouter** : garnir de clous ;
- **collision** : choc / **collusion** : entente secrète ;
- **conjoncture** : situation, circonstances / **conjecture** : supposition ;
- **croasser** : crier, tel un corbeau / **coasser** : crier, telle une grenouille ;
- **dénouement** : fin d'une intrigue / **dénuement** : misère, pauvreté ;
- **déplier** : étendre, ouvrir un objet / **déplisser** : ôter les plis d'un objet ;
- **édile** : magistrat chez les Romains / **idylle** : amourette ;
- **effraction** : fracture d'une porte pour voler / **infraction** : violation d'une loi ;
- **élucider** : résoudre / **éluder** : éviter ;
- **épancher** : répandre (ou) communiquer des sentiments / **étancher** : arrêter ;
- **éruption** : éruption d'un volcan / **irruption** : entrée de force ;
- **exode** : émigration massive / **exorde** : début d'un discours ;
- **flagrance** : qualité de ce qui est flagrant / **fragrance** : odeur agréable ;
- **grabat** : lit inconfortable / **gravats** : débris d'un bâtiment ;
- **gradation** : progression par degrés / **graduation** : échelle graduée ;
- **habileté** : qualité de celui qui est habile / **habilité** : autorisé ;
- **hiverner** : passer l'hiver à l'abri / **hiberner** : passer l'hiver endormi ;
- **imminent** : dans un avenir proche / **éminent** : élevé, supérieur ;
- **importun** : qui dérange / **opportun** : qui arrive au bon moment ;

- **inanité** : inutilité / **inanition** : épuisement par manque de nourriture ;
- **inclinaison** : état de ce qui est penché / **inclination** : penchant naturel ;
- **infecter** : contaminer / **infester** : envahir, ravager ;
- **magnificence** : qui est magnifique / **munificence** : générosité somptueuse ;
- **perpétuer** : faire durer, transmettre / **perpétrer** : commettre ;
- **pogrom** : massacre, pillage / **prodrome** : signe annonciateur ;
- **prédiction** : annonce du futur / **prédication** : instruction religieuse ;
- **prescrire** : ordonner, imposer, recommander / **proscrire** : interdire ;
- **somptueux** : magnifique, fastueux / (dépense) **somptuaire** : de luxe ;
- **suggestion** : action de suggérer, d'influencer / **sujétion** : soumission ;
- **tendresse** : sentiment tendre, caresse / **tendreté** : qualité des viandes tendres ;
- **vénéneux** : qui renferme un poison / **venimeux** : qui a du venin ;
- **vigie** : surveillance / **vigile** : veille d'une fête religieuse (ou) veilleur de nuit.

d. Le lexique

Il faut se constituer un petit lexique personnel à partir des mots nouveaux rencontrés.

Aucune liste ne peut être complète et le meilleur moyen de progresser en vocabulaire, c'est de noter, par exemple par ordre alphabétique dans un cahier, les mots inconnus que vous rencontrez. Relevez particulièrement les adjectifs d'un registre de langue élevé tels ineffable, ductile, sapide, lunatique, etc.

2 Les proverbes et expressions

Il faut connaître les principaux proverbes et expressions, leur définition et le sens des termes qui les composent.

Voici une liste de 40 proverbes et expressions courants.

- **Aller (tirer) à hue et à dia** : aller dans tous les sens, sans direction.
- **À tire-larigot** : en grande quantité.
- **Avoir l'heur de…** : avoir la chance de…
- **Avoir voix au chapitre** : pouvoir donner son avis.
- **Bâtir des châteaux en Espagne** : vivre de rêves irréalisables.
- **Battre la campagne** : divaguer.
- **Boire la coupe jusqu'à la lie** : assumer les conséquences de ses actions.
- **Brûle-pourpoint (à)** : sans prévenir.
- **C'est cousu de fil blanc** : c'est une histoire dont on devine facilement la fin.
- **C'est là que le bât blesse** : c'est là que se trouve le problème.
- **Crier haro sur le baudet** : critiquer publiquement quelqu'un.

- **De gré à gré** : à l'amiable, en se mettant d'accord.
- **Dès potron-minet / Dès potron-jacquet** : de très bon matin.
- **En capilotade** : en déconfiture, en très mauvais état.
- **Enfourcher (ou Monter sur) Pégase** : se lancer dans la poésie, le lyrisme littéraire.
- **En tapinois** : en cachette, sournoisement.
- **Être mis au pilori** : être livré à la vindicte populaire, exposé à la critique publique.
- **Être réduit à quia** : rester sans réponse, être démuni.
- **Être sens dessus dessous (et non « sans dessus dessous »)** : être bouleversé.
- **Être sous la férule de quelqu'un** : être sous l'autorité d'une personne.
- **Faire des gorges chaudes** : se moquer.
- **Franchir le Rubicon** : prendre une décision grave et irrévocable.
- **Il ne faut jamais jeter le manche après la cognée** : il ne faut jamais abandonner.
- **Jouer les Cassandre** : être un oiseau de mauvais augure, prophétiser un malheur.
- **Lâcher la proie pour l'ombre** : se laisser distraire de son objectif.
- **Mettre un cautère sur une jambe de bois** : action sans aucun effet.
- **Miroir aux alouettes** : ce qui attire par une apparence séduisante et trompeuse.
- **Mouche (la) du coche** : le petit élément perturbateur.
- **On ne peut pas être et avoir été** : on ne peut pas être toujours jeune.
- **Passer sous les fourches caudines** : devoir subir la volonté de quelqu'un.
- **Pays (un) de cocagne** : pays imaginaire où tout est en abondance.
- **Porter aux nues = Porter au pinacle** : louer avec excès, mettre au-dessus de tout.
- **Rester sur son quant-à-soi** : être réservé, discret.
- **Revenir de Pontoise** : être hébété, déconfit, décontenancé.
- **Rocher (le) de Sisyphe** : travail interminable.
- **Se battre à fleuret moucheté** : s'affronter en évitant d'offenser l'adversaire.
- **Supplice de Tantale** : impossibilité d'atteindre l'objet, pourtant proche, des désirs.
- **Tomber de Charybde en Scylla** : sortir d'un danger puis en trouver un plus grand.
- **Tonneau des Danaïdes** : personne ou chose que l'on ne peut jamais satisfaire.
- **Vouer aux gémonies** : considérer avec le plus grand mépris.

3 L'orthographe d'usage

Il dépend du sens et de l'histoire des mots.

a. Les accents

L'emploi des accents dépend de règles phonétiques et historiques.

- **Un *-e*** suivi de deux consonnes, d'un *-x*, *-d*, *-f*, *-h*, *-r*, *-t*, *-z* final ne prend pas d'accent (ex. : nécessaire, examen, bled).
- **L'accent aigu** se met sur *-e* en finale de mot (ex. : liberté), devant un *-e* muet final (ex. : une journée), devant un *-s* final qui marque le pluriel (ex. : des pâtés), ou à l'intérieur d'un mot (ex. : léger).
- **L'accent grave** se met sur *-e* devant un *-s* final (ex. : un procès), devant une syllabe contenant un *-e* muet (ex. : misère). Il s'emploie parfois sur *-a*, *-u* pour distinguer des homonymes (ex. : la/là, ou/où).
- **L'accent circonflexe** se met sur toutes les voyelles sauf – *y* pour marquer la perte d'une ancienne consonne (ex. : «forest» → forêt), pour marquer une voyelle longue (ex. : arôme) ou pour distinguer les homonymes (ex. : mur/mûr).
- **Le tréma** se met sur *-e*, *-i*, *-u* pour séparer phonétiquement deux voyelles (ex. : maïs).

À retenir

Retenez l'accentuation de ces mots : *élaborer, eldorado, élixir, genèse, féerie, feta, illettré, impétigo, irréligion, nécessaire, rehausser, repartie, ténacité, veto, affût/raffut, barème, châtaigne, coteau, crèche, crème/chrême, dîme, drôle/drolatique, eurêka, fève, une gêne/un gène, gnome, grâce/gracieux, icône/iconique, jeune/jeûne/à jeun, symptôme/syndrome, trêve, moelle, poêle.*

b. Les lettres muettes

Les lettres muettes peuvent être en début, milieu ou fin de mot.

D'une façon générale, les consonnes finales sont souvent muettes (ex. : *plomb, accroc*). Pour penser à ces consonnes, cherchez des dérivés (ex. *: plombier, accrocher).*

Pour les autres cas, voici une **liste des principales difficultés** (les lettres soulignées sont muettes) : *août*, *saoul* (ou *soûl*), *acquérir*, *becquée*, *socquette*, *féerie*, *soierie*, *vilebrequin*, *gaieté* (ou *gaîté*), les mots en *-ment* qui dérivent de verbe en *-er* et dont le radical se termine par une voyelle (*sauf agrément* et *châtiment*), *athée*, *caducée*, *coolie*, *génie*, *hyménée*, *mausolée*, *messie*, *pygmée*, *scarabée*, *trophée*, *abhorrer*, *blockhaus*, *cirrhose*, *dahlia*, *diarrhée*, *jacinthe*, *rhododendron*, *thuya*, *encoignure*, *oignon*, *automne*, *damner*, *faon*, *paon*, *taon*, *baptiser*, *compter*, *dompter*, *exempt*, *prompt*, *sculpter*, *sept*, *schéma*, *legs*, *pilotis*, *pouls*, *puits*, *relais*, *remords*, *remous*, *verglas*, *crucifix*, *faix*, *flux*, *houx*, *influx*, *taux*, *toux*.

Il n'y a pas de lettre muette dans les mots suivants : *acné*, *clé*, *psyché*, *fourmi*, *foi*, *loi*, *paroi*, *bru*, *glu*, *tribu*, *vertu*, la plupart des mots féminins en *-eur* et en *-té*, *cérumen*, *ankylose*, *azimut*, *bitume*, *étymologie*, *superflu*.

Les mots suivants représentent des difficultés particulières portant sur les lettres soulignées : *craindre*, *plaindre*, *contraindre*, *épandre*, *répandre*, *compassion*, *passion*, *insatiable*, *balbutier*, *initier*, *chèvrefeuille*, *cercueil*, *écueil*, *cueillir*, *orgueil*, *concussion*, *discussion*, *percussion*, *répercussion*.

c. Les redoublements et les consonnes

Les redoublements sont fréquents en français, mais certains posent souvent problème.

- **Retenez l'orthographe des mots suivants :** abbé, rabbin, sabbat, oculaire, addition, adduction, reddition, affoler, agglomérer, agglutiner, aggraver, suggérer, dommage, championnat, paysannat, quinquennat, pensionnat, apaiser, apercevoir, apeurer, apitoyer, aplanir, aplatir, apostropher, aérosol, asymétrie, dysenterie, présupposer, resurgir, susurrer, vraisemblable, blizzard, jazz, mezzanine, mozzarella, pizza, razzia ainsi que leurs dérivés.
- **Notez également les pièges que représentent ces couples de mots :** le soufre/il souffre boursoufler/souffler, persifler/siffler accoler/coller, annuler/nullité, imbécile/imbécillité baril/barrique, chariot/charrette, courir/courrier, cahute/hutte.

4 L'orthographe grammaticale

a. Le genre et le nombre du nom ou de l'adjectif

Certains noms ont un genre qui fait hésiter, par exemple :

Masculin			Féminin		
abîme	*cerne*	*haltère*	*trille*	*clepsydre*	*omoplate*
aérolithe	*chrysanthème*	*hémisphère*	*viscère*	*dartre*	*once*
agrume	*décombres*	*hémistiche*	*vivres*	*ébène*	*opale*
amiante	*effluve*	*intermède*	*absinthe*	*échappatoire*	*oriflamme*
anthracite	*éloge*	*interstice*	*acné*	*écritoire*	*patère*
antidote	*élytre*	*intervalle*	*acoustique*	*encaustique*	*réglisse*
antre	*en-tête*	*ivoire*	*alcôve*	*éphéméride*	*scolopendre*
apogée/	*épiderme*	*jade*	*algèbre*	*épithète*	*spore*
périgée	*épilogue*	*obélisque*	*alluvion*	*épître*	*stalactite/*
arcane	*équinoxe*	*opprobre*	*anagramme*	*espèce*	*stalagmite*
armistice	*esclandre*	*ovule*	*anicroche*	*gemme*	*ténèbres*
aromate	*exode*	*pétale*	*argile*	*icône*	*urticaire*
asphalte	*exorde*	*planisphère*	*arrhes*	*idylle*	*vis*
astérisque	*fastes*	*pore*	*atmosphère*	*oasis*	
augure	*globule*	*tentacule*	*câpre*	*octave*	
causse		*termite*	*céréale*		

D'autres noms ont un genre qui dépend de leur emploi.

- **Chose** est féminin sauf dans quelque chose, peu de chose, grand-chose.
- **Foudre** est féminin, sauf dans l'expression *un foudre de guerre*. Il est également masculin quand il désigne un grand tonneau (*un foudre*).
- **Merci** est masculin sauf dans l'expression *être à la merci de qqn*.
- **Orge** est féminin sauf dans les expressions *orge perlé* et *orge mondé*.
- **Noël** est masculin sauf quand il est précédé de *la* (on ne peut pas dire « le Noël »).
- **Pâques** (fête chrétienne) est masculin singulier sauf quand il est associé à une épithète (joyeuses Pâques). La pâque (fête juive) est un mot féminin singulier.

- **Amour**, **délice** et **orgue** sont masculins au singulier (*exemple : un doux amour*) et féminins au pluriel (*exemple : des douces amours*).
- **Gens** est masculin pluriel sauf quand il est précédé immédiatement par un adjectif ayant une forme distincte au féminin. On écrira donc ces gens bons (l'adjectif suit) mais ces bonnes gens (l'adjectif précède).

La construction du féminin du nom et de l'adjectif se fait, quand cette forme existe, par ajout d'un -e final à la forme du masculin.

Masculin et féminin sont identiques quand le mot finit déjà par un *-e* (*exemple : un élève, une élève*), sauf si le féminin est en -esse comme pour *abbé, âne, bougre, chanoine, comte, diable, dieu, druide, hôte, maître, ogre, pape, poète, prêtre, prince, prophète, tigre, traître.*

Cas particuliers

Certains noms et adjectifs redoublent leur consonne finale :

- *-l* : noms et adjectifs en *-el* et *-eil. Exemple : gentil* et *nul* ;
- *-n* : noms et adjectifs en *-en, -on. Exemple : paysan* ;
- *-t* : noms et adjectifs en *-et. Exemple : chat, boulot, maigriot, pâlot, sot, vieillot* ;
- *-s* : noms et adjectifs *bas, épais, gras, gros, las, métis, exprès.*

D'autres noms et adjectifs sont plus irréguliers :

- *-c* devient *-qu* dans *laïc, ammoniac, caduc, public, turc, franc* (le peuple) ;
- *-er* devient *-ère* ;
- *-eur* devient *-euse* si le mot dérive directement d'un verbe et *-trice* dans le cas contraire
- *-eur* devient *-eure* dans *meilleur, majeur/mineur, antérieur/postérieur, citérieur/ultérieur, extérieur/intérieur, supérieur/inférieur* ;
- *-gu* devient *-guë* ;
- *-x* devient *-s* pour les noms et adjectifs en *-eux* + *époux* et *jaloux* ;
- *-n* devient *-gn* dans *bénin, malin* ;
- *-eau* devient *-lle dans beau, jumeau, nouveau, fou, mou, vieux* ;
- addition d'un : *-d* dans esquimau, *-s* dans *andalou*, *-t* dans *coi, favori, rigolo* ;
- modifications particulières dans *bref, frais, grec, sec, tiers.*

À partir du féminin de l'adjectif, il est possible de construire les adverbes en *-ment.*

Exemple : grand, grande → grandement.

Parfois, on ajoute un accent aigu. *Exemple : profond, profonde → profondément.*

Cas particuliers

- **Quand l'adjectif se termine au masculin par une voyelle autre que -e, l'adverbe se construit sans -e final.** *Exemple* : vrai → vraiment.

Certains adjectifs finissant en *-u* au masculin, ont un adverbe en *-ûment* : *assidu, congru* (= qui convient), *continu, cru, dû, goulu, indu, nu.*

- **Quand l'adjectif se termine au masculin par -ant, l'adverbe est en -amment, et quand il finit par -ent, l'adverbe est en -emment.** Ces finales ont la même prononciation. Trois adverbes en *-ent* se construisent toutefois normalement : *lentement, présentement, véhémentement.*
- D'autres adverbes sont tout à fait irréguliers : *gentiment, impunément, brièvement.*

b. La construction du pluriel du nom et de l'adjectif

La construction du pluriel du nom et de l'adjectif se fait par ajout d'un *-s* final à la forme du singulier. *Exemple* : un homme, des hommes/des comportements humains.

Il n'est pas toujours possible de passer du singulier au pluriel, soit parce qu'il n'y a pas de pluriel, comme pour les noms collectifs (*exemple* : du bétail) soit parce qu'il n'y a pas de singulier (*exemple* : les fiançailles, les annales), soit parce que l'ajout d'une marque du pluriel est impossible (cas des mots qui finissent au singulier par -s, -x, -z).

Cas particulier

Certains noms et adjectifs prennent un *-x* au pluriel.

Tous les noms et adjectifs en *-eau, -au* (sauf *landau, sarrau*), *-eu* (sauf *bleu, pneu, lieu* – le poisson) et *bijou, caillou, chou, genou, hibou, joujou, pou.*

Tous les noms et adjectifs changent *-al* en *-aux* au pluriel (sauf *bal, bancal, cal, carnaval, cérémonial, chacal, fatal, festival, final, glacial, jovial, mistral, natal, naval, récital, régal*), et *aspirail, bail, corail, émail, fermail, soupirail, travail, vantail, ventail, vitrail* ont un pluriel en *-aux* (*exemple* : *un vitrail, des vitraux*).

Trois noms ont des pluriels très irréguliers : *œil* (*des yeux*), *ciel* (*des cieux*), *aïeul* (*des aïeux*), même si *œils* et *ciels* se rencontrent dans les noms composés (*exemple* : *des œils-de-bœuf*), et *aïeuls* pour désigner les grands-parents et non tous les ancêtres.

c. L'emploi du pluriel du nom et de l'adjectif

L'emploi du pluriel se fait, à propos de réalités quantifiables, à chaque fois que l'on désigne plusieurs de ces réalités.

Le choix du nombre du nom dépend du contexte ; il faut savoir si l'on a affaire à plusieurs réalités. Le pluriel de l'adjectif dépend du nombre de son support.

> **Exemples**
> - Un sac de sable (pas de *-s* à *sable* ; ce n'est pas quantifiable).
> - Un groupe d'hommes (*-s* à *homme* ; il y en a plusieurs dans un groupe).
> - Ces garçons, calmes et souriants, sont polis. (*-s* aux adjectifs *calmes, souriants* et *polis* ; ils se rapportent à *garçons*).

Cas particuliers

- **Le nombre d'un mot composé dépend de la nature des mots qui le compose.**

Règles d'accord	Composition des mots	Exemples
Accords des deux termes	Nom/adjectif + nom/adjectif	Des sourds-muets
Accord du premier terme	Nom (+ préposition) + nom complément	Des arcs-en-ciel
Accord du second terme	Mot invariable + nom Mot incomplet + nom/adjectif Nu, mi, demi, semi + nom/adjectif	Des avant-projets Des Gallo-Romains Des paupières mi-closes
Accord du 2nd terme ou pas selon le sens	Verbe + nom	Des couvres-lits Des réveille-matin
Pas d'accord	Verbe + verbe/mot invariable Phrase	Des peut-être Des qu'en-dira-t-on

Demi ***varie en genre dans une (deux, trois, etc.) heure(s) et demie ;*** à demi ***est invariable.***

- **Les noms propres et les noms occasionnels sont invariables.**

Exemple : Les *Martin* habitent la maison voisine. / Avec des *si* on mettrait Paris en bouteille.

- **Les numéraux cardinaux (un, deux, trois, etc.) sont invariables sauf *un* qui varie en genre et *vingt* et *cent* qui varient en nombre quand ils sont multipliés et en fin d'un nombre**

Exemple : quatre-vingts / quatre-vingt-un (vingt ne finit pas le nombre).

On notera que mille peut s'écrire mil lorsqu'il s'agit d'années et qu'il n'est pas multiplié. *Exemple* : l'an mil neuf cent douze.

Zéro, million et milliard ne sont pas des adjectifs, mais des noms. Ils varient normalement.

Si les numéraux ont une valeur ordinale (ils indiquent un ordre) et qu'ils prennent la forme d'un cardinal, ils sont invariables. *Exemple* : **la page quatre-vingt (= la quatre-vingtième).**

- **Les adjectifs de couleur sont invariables.**

– *Quand ce sont des adjectifs composés. Exemple : des pulls bleu marine ;*

– *Quand ce sont des noms employés comme adjectif. Exemple : des livres orange.*

Exceptions : écarlate, mauve, pourpre et rose varient.

- **Les mots employés comme adjectifs sont toujours invariables.**

Il peut s'agir :

– *de noms. Exemple : des airs bon enfant ;*

– *d'adverbes. Exemple : des gens bien.*

- **Les adjectifs employés comme adverbes sont toujours invariables.**

Pour les reconnaître on peut faire correspondre aux adjectifs des formes d'adverbe en *-ment*. *Exemple* : Cette personne voit *clair* (= *clairement*, donc invariabilité).

- **Les adjectifs *quelque, tout* et *même* varient** (*exemple :* **avoir quelques regrets), mais pas les adverbes *quelque, tout, même.***

Pour les distinguer, retenez que les adjectifs se rapportent à des noms et les adverbes à des adjectifs ou à des adverbes. *Exemples* : La famille *tout* entière est là. (*Tout* se rapporte à l'adjectif *entière* ; c'est donc un adverbe invariable). *Toute* maladie a ses remèdes. (*Toute* se rapporte au nom *maladie* ; c'est donc un adjectif variable.)

L'adverbe *tout* peut varier, pour que l'on entende le second *-t*, lorsqu'il précède un mot féminin commençant par une consonne. *Exemple* : Elle est toute réjouie.

d. Les homonymes grammaticaux

Il faut savoir distinguer les homonymes grammaticaux graphiquement et dans leur emploi.

Beaucoup de questions portent sur ces homonymes. Voici les principaux :

Liste d'homonymes →	Moyen d'identification	Exemples
a (verbe) **à** (préposition)	*possède* dans les autres cas	Il *a* une voiture. Une scie *à* bois.
alentour (adverbe) **alentours** (nom)	*autour* (utilisé sans article) dans les autres cas	Il y a la forêt *alentour.* Il y a la forêt aux *alentours.*
aulx (nom) **ô** (interjection) **au, aux** (article)	pluriel de *ail* introduit une apostrophe *à le, à les*	Des *aulx* à tunique. Ô temps, suspends ton vol. Aller *au* bois.
ça (pronom) **çà** (adverbe) **sa** (adjectif possessif)	*cela* utilisé avec *là* *la sienne*	*Ça* a pris du temps. On voyait, *çà* et là des oies. C'est *sa* chemise.
ceci, cela (pronoms) **ceux-ci, ceux-là** (pronoms)	remplace un mot singulier remplace un mot pluriel	*Cela* est évident. *Ceux-là* sont coupables.
ce (pronom démonstratif) **se** (pronom personnel)	*cela* remplacer par *me*	*Ce* sera très amusant. Il *se* dit que tout fini bien.
ces (adjectif démonstratif) **ses** (adjectif possessif)	sert à désigner marque la possession	*Ces* chaussures sont à moi. Il doute de *ses* capacités.
davantage (adverbe) **d'avantage(s)** (nom)	*plus* *de bénéfice, de profit*	Ce film me plaît *davantage.* J'y vois plus *d'avantages.*
dès (préposition) **des** (article)	*à partir de* indique une quantité	Nous partirons *dès* l'aube. Ils mangent *des* petits pois.
dû (verbe) **du** (article)	participe du verbe *devoir* *de le*	Il aurait dû venir. La couleur *du* ciel.
et (conjonction) **est** (verbe)	*ainsi que* présent du verbe *être*	Paul *et* son père sont revenus. Il *est* temps de dormir.
hors (préposition) **or** (conjonction)	*à l'extérieur* pour enchaîner les idées	Il est *hors* de la ville. Il m'attendait ; *or* je l'ignorais.

Liste d'homonymes → Moyen d'identification		Exemples
la (article) **là** (adverbe) **l'a** (pronom + verbe)	devant un nom féminin *ici* remplacer *a* par *ont*	*La* poupée de chiffon. Il n'est pas *là*. Il *l'a* vu hier.
leur (adjectif ou pronom) singulier **leurs** (adjectif ou pronom) pluriel *Remarque* : Leurs ne peut pas être pronom **personnel**, mais seulement pronom **possessif** ou adjectif **possessif**.		Ils ont *leur* frère près d'eux. Ils ont *leurs* frères près d'eux. Ils *leur* ont parlé. (**pers.**) Ce sont les leurs. (**poss.**)
ni (conjonction) **n'y** (adverbes)	souvent répété : *ni… ni* utilisé avec *pas*, *point*, *rien*	Il n'est venu *ni* lundi *ni* mardi. Il *n'y* a rien à espérer de cela.
notre/votre (adjectif) **nôtre/vôtre** (pronom ou adjectif)	précède un nom utilisé sans nom	Il a pris *votre* voiture. Cette voiture est *vôtre*.
on (pronom) **ont** (verbe)	*nous* *avoir*, remplacer par *a*	*On* voit la mer au loin. Ils *ont* du temps à perdre.
ou (conjonction) **où** (pronom)	*ou bien* indique le lieu	Veux-tu de l'eau *ou* du vin ? *Où* irez-vous en août ?
près (adverbe) + de **prêt** (adjectif) + à	*à proximité de* *disposé à*	Il est *près* de moi. Il est *prêt* à tout.
quand (conjonction) **quant** + à (préposition) **qu'en** (pronoms)	indique le temps *pour ce qui est de* *que… de cela*	*Quand* nous reverrons-nous ? *Quant* à moi, je reste le même ! *Qu'en* est-il de votre santé ?
quelle (adjectif) **qu'elle** (conjonction + pronom)	suivi d'un nom suivi d'un verbe	*Quelle* heure est-il ? Il faut *qu'elle* m'écoute.
quelque (adverbe ou adjectif) **quel que** (adjectif + pronom) au subjonctif	*plusieurs* ou *aussi* suivi du verbe être	*Quelques* personnes attendent. *Quel que* soit votre avis, on vous écoute.
quoique (conjonction) **quoi que** (pronoms)	*bien que* *quel que soit ce que*	J'irai *quoique* ce soit risqué. J'irai *quoi que* tu dises.
sans (préposition) **c'en** (pronoms) **s'en** (pronoms)	*privation (opposé à avec)* *cela en* avec un verbe pronominal	Une chemise *sans* poche. *C'en* est trop, je suis révolté. Il *s'en* aperçoit bien tard !
si (conjonction/adverbe) **s'y** (adverbe) **ci** (adverbe)	*en supposant que/ tellement* *se… à cela* ou *se… ici* *là*	Il est *si* facile de se tromper ! Il *s'y* consacre totalement. Ces temps-*ci*, il fait froid.
son (adjectif possessif) **sont** (verbe)	remplacer par *ses* remplacer par *est*	C'est *son* manteau. Ils *sont* partis.

Liste d'homonymes → Moyen d'identification		Exemples
voir (verbe) **voire** (adverbe)	*regarder* *et même*	C'est ce que nous allons *voir.* Il est taquin *voire* exaspérant.

e. L'accord du verbe et du participe passé

L'accord du verbe

Le verbe (ou son auxiliaire) reçoit de son (ses) sujet(s) ses marques de nombre et de personne.

Pour bien accorder un verbe, il faut donc identifier le(s) sujet(s) en se demandant qui est-ce qui ? (pour une personne) ou qu'est-ce qui ? (pour un animal ou une chose) fait l'action exprimée par le verbe. C'est très utile en cas d'inversion du sujet et du verbe.

Exemple : « Dans le bois chantent les coucous. »

Qu'est-ce qui chante ? les coucous (et non le bois). Chantent est donc au pluriel.

Lorsque le sujet est un pronom, il faut donner au verbe le nombre et la personne que le pronom remplace.

Exemple : C'est *toi* **qui joues** le premier (*qui* remplace *toi*) donc une 2e personne du singulier.

Remarque

Si deux sujets ne sont pas à la même personne, il faut considérer que « moi + toi = nous », « moi + lui = nous », « toi + lui = vous ».

Exemple : *Toi* et *moi* **sommes** des amis.

Cas particuliers

- **Quand le sujet est** *la plupart*, *beaucoup*, *quantité*, *peu* **ou un équivalent, le verbe se met au pluriel.**

Exemple : La plupart pensent comme moi.

- **Quand le sujet est** *ce* **ou** *c'* **suivi du verbe être, ce verbe s'accorde avec l'attribut qui suit et non avec** *ce* **ou** *c'*.

Exemple : Ce sont les amis de nos voisins.

- **Le participe présent** (*exemple* **: chantant) ne varie pas.**

Pour éviter de le confondre avec un adjectif en *-ant*, essayez de l'accorder au féminin. Si c'est possible, alors c'est un adjectif.

Exemples : Des individus fuyant leurs responsabilités. (On ne peut pas dire : « Des personnes "fuyantes" leurs responsabilités ».) Des *regards* **fuyants.** (On peut dire : « Des attitudes fuyantes ».)

L'accord du participe passé

Le participe passé a des règles d'accord qui dépendent de son emploi.

Règles du participe passé

Emplois	Règles	Exemples
Sans auxiliaire ou auxiliaire être	accord avec le mot auquel il se rapporte	*une soirée réussie* *La soirée est réussie.*
Auxiliaire avoir	pas d'accord, ou accord avec le COD placé avant	*Léa a réussi sa soirée.* *Sa soirée, Léa l'a réussie.*
Auxiliaires avoir + être	accord avec le sujet	*Elles ont été réussies.*
Auxiliaires avoir + avoir	pas d'accord, ou accord avec le COD placé avant	*Elles ont eu réussi.* *La soirée, Léa l'a eu réussie.*

Remarque

Dans les propositions absolues (groupe de mots isolés dans la phrase) composées d'un sujet et d'un participe, le participe reste invariable lorsqu'il est placé avant le sujet et varie lorsqu'il est placé après.
Exemple : « Vu les *intempéries*, la prudence s'impose. »
Lorsque le participe est *étant donné, passé, mis à part*, l'accord reste possible.

Cas particuliers

- **Le participe passé des verbes impersonnels (verbes accompagnés du sujet *il*, ne désignant pas un être ou une chose) est invariable.**

Exemple : Les sommes qu'il a fallu.

- **Un participe passé suivi d'un infinitif est invariable si le COD qui précède ne fait pas l'action exprimée par l'infinitif ; dans le cas contraire, il faut accorder.**

Exemple : Les chansons que j'ai **entendu** chanter.

Les chansons ne font pas l'action de chanter, donc on n'accorde pas.

Exemple : Les personnes que j'ai **entendues** chanter.

Les personnes font l'action de chanter, donc on accorde.

Exception : Le participe fait suivi d'un infinitif est toujours invariable.

- **Le participe passé précédé de *en* COD reste invariable.**

Exemple : Des regrets, j'en ai eu.

- **Le participe passé des verbes pronominaux.**

Un verbe pronominal est un verbe qui se conjugue avec le pronom personnel se mis à la même personne que le sujet.

Exemple : se parler, se dire, s'apercevoir, etc.

Les verbes pronominaux se conjuguent aux temps composés avec l'auxiliaire *être*, mais l'accord de leur participe passé se comporte comme si l'auxiliaire était *avoir*. C'est pourquoi, si le pronom personnel peut être considéré comme un COD ou s'il y a un autre COD placé avant, on accorde. Dans le cas contraire, on n'accorde pas.

Pour identifier le COD, il suffit de remplacer *être* par *avoir*.

Exemple : Elle s'est **lavée** ce matin.

Elle a lavé qui ? se (elle). S' est COD placé avant, donc on accorde.

Exemple : Elle s'est **lavé** les cheveux ce matin.

Elle a lavé quoi ? les cheveux. Cheveux est le COD placé après, donc on n'accorde pas.

Remarque

Pour éviter la confusion entre le participe passé -é et l'infinitif -er, il faut remplacer le verbe par un verbe du 3e groupe (dire, faire, prendre, etc.).

Exemple : Agnès sera-t-elle invitée ?

Si l'on remplace « inviter » par « prendre », cela donne « Agnès sera-t-elle prise » et non « Agnès sera-t-elle prendre ». Donc il faut un participe passé.

5 Les modes et les temps

En français, il existe 3 groupes de conjugaison, 7 modes (4 modes conjugués et 3 non conjugués), 12 temps simples, 11 temps composés et 6 personnes (je, tu, il/elle, nous, vous, ils/elles).

Les trois groupes de conjugaison sont définis selon les infinitifs des verbes et la régularité de leur conjugaison.

- Le **premier groupe** rassemble les **verbes réguliers en -er** (*aller* ou *envoyer* qui sont irréguliers ne font pas partie du premier mais du troisième groupe).
- Le **deuxième groupe** rassemble les **verbes réguliers en -ir** qui prennent l'affixe *-ss* à certaines formes.
- *Exemple* : *finir*, nous finissons.
- Le **troisième groupe** rassemble **tous les autres verbes**.

Tableau des modes conjugués (= emploi de personnes)

Modes	Temps simples (Ex.) → Temps composés (Ex.)
Indicatif	Présent (je *chante*) → Passé composé (j'*ai chanté*) Imparfait (je *chantais*) → Plus-que-parfait (j'*avais chanté*) Passé simple (je *chantai*) → Passé antérieur (j'*eus chanté*) Futur simple (je *chanterai*) → Futur antérieur (j'*aurai chanté*)
Conditionnel	Présent (je *chanterais*) → Passé (j'*aurais chanté*) Remarque : Il existe un conditionnel passé 2e forme ; il prend la forme du subjonctif plus-que-parfait, mais il a la valeur du conditionnel passé. *Exemple* : Je n'*eusse* pas chanté, si tu n'étais pas venu.

Modes	Temps simples (Ex.) → Temps composés (Ex.)
Subjonctif	Présent (que je *chante*) → Passé (que j'*aie chanté*) Imparfait (que je *chantasse*) → Plus-que-parfait (que j'*eusse chanté*)
Impératif	Présent (*chante*) → Passé (*aie chanté*)

Tableau des modes non conjugués

Infinitif	Présent (*chanter*) → Passé (*avoir chanté*)
Participe	Présent (*chantant*) → Passé composé (*ayant chanté*) Passé (*chanté*) → Pas de temps composé
Gérondif	Présent (*en chantant*) → Passé composé (*en ayant chanté*)

Remarque

Ce tableau propose les formes de conjugaison à la voix active, c'est-à-dire quand l'action est effectuée par le sujet. À la voix passive, l'action est subie par le sujet (*exemple* : « Je suis puni »). Dans ce cas, un auxiliaire de la voix passive est employé pour un temps simple passif, deux auxiliaires pour un temps composé passif.

Exemple :

- L'ode *est chantée* par le soliste. → indicatif présent passif ;
- L'ode *a été chantée* par le soliste. → indicatif passé composé passif.

Pour réussir à construire tous les temps composés, il faut maîtriser parfaitement la conjugaison des auxiliaires. En français, il existe deux auxiliaires, *avoir* et *être*.

- **Avoir** est le principal auxiliaire, il est employé pour tous les verbes transitifs (ceux qui peuvent avoir un complément d'objet) et la plupart des verbes intransitifs.

	Indicatif				Condition-nel	Subjonctif	
	présent	**imparfait**	**passé**	**futur**	**présent**	**présent**	**impar-fait**
j'	ai	avais	eus	aurai	aurais	aie	eusse
tu	as	avais	eus	auras	aurais	aies	eusses
il	a	avait	eut	aura	aurait	ait	eût
nous	avons	avions	eûmes	aurons	aurions	ayons	eussions
vous	avez	aviez	eûtes	aurez	auriez	ayez	eussiez
ils	ont	avaient	eurent	auront	auraient	aient	eussent

Impératif présent : *aie, ayons, ayez.*

Participe présent (et **Gérondif**) : (en) *ayant*/*passé* : *eu.*

- **Être** sert d'auxiliaire pour certains verbes intransitifs, *Exemple* : aller, pour les verbes pronominaux, *Exemple* : je me gare, et pour la voix passive, *Exemple* : je suis surpris.

Indicatif					Conditionnel	Subjonctif	
	présent	**imparfait**	**passé**	**futur**	**présent**	**présent**	**imparfait**
je/j'	suis	étais	fus	serai	serais	sois	fusse
tu	es	étais	fus	seras	serais	sois	fusses
il	est	était	fut	sera	serait	soit	fût
nous	sommes	étions	fûmes	serons	serions	soyons	fussions
vous	êtes	étiez	fûtes	serez	seriez	soyez	fussiez
ils	sont	étaient	furent	seront	seraient	soient	fussent

Impératif présent : *sois, soyons, soyez.*

Participe présent (et **Gérondif**) : *(en) étant*/passé : *été.*

Remarque

Évitez la confusion entre *nous serons* (verbe *être*) et *nous saurons* (*savoir*).

Exemples :

- Nous saurons bien comment faire. (verbe *savoir*)
- Nous serons bien nombreux demain. (verbe *être*)

Évitez la confusion entre *ait* (verbe avoir) et *est* (verbe être) en cherchant l'infinitif.

Exemples :

- Il faut qu'il *ait* de la chance. (*avoir de la chance*)
- Il faut admettre qu'il *est* chanceux. (*être chanceux*)

6 La conjugaison des temps simples

La plupart des règles de conjugaison sont identiques pour les verbes réguliers et irréguliers. Mais les deux premiers groupes ont particulièrement des points communs.

Voici les tableaux des verbes réguliers à étudier avec attention.

a. Verbes du 1er groupe : infinitif en -er (type : chanter)

Indicatif				Conditionnel	Subjonctif	
présent	**imparfait**	**passé**	**futur**	**présent**	**présent**	**imparfait**
Chant-e	-ais	-ai	-erai	-erais	-e	-asse
-es	-ais	-as	-eras	-erais	-es	-asses
-e	-ait	-a	-era	-erait	-e	-ât
-ons	-ions	-âmes	-erons	-erions	-ions	-assions
-ez	-iez	-âtes	-erez	-eriez	-iez	-assiez
-ent	-aient	-èrent	-eront	-eraient	-ent	-assent

Impératif présent : *-e*, *-ons*, *-ez.*

Participe présent (et **Gérondif**) : *-ant*/passé : *-é.*

b. Verbes du 2e groupe : infinitif en -ir avec ajout de l'affixe -iss à certaines formes (type : finir)

Indicatif				Conditionnel	Subjonctif	
présent	**imparfait**	**passé**	**futur**	**présent**	**présent**	**imparfait**
Fin-*is*	*-issais*	*-is*	*-irai*	*-irais*	*-isse*	*-isse*
-is	*-issais*	*-is*	*-iras*	*-irais*	*-isses*	*-isses*
-it	*-issait*	*-it*	*-ira*	*-irait*	*-isse*	*-ît*
-issons	*-issions*	*-îmes*	*-irons*	*-irions*	*-issions*	*-issions*
-issez	*-issiez*	*-îtes*	*-irez*	*-iriez*	*-issiez*	*-issiez*
-issent	*-issaient*	*-irent*	*-iront*	*-iraient*	*-issent*	*-issent*

Impératif présent : identique à l'indicatif présent aux mêmes personnes.

Participe présent (et Gérondif) : -issant/passé : -i.

Remarque

Le participe passé de ces verbes ne prend pas de consonne finale muette au singulier (*fini*) à la différence de certains verbes du 3e groupe. Pour le vérifier, si vous avez un doute, mettez le participe au féminin (*fini* → *finie* mais pas « démi » mais *démis* → *démise*).

Cas particuliers

- **Cas 1 :** Les verbes qui prennent un *-e* muet à l'avant-dernière syllabe dans leur conjugaison, changent ce *-e* en *-è*, sauf les verbes en *-eler* et *-eter* qui redoublent leur consonne finale.
- *Exemples :* semer, semons → je sème/appeler, appelons → j'appelle.

Remarque

Certains verbes en -eler et -eter restent réguliers, prenant un accent grave : ciseler, geler, démanteler, écarteler, harceler, marteler, modeler, peler, acheter, crocheter, s'encasteler, fureter, haleter, et leurs dérivés.

- **Cas 2 :** Les verbes en *-guer* et *-quer* conservent *-gu* ou *-qu* dans leur conjugaison. Mais les noms ou adjectifs formés à partir de ces verbes ne conservent pas ces lettres.
- *Exemples :* Un élève *conjuguant* des verbes. / La *conjugaison.*

Un patron *communiquant* son énergie. / Les vases *communicants.*

- **Cas 3 :** Les verbes en *-yer* ont diverses formes suivant la voyelle qui précède *-yer.*
  - *Les verbes en -oyer et -uyer changent -y en -i devant un -e muet.*

    Exemple : essuyons (pas de -e muet) → essuient (-e muet).
  - *Les verbes en -ayer admettent l'orthographe en -y ou en -i* devant un *-e* muet.

    Exemple : je balaye ou *je balaie.*
  - *Les verbes en -eyer conservent toujours le -y.*

    Exemple : il volleye, vous volleyez.

Remarque

Ne conjuguez pas croire ou voir sur le modèle de verbe en *-yer* ; « ils croyent » ou « ils voyent » sont des barbarismes ; de même « ils croivent ». Écrivez : ils croient, ils voient.

c. Verbes du 3e groupe

Les verbes du 3e groupe (en *-ir* qui ne prennent pas l'affixe *-iss*, en *-re*, et ceux qui ont une conjugaison irrégulière ou incomplète, les défectifs) sont les plus irréguliers et donc les plus difficiles.

Notons les règles communes à plusieurs verbes :

- Les verbes en *-ir* ont les mêmes terminaisons que les verbes du 2e groupe, sans l'affixe.
- *Exemple : dormir, nous dormons.*

Exceptions : assaillir, couvrir, cueillir, défaillir, offrir, ouvrir, souffrir, tressaillir et leurs dérivés ont au présent de l'indicatif, et au présent de l'impératif les mêmes terminaisons que les verbes du 1er groupe. *Exemple : ouvre, il assaille.*

- Les verbes en *-oir* prennent un *-u* à la place du *-i* en terminaison, à l'indicatif passé simple, au subjonctif imparfait et au participe passé, sauf *asseoir, surseoir, voir* et leurs dérivés qui prennent un *-i.*

Exemples : je voulus, que je voulusse/que je visse.

Remarque

Pouvoir, valoir, vouloir ont un indicatif présent en *-x, -x, -t, -ons, -ez, -ent.*

- Les verbes en *-re* ont les mêmes terminaisons que les verbes du 2e groupe à tous les modes et temps, sauf à l'indicatif présent. Les irrégularités portent plutôt sur le radical.
- À l'indicatif présent, leurs terminaisons sont *-s, -s, ø, -ons, -ez, -ent.*
- La 3e personne du singulier n'a pas de terminaison spécifique. Le verbe finit généralement par la dernière consonne de son radical : *il prend, il met, il vainc,* etc.

Cas particuliers

- **Cas 1 :** Les verbes en *-indre* et *-soudre* ne conservent leur *-d* dans la conjugaison que s'il précède un *-r* ; de même, les verbes en *-aître* et *-oître* ainsi que *plaire* ont un accent circonflexe sur le *-i* s'il précède un *-t* dans la conjugaison.

Exemples : geindre, nous geindrons, il geint/connaître, nous connaîtrons, vous connaissez/plaisant, il plaît.

- **Cas 2 :** Les participes passés *dû, redû, mû, crû, recrû* prennent un accent circonflexe au masculin singulier uniquement. En revanche, les participes *accru, décru, indu* ne prennent jamais d'accent.

Exemple : Un salaire *dû*/une somme *due.*

- **Cas 3 :** Quelques erreurs de conjugaison du 3e groupe à connaître.
  - **Aller :** À l'indicatif présent, *ils vont* et non *ils « allent ».*
  - **Envoyer :** À l'indicatif futur (et conditionnel), *j'enverrai(s)* et non *« j'envoyerai(s) ».*
  - **Acquérir :** À l'indicatif passé simple, *j'acquis* et non *« j'acquéris »*, au futur simple (et conditionnel) *j'acquerrai(s)* et non *« j'acquérirai(s) »* et au participe passé, *acquis.*

- **Tenir :** À l'indicatif passé simple, *je tins* et non « *je tenis* ».
- **Mourir :** À l'indicatif passé simple, *je mourus* et non « *je mouris* », et au participe passé, *mort* et non « *mouru* ».
- **Bouillir :** À l'indicatif présent, *ils bouillent* et non « *ils bouent* ».
- **Voir :** Au subjonctif présent, *que je voie, que tu voies* et non « *que je vois* », etc.
- **Savoir :** Au subjonctif présent, *que je sache* et non « *que je save* ».
- **Asseoir :** À l'indicatif futur (et au conditionnel), *j'assiérai(s)* ou *j'assoirai(s)* et non « *j'assoyerai(s)* » ou « *j'asseoirai(s)* ».
- **Dire :** À l'indicatif présent, *vous dites* et non « *vous disez* » ou « *vous dîtes* ». De même *vous redites*, mais *vous contredisez, vous dédisez, vous interdisez.*
- **Conclure :** À l'indicatif futur (et conditionnel), *je conclurai(s)* et non « *je concluerai(s)* ».
- **Vivre :** À l'indicatif passé simple *je vécus* et au participe passé, *vécu.*

Exemple

Il ne *peut* pas venir. / Je crains qu'il ne *puisse* pas venir.

Dans la 1re phrase, l'indicatif s'impose parce qu'il s'agit d'une affirmation. Dans la 2nde phrase, il s'agit d'une hypothèse.

Attention

Le conditionnel, qui est une sorte de futur dans le passé, ne s'emploie jamais dans une proposition introduite par *si.*

Exemple

« Si j'aurais su, je ne serais pas venu. » (phrase incorrecte)

Il faut écrire : « Si j'avais su, je ne serais pas venu. »

D'une façon générale, quand une proposition commence par *si*, certaines règles d'emploi des temps sont à respecter.

	La proposition principale est au…	la subordonnée introduite par si est au…
1	futur simple	présent
2	conditionnel présent	imparfait
3	futur simple	passé composé
4	conditionnel passé	plus-que-parfait

Exemple du 1 : « Tu me préviendras si la fièvre monte ? »

Exemple du 2 : « Tu me préviendrais si la fièvre montait ? »

Exemple du 3 : « Tu me préviendras si la fièvre a monté ? »

Exemple du 4 : « Tu m'aurais prévenu si la fièvre avait monté ? »

Épreuve d'admission n° 2

Questionnaire à choix multiples de culture générale

1 Déroulement de l'épreuve

1 Présentation de l'épreuve

Type	Questionnaire à réponse multiple
Coefficient	2 (concours externe) ; 1 (concours internes)
Durée	1 h en tout pour le questionnaire de culture générale et celui de langue étrangère
Composition	Actualité en France et dans le monde Cadre institutionnel et politique français et européen Valeurs et symboles républicains de la France Histoire de France
Nombre de questions	Environ 40
Nombre de propositions par question	3
Barème	Inconnu (pas de points négatifs)
Difficulté	Épreuve inédite
Note éliminatoire	Pas de note éliminatoire
Note recommandée	12/20

Cette épreuve se présente comme assez diversifiée, ce qui fait sa difficulté. Selon les textes officiels elle traite uniquement de thèmes politiques, institutionnels, des valeurs et de l'histoire. En réalité, l'entrée « actualité en France et dans le monde » rend possible une plus grande variété. Avant l'apparition de cette épreuve, il existait déjà un questionnaire dit de connaissances générales et celui-ci donnait lieu aussi à des questions de géographie et ponctuellement l'art ou de littérature. Il faut donc s'attendre à voir apparaître également ces thèmes, dès lors que l'actualité le justifie.

2 Que faut-il réviser ?

- **Actualité** : politique nationale et internationale, résultats sportifs, événements culturels, repères géographiques, littéraires, sportifs divers ayant fait l'actualité (prix Nobel, exposition importante, catastrophe naturelle, coupe du monde sportive).
- **Institutions** : institutions françaises, collectivités, institutions européennes, organisations mondiales.
- **Valeurs et symboles de la France** : origine et symbolique du drapeau, de la Marseillaise, de la devise « Liberté, égalité, fraternité », etc.
- **Histoire** : histoire politique de la France (dynasties, dirigeants) des origines à nos jours, présidents et Premiers ministres de la Ve République, histoire du monde depuis la Seconde Guerre mondiale.

3 Comment faut-il réviser ?

Le principe même de la culture générale, c'est qu'elle est tellement vaste que l'on n'a jamais fini de travailler et de découvrir de nouvelles connaissances.

Nous vous conseillons de travailler les fiches proposées et de ne pas hésiter à les réécrire sur un cahier et à les augmenter de vos recherches.

Durant votre préparation au concours, il est recommandé de lire, de temps en temps, des quotidiens nationaux (*Le Monde*, *Le Figaro*) au format papier ou en utilisant les applications. Vous pouvez également vous informer sur les actualités et les grands débats de société sur les chaînes et les radios de référence : France Télévisions, France Info, France Inter, France Culture, par exemple. Si vous n'avez pas l'habitude de suivre les journaux quotidiens, vous serez un peu perdu(e) au début, mais en cherchant tout ce que vous ignorez (signification d'un sigle, fonctionnement d'une institution citée, etc.), vous étofferez votre culture et atteindrez les connaissances exigées par le concours.

Remarque

Les chapitres de culture générale couvrent aussi bien les exigences de l'épreuve de culture générale que celles de l'oral au cours duquel il est bien précisé que le jury peut « évaluer l'aptitude et la motivation du candidat à occuper les fonctions de gardien de la paix, apprécier sa personnalité, ses qualités de réflexion ainsi que ses connaissances. »

2 Histoire de France jusqu'à 1958

Histoire de France jusqu'à la Révolution

Années	Régimes		Principaux événements
481 751	**Dynastie mérovingienne** Fondateur : Clovis		**496** : baptême de Clovis (roi de 481 à 511).732 : Charles Martel bat l'armée de l'émir Abd-al-Rahman à Poitiers.
	Dynastie carolingienne Fondateur : Pépin le Bref (fils de Charles Martel)		**800** : Charlemagne (roi de 768 à 814) est sacré empereur et s'installe à Aix-la-Chapelle. **843** : « Partage de Verdun », division de l'empire de Charlemagne entre Charles le Chauve, Louis le Germanique et Lothaire. **877** : « Capitulaire de Quierzy », l'empereur Charles le Chauve concède des pouvoirs aux seigneurs (féodalité).
987	**Dynastie capétienne**	**Capétiens directs** Fondateur : Hugues Capet	**1095-1099** : première croisade. Godefroi de Bouillon et les barons de France fondent un royaume à Jérusalem. **1137** : Louis VII épouse Aliénor d'Aquitaine. Ils font la deuxième croisade (1147-1148). Il la répudie en 1152 et elle épouse Henri II Plantagenêt, roi d'Angleterre. De cette union naissent Richard Cœur de Lion et Jean sans Terre. **1189-1192** : Philippe Auguste participe à la troisième croisade puis bat Jean sans Terre à Bouvines en 1214. **1226-1270** : règne de Louis IX (saint Louis). Il participe à deux croisades et crée le Parlement de Paris. **1307** : Philippe IV le Bel supprime l'ordre des Templiers puis entre en conflit avec le pape. Installation d'un pape en Avignon (de 1309 à 1376).
1328		**Valois** Fondateur : Philippe VI	**1337-1453** : guerre de « Cent ans ». Victoire française grâce à Du Guesclin puis à Jeanne d'Arc. Charles VII, sacré à Reims, réorganise la France avec Jacques Cœur. **1515-1547** : François Ier. Renaissance française (achat de la Joconde). Opposé à Charles Quint (Marignan en 1515), François Ier impose une langue unique, la langue d'oïl (1539).
1589			**Guerres de religion** entre catholiques et protestants. Nuit de la Saint-Barthélemy (1572). Henri III assassiné par le huguenot Jacques Clément (1589). Henri IV impose l'édit de Nantes (tolérance religieuse) en 1598 et redresse la France avec Sully avant d'être assassiné par Ravaillac en 1610.
1792		**Bourbons** Fondateur : Henri IV	**1624-1642** : Richelieu est le ministre de Louis XIII. **1643-1715** : Louis XIV. Mazarin mate la fronde et Colbert refonde le royaume. Cour à Versailles (1682). Révocation de l'édit de Nantes (1698). **1774-1792** : Louis XVI. Crise économique et « affaire du collier ». Marie-Antoinette accusée de malversations pour obtenir un collier de 1,6 million de livres.

Histoire de France de la Révolution à 1958

Années	Régimes	Principaux événements
1789 1792	**Monarchie constitutionnelle (1789-1792)**	**20 juin 1789** : Serment du jeu de paume. L'Assemblée nationale devient constituante. **14 juillet 1789** : prise de la Bastille. **4 août 1789** : abolition des privilèges. **26 août 1789** : Déclaration des Droits de l'Homme et du Citoyen. **21 juin 1791** : fuite du roi à Varennes. **10 août 1792** : prise des Tuileries. **22 septembre 1792** : abolition de la royauté.
1799	**Première République (1792-1799)**	**21 janvier 1793** : exécution de Louis XVI. Début de l'insurrection en Vendée. **5 septembre 1793** : début de la Terreur (loi des suspects). **27 juillet 1794** (9 Thermidor) : chute de Robespierre.
1804	**Consulat (1799-1804)**	**9 novembre 1799** (18 Brumaire) : coup d'État de Bonaparte. **1802** : Napoléon Bonaparte nommé consul à vie. **1804** : Code civil.
1815	**Premier Empire (1804-1815)**	**2 décembre 1804** : Napoléon Ier empereur. **2 décembre 1805** : victoire d'Austerlitz. **18 juin 1815** : défaite de Waterloo. **22 juin 1815** : fin des « 100 jours ».
1830	**Restauration (1815-1830)**	Règnes de Louis XVIII (1815-1824) puis Charles X (1824-1830). **28-30 juillet 1830** : « Trois Glorieuses ».
1848	**Monarchie de Juillet**	**1830-1948** : règne de Louis-Philippe Ier.
1852	**Deuxième République (1848-1852)**	**27 avril 1848** : abolition de l'esclavage (Schoelcher). **20 décembre 1848** : Louis-Napoléon Bonaparte président. **2 décembre 1851** : coup d'État de Louis-Napoléon Bonaparte.
1870	**Second Empire (1852-1870)**	Règne de Napoléon III. **1869** : ouverture du canal de Suez par Ferdinand de Lesseps.
1940	**Troisième République (1870-1940)**	**1870-1871** : guerre franco-prussienne. • **1er septembre 1870** : défaite de Sedan. • **4 septembre 1870** : abdication de Napoléon III. **1880-1881** : gouvernement de Jules Ferry. Lois sur les libertés de la presse, de réunion et d'enseignement ; enseignement primaire gratuit, laïc et obligatoire (1882). **1894-1906** : affaire Alfred Dreyfus, officier condamné à tort pour haute-trahison, défendu par Émile Zola dans « J'Accuse...! ». **1905** : loi de séparation des Églises et de l'État à l'initiative d'Aristide Briand. **1914-1918** : Première Guerre mondiale. Victoires de la Marne (1914) et de Verdun (1916). • **11 novembre 1918** : armistice de Rethondes. • **28 juin 1919** : traité de Versailles. **1929** : début de la crise économique mondiale après le « Jeudi Noir » à Wall Street (New York). **1936** : Front populaire. Gouvernement de Léon Blum, accords de Matignon, semaine de 40 heures, congés payés.
1944	**Régime de Vichy (1940-1944)**	**1939-1945** : Seconde Guerre mondiale. • **17 juin 1940** : Pétain président du Conseil puis chef d'État. • **18 juin 1940** : De Gaulle appelle à la résistance. • **22 juin 1940** : armistice avec l'Allemagne. • **6 juin 1944** : Débarquement de Normandie. • **8 mai 1945** : capitulation de l'Allemagne.
1946		**1944-1946** : gouvernement provisoire du CFLN.
1958	**Quatrième République (1946-1958)**	Présidences de Vincent Auriol et de René Coty.

3 Histoire de la Ve République

Années	Présidents	Événements
1958	**Charles de Gaulle**	**1958** : Insurrection à Alger ; putsch. De Gaulle président du Conseil ; réforme constitutionnelle votée. **1959** : De Gaulle président ; Michel Debré : Premier ministre (1959-1962) ; André Malraux : ministre de la Culture. **1960** : indépendance des pays d'Afrique francophone. **1961** : référendum approuvant l'autodétermination de l'Algérie ; putsch des généraux en Algérie pour conserver l'Algérie française. **1962** : accords d'Évian ; indépendance algérienne. Georges Pompidou : Premier ministre (1962-1968). Suffrage universel direct approuvé à 62 %. **1965** : De Gaulle réélu président de la République. **Mai 1968** : grèves et mouvements étudiants ; accords de Grenelle. **1969** : échec du référendum sur la régionalisation et la réforme du Sénat ; démission de De Gaulle.
1969	**Georges Pompidou**	**1969-1972** : J. Chaban-Delmas est Premier ministre. Croissance économique importante; restructuration industrielle; construction d'infrastructures (TGV, autoroutes, périphérique parisien). **1969** : lancement du projet de Centre national d'art et de culture à Beaubourg (inauguré en 1977). **1972-1974** : P. Messmer est Premier ministre. **1972** : traité de Bruxelles (élargissement de la CEE). **1973** : premier choc pétrolier ; fin des « Trente Glorieuses ». **1974** : le président meurt pendant son mandat (intérim par A. Poher).
1974	**Valéry Giscard d'Estaing**	Premiers ministres : J. Chirac (1974-1976) ; R. Barre (1976-1981). **1974** : la majorité passe de 21 à 18 ans. **1975** : loi Simone Veil (ministre de la Santé) dépénalisant l'IVG.
1981	**François Mitterrand**	**1981-1984** : P. Mauroy est Premier ministre. **1981** : abolition de la peine de mort. **1982** : semaine de 39 heures ; retraite à 60 ans. **1983** : tournant de la rigueur. **1984-1986** : L. Fabius est Premier ministre. Rupture entre PS et PC ; affaire du sang contaminé. **1986-1988** : J. Chirac devient Premier ministre après la victoire RPR-UDF aux législatives ; première cohabitation. **1988** : F. Mitterrand est réélu président face à J. Chirac. **1988-1991** : M. Rocard est Premier ministre. **1988** : création du RMI. **1991-1993** : E. Cresson puis P. Bérégovoy sont Premiers ministres. **1993-1995** : E. Balladur devient Premier ministre (victoire UDF-RPR) : deuxième cohabitation.

Années	Présidents	Événements
1995 – 2007	**Jacques Chirac**	**1995-1997** : A. Juppé est Premier ministre ; échec du « plan Juppé ». **1997** : suppression du service militaire. **1997-2002** : L. Jospin est Premier ministre (victoire du PS); troisième cohabitation. **1997-2000** : M. Aubry est ministre de l'Emploi ;1997 : emplois jeunes ; 1998 : semaine de 35 heures ; **1999** : CMU. **2002** : J. Chirac est réélu président face à J.-M. Le Pen. **2002-2005** : J.-P. Raffarin est Premier ministre. **2003** : été caniculaire, 15 000 morts. **2005** : la France vote « non » à la Constitution de l'UE. **2005-2007** : D. de Villepin est Premier ministre ; baisse de la dette ; échec du CPE.
2007 – 2012	**Nicolas Sarkozy**	**2007-2012** : F. Fillon est Premier ministre. **2007** : paquet fiscal. **2008** : RSA, réforme de la carte judiciaire. **2010** : réforme des retraites.
2012 – 2017	**François Hollande**	**2012-2014** : J.-M. Ayrault est Premier ministre. **2013** : mariage pour tous ; écotaxe ; mouvement des « Bonnets rouges » ; opérations Serval (Mali) et Barkhane (Sahel). **2014-2016** : Manuel Valls est Premier ministre. **2015** : loi Macron ; attentats à Charlie Hebdo et au Bataclan (130 morts), état d'urgence ; COP21 à Paris.
2017 – 2025	**Emmanuel Macron**	**2017-2020** : É. Philippe est Premier ministre. **2018-2019** : crise des « Gilets jaunes ». **2019** : incendie de Notre-Dame de Paris. **2020-2022** : J. Castex est Premier ministre. Pandémie de Covid-19, crise sanitaire, confinements, pass sanitaire. **2022** : E. Macron est réélu président face à M. Le Pen. **2022-2024** : É. Borne est Première ministre. **2023** : réforme des retraites. **2024** (janvier-septembre) : G. Attal est Premier ministre. **9 juin 2024** : défaite de la majorité présidentielle aux élections européennes. Dissolution de l'Assemblée nationale et élections législatives anticipées. **2024 (septembre-décembre)** : M. Barnier est Premier ministre. **4 décembre 2024** : censure du gouvernement Barnier. **13 décembre 2024** : F. Bayrou est Premier ministre.

4 Histoire du monde depuis 1944

1944	Accords de Bretton Woods ; création du FMI (Fonds Monétaire International).
1945	Création de l'ONU (Organisation des Nations unies).
1947	Plan Marshall, aide financière américaine à l'Europe.
1948	Création de l'État d'Israël.
1949	OTAN (Organisation du Traité de l'Atlantique Nord) créée contre l'URSS. Création de la République populaire de Chine par Mao Zedong.
1953	Mort de Staline.
1955	Conférence de Bandung : création du tiers-monde politique. Pacte de Varsovie entre les pays de l'Est (contre l'OTAN).
1957	Spoutnik, premier satellite (soviétique) dans l'espace.
1959	Fidel Castro au pouvoir à Cuba.
1960	Création de l'OPEP (Organisation des pays exportateurs de pétrole).
1961	Gagarine, premier homme (soviétique) dans l'Espace. Construction du mur de Berlin séparant la RDA (Est) et la RFA (Ouest).
1962	Crise des missiles de Cuba ; assassinat du président Kennedy à Dallas (1963).
1965-1975	Guerre des États-Unis au Vietnam ; défaite américaine.
1967	Guerre israélo-arabe des 6 Jours.
1968	Printemps de Prague pour la liberté en Tchécoslovaquie : invasion de l'URSS.
1969	Armstrong, premier homme (USA) sur la Lune.
1973	Guerre israélo-arabe du Kippour. Choc pétrolier : prix du pétrole doublé.
1978-2005	Pontificat de Jean-Paul II, premier pape polonais.
1979	Guerre de l'URSS en Afghanistan.
1980	Fondation de Solidarnosc (leader : Lech Walesa), contre le communisme.
1980-1988	Guerre Irak-Iran.
1985	Mikhaïl Gorbatchev à la tête de l'Union des Républiques Socialistes Soviétiques (URSS) jusqu'en 1991.
1986	Explosion du réacteur de la centrale nucléaire de Tchernobyl.
1989	Chute du mur de Berlin.

1990	Unification allemande (RFA-RDA).
1991	Première Guerre du Golfe contre l'Irak (participation de la France). Fin de l'URSS ; début de la CEI (Communauté des États Indépendants).
1991-2001	Guerres de Yougoslavie (intervention de l'OTAN) ; massacre de Srebrenica en Bosnie-Herzégovine (1995).
2001	11 septembre : attentats d'Al-Qaïda ; effondrement du World Trade Center (New York). Début de la guerre des USA contre le terrorisme en Afghanistan.
2003-2011	Deuxième guerre du Golfe (sans la France) ; chute de Saddam Hussein.
2004	Révolution orange en Ukraine.
2008	Crise financière des subprimes ; Barack Obama (démocrate), président des États-Unis (2 mandats : 2008-2016).
2009	Premier sommet des quatre pays du BRIC : Brésil, Russie, Inde, Chine.
2011	Début du « Printemps arabe » ; chute et mort de Kadhafi en Libye. Tsunami au Japon ; fusion de 3 réacteurs de la centrale de Fukushima.
2012	Répression sanglante de Bachar el-Assad en Syrie.
2014	Crise ukrainienne ; mouvement Euromaïdan.
2016	Destitution de Dilma Rousseff, présidente du Brésil. **23 juin** : Le Royaume-Uni approuve par référendum la sortie de l'UE.
2017	Donald Trump (républicain), président des États-Unis ; reconnaissance de Jérusalem comme capitale d'Israël.
2020	Pandémie de Covid-19 (premier foyer à Wuhan, en Chine).
2021	Le démocrate Joe Biden, ancien vice-président de Barack Obama, devient président des États-Unis.
2022	Guerre en Ukraine opposant Vladimir Poutine à Volodymyr Zelensky.
2023	Attaque du Hamas contre Israël et siège de Gaza.
2024	**Du 26 juillet au 8 septembre** : Jeux olympiques et paralympiques d'été à Paris. **5 novembre** : Donald Trump est réélu président des États-Unis. **8 décembre** : chute du régime de Bachar Al-Assad en Syrie.

5 Institutions de la Vᵉ République

La Cinquième République entre en vigueur le 4 octobre 1958. Elle est souhaitée par Charles de Gaulle pour diminuer le pouvoir des Chambres et augmenter celui du peuple et de l'exécutif. C'est un régime parlementaire et présidentiel. La constitution est approuvée par référendum à 82 %.

1 L'exécutif : il fait appliquer la politique courante et la loi

a. Le président de la République

- **Élection :** il est élu au suffrage universel direct sur deux tours pour 5 ans (7 ans avant 2000), mandat renouvelable une fois. Il siège au palais de l'Élysée. Tout candidat doit être français, avoir au moins 18 ans et 500 signatures d'élus.
- **Attributions :** 1er personnage de l'État, il dirige la diplomatie, promulgue les lois et signe les ordonnances et les décrets délibérés en Conseil des ministres. Il est un organe d'arbitrage entre les pouvoirs publics. Il a le droit de gracier. Il est gardien de la Constitution, et chef des Armées.
- **Responsabilité :** civilement et pénalement irresponsable durant son mandat.
- **Pouvoir de nomination :** il nomme seul le Premier ministre, un tiers des membres du Conseil constitutionnel et le président de l'ARCOM (Autorité de régulation de la communication audiovisuelle et numérique). Il nomme avec le Premier ministre les titulaires des hautes fonctions : ambassadeurs, conseillers d'État, préfets, recteurs, directeurs des administrations centrales, etc.

b. Le Premier ministre

- **Nomination :** il est nommé librement par le président de la République, mais en pratique c'est un politique soutenu par l'Assemblée nationale. Ses services sont installés à l'hôtel Matignon.
- **Attributions :** il dirige l'action gouvernementale et l'administration française, joue un rôle d'intermédiaire entre la majorité de l'Assemblée nationale et le gouvernement. Il est responsable de toute l'organisation de la défense nationale. Il dispose de l'initiative des lois et assure leur exécution.
- **Fin des fonctions :** elle intervient lors d'une nouvelle élection législative (mais il peut être maintenu ensuite), par une démission spontanée ou une perte de confiance de l'Assemblée, par la révocation du président de la République.

c. Le gouvernement

- **Nomination :** les ministres sont nommés par le président sur proposition du Premier ministre. Chaque ministère à son propre siège : Quai d'Orsay (Affaires étrangères), Hôtel de Beauvau (Intérieur), Bercy (Économie), Hôtel de Bourvallais (Justice ou Chancellerie – Garde des Sceaux), Hôtel de Roquelaure (Écologie), Palais-Royal (Culture).

- **Composition :** le nombre de ses membres est variable. Il y a une hiérarchie des ministres, en commençant par les ministres d'État, puis les ministres ordinaires, assistés des ministres délégués, et les secrétaires d'État.
- **Conseil des ministres :** il se tient tous les mercredis matin à l'Élysée. Il est présidé par le chef de l'État qui décide de l'ordre du jour. Le Conseil adopte les projets de loi qui seront déposés devant le Parlement.
- **Fin des fonctions :** la fin d'un gouvernement est liée au sort de son Premier ministre. Le président et son Premier ministre peuvent opérer un remaniement en demandant la démission d'un ou de plusieurs ministres.

2 Le législatif : il édicte les lois et contrôle l'exécutif

- **La loi** est une règle juridique prescrite par le Parlement. Elle est générée par le Premier ministre (on parle alors de projet de loi), ou par des Députés ou des Sénateurs (on parle alors de proposition de loi). Le projet (ou la proposition) est ensuite examiné(e) par les deux Chambres du Parlement qui peuvent faire des amendements. Une fois la loi acceptée par les deux Chambres, elle peut éventuellement être soumise à un contrôle de constitutionnalité par le Conseil constitutionnel, puis elle est promulguée et publiée au Journal officiel.
- **Le règlement** est aussi une règle juridique, mais il est édicté par une autorité administrative. Ce sont les décrets pris par le président de la République, les arrêtés pris par les ministres, les préfets, les sous-préfets et les maires.
- **L'ordonnance** est un texte établi par le gouvernement dans les domaines qui relèvent normalement de la loi.

Remarque

Le référendum populaire est un pouvoir législatif exceptionnel. Il peut modifier la Constitution ou la loi. Il est décidé à l'initiative du président de la République.

Le Parlement, organe du pouvoir législatif

- **Composition :** deux Chambres, le Sénat (chambre haute) qui siège au palais du Luxembourg et compte 348 Sénateurs et l'Assemblée nationale qui siège au palais Bourbon et compte 577 Députés. L'ensemble du Parlement forme en réunion solennelle le Congrès, qui peut modifier la Constitution.
- **Élection :** les Sénateurs sont élus au suffrage universel indirect par les grands électeurs (députés, conseillers régionaux et généraux, délégués des conseils municipaux) pour 6 ans et les Députés sont élus au suffrage universel direct par circonscription pour 5 ans. Chaque Chambre a son propre président élu par cooptation (élection parmi les membres). Le président du Sénat assure l'intérim de la présidence de la République en cas de vacance du pouvoir exécutif (ce fut deux fois le cas d'Alain Poher, en 1969 et en 1974).
- **Attributions :** le Parlement propose, délibère, vote ou rejette les lois. L'Assemblée nationale s'occupe particulièrement de contrôler l'action du gouvernement et d'évaluer la politique publique ; elle peut renverser le gouvernement. Le Sénat vote le budget de l'État.

3 Le judiciaire : il contrôle l'application de la loi et punit son non-respect

L'organisation juridictionnelle est divisée en 2 ordres de trois degrés chacun :

- **l'ordre judiciaire** qui intervient dans les litiges concernant les particuliers ;
- **l'ordre administratif** qui intervient dans les litiges intéressant l'État, lorsqu'un texte du pouvoir exécutif a été mal appliqué.

	Ordre judiciaire Civil (litiges privés), Pénal (infractions)	Ordre administratif
Haute juridiction	Cour de cassation	Conseil d'État
2e degré	Cour d'appel (assises pour les crimes)	Cour administrative d'appel
1er degré	Juridictions de première instance : cour d'assises, prud'hommes, tribunal de police, de commerce, correctionnel, etc.	Tribunal administratif

4 Les autres organes constitutionnels

- **Le Conseil constitutionnel** comprend 9 membres nommés pour 9 ans (3 par le président de la République, 3 par le président du Sénat, 3 par le président de l'Assemblée nationale), ainsi que des membres de droits (présidents de la République sortis de charge). Il veille à la régularité des élections et contrôle la conformité de certains actes à la Constitution.

Remarque

Depuis 2008, une QPC (Question Prioritaire de Constitutionnalité) peut être posée lors d'un procès par une des parties. La juridiction saisie du litige détermine si la QPC remplit les conditions, c'est-à-dire si elle s'applique bien au procès, si elle n'a pas déjà été traitée et si elle présente un caractère sérieux. Si elle estime la question valable, elle la transmet à la juridiction supérieure puis au Conseil constitutionnel pour décision. La QPC permet une amélioration de la cohérence du droit.

- **La Cour des Comptes** contrôle a posteriori les finances publiques, la gestion des administrations, la Sécurité sociale, les entreprises publiques et leurs filiales.
- **Le Conseil économique, social et environnemental** (CESE) donne des avis sur les projets ou propositions de loi et sur les problèmes à caractère économique et social.
- **Le Conseil supérieur de la magistrature** garantit l'indépendance de la magistrature. Présidé par le chef de l'État, il est composé du ministre de la Justice et de neuf membres nommés par le président de la République.
- **La Haute Cour de Justice et la Cour de Justice de la République** rendent la justice politique. Ses membres, députés et sénateurs, jugent pour haute trahison le chef de l'État (Haute Cour) ou un ministre (Cour de Justice).
- **Le Conseil d'État** est consulté obligatoirement par le gouvernement sur ses projets de lois et d'ordonnances, et facultativement sur des projets de décrets et des demandes d'avis. Il est aussi à la tête des juridictions administratives.

6 Collectivités territoriales françaises

	Commune	Département	Région
Statut	Plus petite division administrative.	Collectivité territoriale décentralisée.	Collectivités territoriales décentralisées.
Nombre	La France compte environ 35 000 communes.	101 dont 5 DROM* (Département et Région d'Outre-mer : Guadeloupe, Martinique, Guyane, Réunion, Mayotte).	18 dont 5 DROM (depuis 2016).
Représentants élus	Conseillers municipaux, élus pour 6 ans au suffrage universel direct.	Conseillers départementaux (1 par canton). Un président élu parmi les membres. Il est l'exécutif.	Conseillers régionaux. Un président élu parmi les membres. Il est l'exécutif.
Mandat	Membres élus pour 6 ans parmi les conseillers pour exécuter les décisions du Conseil.	Membres élus pour 6 ans au suffrage universel direct.	Membres élus pour 6 ans au suffrage universel direct.
Compétences	Le Conseil vote le budget, gère le patrimoine de la commune, exerce une action sociale auprès des défavorisés, fixe les effectifs du personnel municipal.	Aide sociale, culturelle, aux associations, aux entreprises, aux communes, voirie départementale, organisation et gestion des transports scolaires et urbains, construction et entretien des collèges.	Aide sociale, sanitaire, culturelle, soutien de l'économie, aménagement du territoire, entretien des routes nationales, des ports et aéroports, des parcs naturels, organisation du transport ferroviaire, construction et entretien des lycées, soutien à l'enseignement, gestion des fonds structurels européens.
Représentant de l'État	Le maire élu.	Le préfet (nommé par l'exécutif).	Le préfet (nommé par l'exécutif).
Compétences	Le maire dirige la Police municipale (si elle existe), nomme les employés communaux dont il est le supérieur hiérarchique. Officier d'état civil, et de police judiciaire, il peut constater certaines infractions. Il a des compétences administratives (publication des lois, organisation des élections, recensement, délivrance du permis de construire).	Le préfet de département veille à l'application et au respect des lois, fait le lien avec l'exécutif, est responsable de l'ordre public, dirige les fonctionnaires de l'État.	Le préfet de région dirige les autres préfets du département en plus de ses attributions départementales.

*Ne pas confondre avec une COM, Collectivité d'Outre-mer (anciens TOM), tels Saint-Pierre-et-Miquelon, Wallis-et-Futuna, Saint-Martin, Saint-Barthélemy.

7 Valeurs, principes et symboles républicains de la France

La République française est proclamée le 21 septembre 1792, jour de la victoire de Valmy à la suite de la Révolution française. La France n'est plus une monarchie mais une République. Le mot république, du latin *res publica* qui signifie « la chose publique », sous-entend l'existence d'un espace public, commun à tous, régi par des lois qui s'appliquent également à tous (principe d'égalité devant la loi en opposition à l'Ancien Régime et à ses privilèges). La République suppose également la recherche du bien commun et non de celui des privilégiés.

1 Les valeurs de la République française

Depuis la Déclaration des Droits de l'Homme et du Citoyen (DDHC) du 26 août 1789 (17 articles), les valeurs de la France sont universelles. Ces valeurs sont « Liberté, Égalité, Fraternité », formule qui est également la devise de la France. Selon l'article 1er de la DDHC : « Les hommes naissent et demeurent libres et égaux en droits. Les distinctions sociales ne peuvent être fondées que sur l'utilité commune. »

- « **Liberté** » : ainsi, tout citoyen français est libre selon la loi. On ne peut pas être un esclave (abolition en 1794 puis définitivement en 1848). Les libertés individuelles et collectives sont garanties par des lois (liberté d'expression, droit de vote, liberté de circulation, droit de travailler, droit à l'éducation).
- « **Égalité** » : la France garantit à tous ses citoyens, une égalité juridique. Tous les citoyens ont les mêmes droits, les mêmes devoirs et sont soumis aux mêmes règles. L'État français ne doit pas créer de discriminations, au contraire il combat le racisme, le sexisme, la xénophobie, l'antisémitisme. Enfin, les citoyens doivent se respecter et s'entraider.
- « **Fraternité** » : la fraternité (apparue dans la devise en 1848) est incarnée par les droits attribués aux plus démunis (Sécurité sociale, minima sociaux, droit au travail) et par le tissu associatif qui couvre tous les domaines de la vie publique (syndicalisme, vie quotidienne, culture, sports).

2 Les principes

Dans l'article 1er de la Constitution de la Ve République (1958), la France est qualifiée selon 4 principes : « République indivisible, laïque, démocratique et sociale ».

- « **Indivisible** » : cela implique que l'intégrité du territoire métropolitain et ultramarin et l'unité politique du pays doivent être maintenues ; il n'existe pas de distinctions en fonction du territoire (principe d'isonomie) et le pays a une langue officielle unique, le français ;
- « **Laïque** » : cela signifie que l'État et ses fonctionnaires respectent toutes les religions, mais sans en privilégier ni en financer aucune ; ce principe s'impose définitivement au moment de la séparation des Églises et de l'État en 1905 ;
- « **Démocratique** » : cela indique que la souveraineté appartient au peuple et qu'elle est seulement déléguée à ses représentants (maires, députés, etc.)

- « **Sociale** » : cela montre l'attachement de la République à la protection des plus fragiles dans les domaines du logement, de l'éducation, de l'emploi, de la santé ; ce thème s'impose comme principe fondateur après la Libération (1944) avec la création des droits sociaux.

3 Les symboles

La majorité des symboles de l'État français rappelle la Révolution française.

La France dispose de 5 symboles officiels :

- **Le drapeau tricolore bleu, blanc, rouge** : le drapeau fait référence aux couleurs de Paris (bleu et rouge) et le blanc rappelle la monarchie. Il est choisi pendant la Révolution française.
- **L'hymne national, la Marseillaise** : écrit par Rouget de Lisle et décrété chant national en 1795, puis suspendu en 1804 par Napoléon, il est rétabli en 1879. Ce chant militaire devient un chant patriotique.

COUPLETS 1 & 2

Allons ! Enfants de la Patrie !
Le jour de gloire est arrivé !
Contre nous de la tyrannie,
L'étendard sanglant est levé ! *(bis)*
Entendez-vous dans les campagnes
Mugir ces féroces soldats ?
Ils viennent jusque dans vos bras
Égorger vos fils, vos compagnes

Que veut cette horde d'esclaves,
De traîtres, de rois conjurés ?
Pour qui ces ignobles entraves,
Ces fers dès longtemps préparés ? *(bis)*
Français, pour nous, ah ! quel outrage !
Quels transports il doit exciter !
C'est nous qu'on ose méditer
De rendre à l'antique esclavage !

REFRAIN

Aux armes, citoyens !
Formez vos bataillons !
Marchons, marchons !
Qu'un sang impur
Abreuve nos sillons !

- **La devise Liberté, Égalité, Fraternité** : elle est inscrite sur les frontons des bâtiments républicains comme la préfecture, la mairie, les écoles.
- **La fête nationale le 14 juillet** : cette date commémore 2 événements : la prise de la Bastille, au début de la Révolution française, qui symbolise la fin de la monarchie absolue en 1789, et la fête de la Fédération qui célèbre la Nation et la Constitution en 1790.
- **La figure de Marianne** : représentée avec un bonnet phrygien, elle incarne la République française et ses valeurs. On la retrouve dans toutes les mairies et dans les bâtiments officiels de la République et sur les pièces de monnaie et les timbres.

D'autres images peuvent rappeler la France, mais elles ne sont pas reconnues par la loi comme des symboles officiels de la République : le coq est le plus connu.

8 Union européenne

L'Union européenne (UE) est une organisation internationale de 27 États. Elle compte environ 449 millions d'habitants et représente le 3e PIB du monde (environ 17 000 milliards de dollars). La Journée de l'Europe est célébrée le 9 mai dans l'Union européenne pour commémorer la déclaration Schuman du 9 mai 1950. L'Europe a pour drapeau 12 étoiles d'or sur fond bleu, pour hymne l'*Ode à la joie* de Beethoven et pour devise « Unie dans la diversité ».

1 Adhésions : UE, zone euro et espace Schengen

Pays membres de l'Union européenne	Allemagne, Autriche, Belgique, Bulgarie, Chypre, Croatie, Danemark, Espagne, Estonie, Finlande, France, Grèce, Hongrie, Irlande, Italie, Lettonie, Lituanie, Luxembourg, Malte, Pays-Bas, Pologne, Portugal, République tchèque, Roumanie, Slovaquie, Slovénie et Suède.
Pays de la zone euro	Allemagne, Autriche, Belgique, Chypre, Croatie, Espagne, Estonie, Finlande, France, Grèce, Irlande, Italie, Lettonie, Lituanie, Luxembourg, Malte, Pays-Bas, Portugal, Slovaquie et Slovénie.
Pays membres de l'espace Schengen	Allemagne, Autriche, Belgique, Bulgarie, Croatie, Danemark, Espagne, Estonie, Finlande, France, Grèce, Hongrie, Islande, Italie, Lettonie, Liechtenstein, Lituanie, Luxembourg, Malte, Norvège, Pays-Bas, Pologne, Portugal, République tchèque, Roumanie, Slovaquie, Slovénie, Suède et Suisse.

2 Organisation

a. Pouvoir politique : le Conseil européen

Composé des chefs d'État et de gouvernement (27 membres), il définit les orientations politiques de l'UE et respecte ainsi la souveraineté des États. Présidé par António Costa, il siège à Bruxelles.

b. Pouvoir exécutif : la Commission européenne

Composée de 27 commissaires (un par État), elle propose et met en œuvre les politiques communautaires. Gardienne des traités et de l'intérêt général de l'UE, elle a un droit d'initiative dans les domaines douaniers, écologiques, le marché intérieur et la monnaie unique. Présidée par Ursula von der Leyen, elle siège à Bruxelles.

c. Pouvoir législatif : le Parlement européen et le Conseil de l'UE

Le Parlement compte 720 membres élus pour 5 ans directement par les citoyens des États membres. Il est co-législateur avec le Conseil de l'UE, il vote seul le budget. Sa présidente est Roberta Metsola ; elle siège à Strasbourg.

Le Conseil (des ministres) de l'Union européenne est composé des ministres des États concernés par le sujet. Il élabore le projet de budget avec le Parlement et l'adopte après vote du Parlement. Il décide seul des moyens de recettes. Il fixe les orientations de la politique de change (monétaire). Sa présidence est rotative (changement d'État tous les 6 mois) ; il siège à Bruxelles.

d. Pouvoir judiciaire : la Cour de Justice garantit le respect de la législation et est créatrice du droit européen

Autres assemblées et organes de l'UE :

- la **Cour des comptes** contrôle l'utilisation du budget de l'UE ;
- le **Comité économique et social** exprime l'opinion de la société civile dans les domaines économique et social ;
- le **Comité européen des Régions** est porte-parole des collectivités territoriales ;
- la **Banque centrale européenne (BCE)**, présidée par Christine Lagarde, assure la stabilité et la crédibilité de l'euro et de la politique monétaire ;
- la **Banque européenne d'investissement** a pour rôle d'emprunter sur les marchés pour financer les projets d'investissements européens.

3 Grandes dates

1950	**9 mai :** discours de Robert Schuman (ministre français) appelant à mettre en commun les productions de charbon et d'acier sous une Haute Autorité commune, à l'initiative du Français Jean Monnet.
1951	**18 avril :** création de la CECA (Communauté Européenne du Charbon et de l'Acier) entre la France, la RFA, le Benelux et l'Italie.
1957	**25 mars :** Traité de Rome ; création de la CEE (Communauté Économique Européenne), autonome en financement. Institution de la PAC (Politique Agricole Commune) pour développer la ruralité et moderniser l'agriculture et de la CEEA (Communauté Européenne de l'Énergie Atomique) pour favoriser l'indépendance énergétique.
1965	Fusion des communautés européennes la CEE, la CECA et la CEEA.
1986	Signature de l'Acte unique européen qui élargit les compétences de la CEE aux domaines de la recherche et du développement et crée le Conseil européen. Création du marché commun.
1992	Signature du traité de Maastricht qui crée l'UE. Création de la citoyenneté européenne : libre circulation dans l'UE et droit de voter et d'être élu dans le pays où l'on réside (statut d'étranger communautaire) aux élections locales et européennes. Accord sur la création d'une monnaie unique et de la BCE (créée en 1998). L'Union est fondée sur trois piliers : l'unité institutionnelle et historique, la communauté politique, la coopération policière et judiciaire.
1999	Entrée en vigueur du traité d'Amsterdam qui intègre l'espace Schengen sur la libre circulation des biens et des personnes dans le cadre juridique de l'UE. Mise en place de l'euro pour les transactions (la monnaie papier apparaît en 2002).
2002	Traité de Nice. Adoption de la charte des droits fondamentaux et réforme des institutions pour aider l'adhésion des pays d'Europe centrale.
2007	Traité de Lisbonne. Modification du texte de la Constitution de 2004 (rejeté par référendum en France en 2005), ratifié par le Parlement français en 2008 et par les derniers pays fin 2009.
2009	Élection du premier président du Conseil européen, Herman Van Rompuy, et de la première représentante de la diplomatie européenne, Catherine Ashton, qui prennent leurs fonctions en 2010 pour deux ans et demi.
2012	L'UE est prix Nobel de la paix.
2016	Le Royaume-Uni approuve le Brexit (sortie de l'UE) par référendum.
2020	**31 janvier** : le Royaume-Uni quitte l'UE.

9 Organisations internationales

1 Les organismes d'État (l'ONU et ses principaux organes)

- **ONU :** créée en 1945 pour remplacer la SDN (Société des Nations), l'ONU promeut la paix. Elle facilite la coopération des États, le développement économique, la promotion les droits de l'homme. Elle compte 193 États, son siège est à New York, son secrétaire général est le Portugais Antonio Guterres (depuis 2017).
- **OMS :** l'Organisation Mondiale de la Santé promeut la santé publique internationale. Son siège est à Genève.
- **UNICEF :** le Fonds des Nations unies pour l'enfance est spécialisé dans la protection des enfants et des mères.
- **UNESCO :** l'Organisation des Nations unies pour l'éducation, la science et la culture contribue à la paix par l'éducation, la science et la culture. Son siège est à Paris.
- **CIJ :** la Cour Internationale de Justice règle les conflits juridiques entre les États ou entre États et organes internationaux. Elle siège à La Haye.
- **FAO :** l'Organisation des Nations unies pour l'alimentation et l'agriculture lutte contre la faim dans le monde.
- **HCR :** le Haut-Commissariat des Nations unies pour les réfugiés promeut le droit d'asile (Convention de Genève de 1951). Il siège à Genève.
- **AIEA :** l'Agence Internationale de l'Énergie Atomique combat la prolifération d'une énergie nucléaire militaire. Son siège est à Vienne.

2 Les autres organismes d'État (indépendants de l'ONU)

- **OTAN :** l'Organisation du Traité de l'Atlantique Nord assure la défense des pays occidentaux et leur stabilité (initialement contre le communisme).
- **FMI :** le Fonds Monétaire International promeut la coopération monétaire des États et combat la pauvreté. Sa directrice est Kristalina Georgieva.
- **CPI :** la Cour Pénale Internationale juge les personnes pour crime contre l'humanité, génocide, crime de guerre. Créée en 2002, elle se tient à La Haye.
- **OMC :** l'Organisation Mondiale du Commerce favorise le partenariat commercial en aidant le libre-échange et en évitant les conflits entre États.
- **OCDE :** l'Organisation de Coopération et de Développement Économiques est une organisation internationale d'études économiques. Elle sert d'indicateur relatif dans les domaines économiques, sociaux, écologiques, d'innovation ou de gouvernance.

3 Les organisations non gouvernementales (ONG)

Fondées sur le bénévolat, la neutralité, l'humanité, l'indépendance, l'universalité.

- **CICR :** fondé en 1863, le Comité international de la Croix-Rouge défend la vie et la dignité des personnes lors de guerres ou d'autres événements violents. Son siège est à Genève.
- **AI :** Amnesty International défend les droits de l'homme : libération des prisonniers d'opinion, abolition de la peine de mort, des tortures et autres crimes.
- **Autres ONG :** Médecins sans frontières, Armée du Salut, Ordre de Malte, Médecins du Monde, Handicap International, Action contre la Faim, Oxfam, etc.

10 Géographie du monde

1 Géographie physique

Un parallèle est un cercle parallèle à l'équateur et l'équateur représente donc la latitude 0°. Un méridien est un demi-cercle qui rejoint les deux pôles ; le méridien de Greenwich (à l'est de l'Angleterre) est la longitude 0°.

Les terres émergées (148 millions de km^2) couvrent 29 % de la surface du globe. Trois quarts de ces terres sont au nord de l'équateur.

Le plus grand pays (surface) est la Russie avec 17 millions de km^2. Sa surface est supérieure à celle de l'océan Arctique ou de l'océan Antarctique. Le second pays est le Canada et le troisième est la Chine. Les plus petits pays sont le Vatican (0,44 km^2), la principauté de Monaco (2 km^2), puis Saint-Marin (61 km^2).

a. Continents

On peut en dénombrer 7 : Amérique du Nord, Amérique du Sud, Antarctique, Asie, Europe (l'Oural et la mer Caspienne séparent l'Europe et l'Asie), Afrique, Océanie.

b. Océans, mers, fleuves

- On découpe l'océan habituellement en 5 parties (du plus grand au plus petit) :
- océan Pacifique, le plus grand, le plus profond (on y trouve la fosse des Mariannes, fosse océanique la plus profonde avec 11 033 mètres) ;
- océan Atlantique, océan jeune et très chargé en eau douce ;
- océan Indien, présent dans l'hémisphère sud, au sud de l'Asie ;
- océan Antarctique (ou Austral), au pôle sud, il entoure le continent antarctique ;
- océan Arctique, au pôle nord, recouvert de glace.

Quelques mers et golfes (à repérer sur une carte)

- Un **golfe** est une partie de mer qui rentre dans les terres. Un petit golfe est une baie.
- Un **estuaire** est l'embouchure d'un fleuve où se mêlent eau de mer et eau douce.
- Un **détroit** est un bras de mer resserré entre deux terres.
- Une **péninsule** est une étendue s'avançant dans la mer et formant une vaste presqu'île.
- **Océan Pacifique :** mer de Béring, golfe de Californie ou mer de Cortès ou mer Vermeille, mer Jaune, mer de Corail, mer de Java, détroit de Bass.
- **Océan Atlantique :** mer Baltique, golfe de Botnie, mer du Nord, mer d'Iroise, mer Adriatique, mer Ionienne, mer Tyrrhénienne, golfe du Lion, mer d'Alboran, mer Noire, mer Égée, mer de Marmara, golfe de Guinée, golfe du Saint-Laurent.
- **Océan Indien :** mer d'Andaman, golfe d'Aden, golfe Persique, mer Rouge.

- **Océan Antarctique :** mer d'Amundsen, baie de Selzberger, mer de l'Entente, mer (ou baie) de Ross.
- **Océan Arctique :** Baie de Baffin, mer de Barents, mer Blanche, mer de Kara, mer de Beaufort, bassin de Foxe, baie d'Hudson, mer du Labrador.

On peut ajouter à ces mers les lacs, particulièrement les grands lacs d'Amérique du Nord qui sont (d'ouest en est) : lac Supérieur, lac Michigan, lac Huron, lac Érié, lac Ontario.

Quelques fleuves

Continents	Fleuves
Afrique	• Nil (6 853 km). Source : lac Victoria, un des plus grands lacs au monde. • Congo (4 700 km) : source disputée, probablement en R.D.C. • Limpopo, se jette dans l'océan Indien. • Niger, se jette dans l'océan Atlantique. • Sénégal, se jette dans l'océan Atlantique. • Volta : se jette dans l'Atlantique (lac Volta, plus grand lac artificiel).
Amérique	• Amazone (6 437 km). Fleuve le plus puissant du monde (masse des eaux). Source : les Andes. Se jette dans l'océan Atlantique. • Mississippi-Missouri (7 533 km). Source : Mississippi au Minnesota/ Missouri au Montana. Seul, le Mississippi fait 3 766 km. • Rio Grande (appelé Rio Bravo au Mexique), se jette dans l'Atlantique.
Asie	• Yangtsé, le fleuve bleu (6 300 km). Source : Tibet. • Fleuve Jaune (5 464 km), source en Chine. Se jette dans la mer Jaune. • Ob (3 650 km), en Russie. Source : Monts Altaï. Se jette en Arctique. • Amour (2 824 km). Source : entre Chine et Russie. Se jette en Pacifique. • Euphrate, prend sa source en Arménie et se jette dans le golfe Persique. • Tigre, en Mésopotamie. Source : Turquie. Se jette dans le golfe Persique. • Gange, fleuve d'Inde. Se jette dans le golfe du Bengale. • Jourdain, en Israël et Jordanie. Source : Liban. Se jette en mer Morte.
Europe	On repérera particulièrement la situation géographique des fleuves suivants : Danube, Dniepr, Dniestr, Èbre, Guadalquivir, Oder, Oural, Pô, Rhin, Tage, Tamise, Tibre, Vistule, Volga.

c. Montagnes

Continents	Montagnes
Afrique	• Kilimandjaro, sommet de l'Afrique (5 895 m), en Tanzanie. • Mont Kenya (5 199 m) au Kenya. • Piton de la Fournaise sur l'île de la Réunion (volcan actif). • Piton des Neiges, sommet de l'île de la Réunion.

Continents	Montagnes
Amérique	• Mont Elbert, point culminant des montagnes Rocheuses. • Mont McKinley ou Denali en Alaska (6 194 m), plus haut sommet d'Amérique du Nord. • Pic d'Orizaba (5 675 m), sommet du Mexique. • Volcan Chimborazo (6 268 m), plus haut sommet de l'Équateur et point le plus éloigné du centre de la Terre. • Mont Huascaran (6 786 m), point culminant du Pérou.
Asie	• Himalaya, plus haute chaîne de montagnes avec notamment le mont Everest (8 848 m) au Népal, plus haut sommet du monde mais aussi quatre sommets appelés Annapurna, à plus de 7 500 m. • Mont Fuji (3 776 m), volcan japonais. • Mont Tambora en Indonésie, volcan ayant provoqué la plus violente éruption en 1815. • Mont Ararat (5 137 m) en Turquie où Noé aurait échoué avec l'Arche.
Europe	• Alpes, avec le mont Blanc, sommet d'Europe de l'Ouest (4 810 m). • Caucase, plus haute chaîne de montagnes d'Europe dont le sommet est le mont Elbrouz (5 642 m), en Russie. • Mont Olympe et mont Parnasse dans les Balkans, en Grèce. • Pic d'Aneto, point culminant des Pyrénées (3 404 m, en Espagne). • Crêt de la Neige (1 720 m), point culminant du Jura. • Puy de Sancy (1 886 m), point culminant du Massif central. • Le Grand Ballon, (1 424 m), point culminant des Vosges. • Etna (3 357 m), plus haut volcan actif d'Europe, situé en Sicile, en Italie. • Vésuve (1 281 m), volcan actif d'Italie.

d. Vents et courants océaniques

- Sirocco : en Afrique du Nord, vent du sud, sec et chaud.
- Foehn : dans les Alpes, proche de la Méditerranée, vent de montagne sec et chaud.
- Mistral : dans le Midi, vent violent du nord ou nord-ouest.
- Tramontane : dans le sud de la France, vent froid du nord.
- Zéphyr : en France, vent d'ouest doux et chaud.
- Gulf Stream : courant océanique chaud situé entre la Floride et les Bahamas.

e. Quelques échelles utilisées en science de la vie et de la terre

- Échelle de Beaufort (de 0 à 12) : vitesse des vents.
- Échelle de Fujita-Pearson (de 0 à 12) : gravité des tornades.
- Échelle de TORRO (de 0 à 11) : intensité des tornades.
- Échelle de Mercalli (de 1 à 12) : intensité des séismes.
- Échelle de Richter (pas de limite supérieure) : magnitude des séismes.

f. Climats (du nord au sud) suivis d'exemples

- Climat polaire : nord du Canada, Groenland, Sibérie.
- Climat continental : Canada et nord des États-Unis, Europe centrale, Russie.
- Climat océanique : côte est du Canada et du nord des États-Unis, côtes françaises.
- Climat méditerranéen : autour de la mer Méditerranée, sud de l'Australie.
- Climat montagnard : cordillère des Andes, Himalaya, Alpes.
- Climat aride : Sahara, centre de l'Australie, péninsule arabique.
- Climat tropical : une grande partie de l'Afrique, l'Amérique du Sud, le Mexique.
- Climat équatorial : Indonésie, nord du Brésil, Cameroun.
- Mousson : Inde, Chine.

2 Géographie humaine

a. Territoires

Dans le monde, on compte environ 200 pays.

Les États-Unis comptent 50 États : 48 États contigus sur le continent américain, ainsi que l'Alaska et Hawaï.

Territoires d'Outre-mer :

- Royaume-Uni : Anguilla (Caraïbes), Bermudes, Gibraltar, îles Caïmans, îles Vierges britanniques, îles Malouines, Sainte-Hélène ;
- Portugal : Açores, Madère ;
- Espagne : îles Baléares, îles Canaries ;
- Pays-Bas : Antilles néerlandaises ;
- Danemark : Groenland, îles Féroé ;
- France : voir la fiche sur les collectivités territoriales.

b. Population

La population mondiale est d'environ 8,2 milliards d'humains, dont 60 % vivent en Asie. Le pays le plus peuplé est l'Inde, avec 1,450 milliard d'habitants, suivie de la Chine avec 1,419 milliard d'habitants. Les États-Unis comptent 345 millions d'habitants.

La France est le 22e pays le plus peuplé avec environ 68,4 millions d'habitants.

c. Capitales

Continent	Pays	Capitale	Pays	Capitale
Afrique	Afrique du Sud	*Pretoria*	Niger	*Niamey*
	Algérie	*Alger*	Rép. dém. du Congo	*Kinshasa*
	Cameroun	*Yaoundé*	Rwanda	*Kigali*
	Côte d'Ivoire	*Yamoussoukro*	Soudan	*Khartoum*
	Égypte	*Le Caire*	Soudan du Sud	*Djouba*
	Libye	*Tripoli*	Tchad	*N'Djamena*
	Mali	*Bamako*	Tunisie	*Tunis*
	Maroc	*Rabat*		
Amérique	Argentine	*Buenos Aires*	Cuba	*La Havane*
	Brésil	*Brasilia*	États-Unis	*Washington*
	Canada	*Ottawa*	Haïti	*Port-au-Prince*
	Chili	*Santiago*	Mexique	*Mexico*
	Colombie	*Bogota*	Pérou	*Lima*
	Costa Rica	*San José*	Venezuela	*Caraca*
Asie	Afghanistan	*Kaboul*	Myanmar (ex-Birmanie)	*Naypyidaw*
	Arabie saoudite	*Riyad*	Népal	*Katmandou*
	Cambodge	*Phnom Penh*	Pakistan	*Islamabad*
	Chine	*Pékin*	Qatar	*Doha*
	Corée du Nord	*Pyongyang*	Singapour	*Singapour*
	Corée du Sud	*Séoul*	Syrie	*Damas*
	Inde	*New Delhi*	Tibet	*Lhassa*
	Irak	*Bagdad*	Turquie	*Ankara*
	Iran	*Téhéran*	Viêt Nam	*Hanoï*
	Japon	*Tokyo*		
	Liban	*Beyrouth*		
Europe	Autriche	*Vienne*	Norvège	*Oslo*
	Biélorussie	*Minsk*	Pays-Bas	*Amsterdam*
	Bosnie-Herzégovine	*Sarajevo*	Pologne	*Varsovie*
	Chypre	*Nicosie*	Portugal	*Lisbonne*
	Croatie	*Zagreb*	République tchèque	*Prague*
	Danemark	*Copenhague*	Roumanie	*Bucarest*
	Finlande	*Helsinki*	Serbie	*Belgrade*
	Hongrie	*Budapest*	Slovaquie	*Bratislava*
	Irlande	*Dublin*	Slovénie	*Ljubljana*
	Islande	*Reykjavik*	Suède	*Stockholm*
	Lettonie	*Riga*	Suisse	*Berne*
	Lituanie	*Vilnius*	Ukraine	*Kiev*

d. Langues

- **L'anglais** est la langue la plus parlée dans le monde, mais le **mandarin** est la langue maternelle la plus parlée (principalement en Chine).
- **Le français** est parlé par environ 343 millions de personnes (115 millions l'ont pour langue maternelle). Langue officielle de 29 pays, il est aussi beaucoup parlé au Maghreb.
- **L'espagnol** est la langue officielle de 21 pays dont l'Argentine, la Bolivie, le Chili, Cuba, le Mexique, le Pérou, le Venezuela.
- **Le portugais** est la langue officielle du Portugal, de l'Angola, du Brésil, de Cap-Vert, de la Guinée-Bissau, du Mozambique, de Sao Tomé-et-Principe.

11 Géographie de la France

3 Géographie physique

Surface : 551 695 km² (environ 674 000 km² avec l'Outre-mer), plus grand pays de l'Union européenne. Territoire baigné par trois mers et un océan. Pays limitrophes de la métropole : Belgique, Luxembourg, Allemagne, Suisse, Italie, Monaco, Espagne, Andorre.

a. Fleuves et montagnes

Carte des montagnes et principaux fleuves français

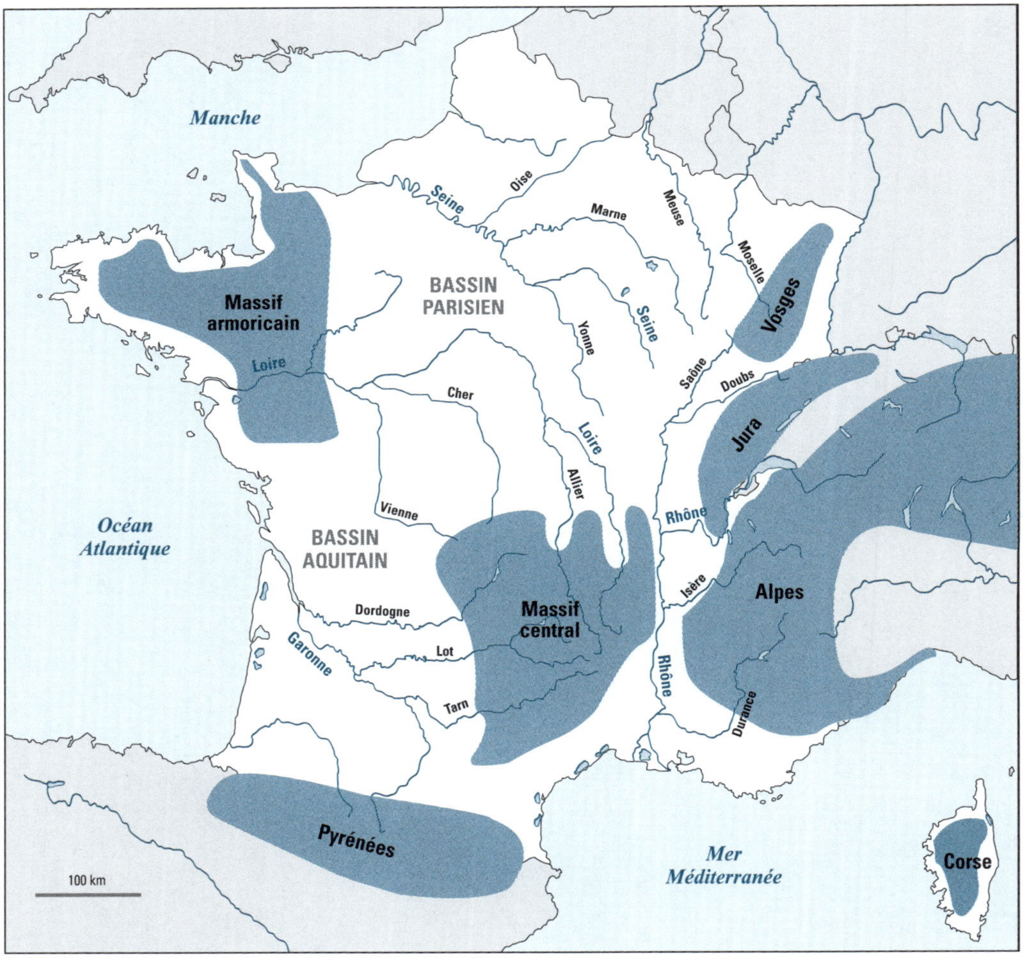

La France compte plus de 100 fleuves.

Le fleuve le plus long qui passe en France est le Rhin (1 325 km) mais seuls 188 km sont sur le sol français.

Remarque

Repérez particulièrement la situation géographique des fleuves suivants : Meuse, Dordogne, Charente, Adour, Somme, Vilaine, Aude, Escaut, Orne.

b. Climat

Le climat est tempéré. Il est océanique sur la façade ouest, méditerranéen en Provence et semi-continental sur le reste du territoire.

4 Géographie humaine

Carte des régions et départements français

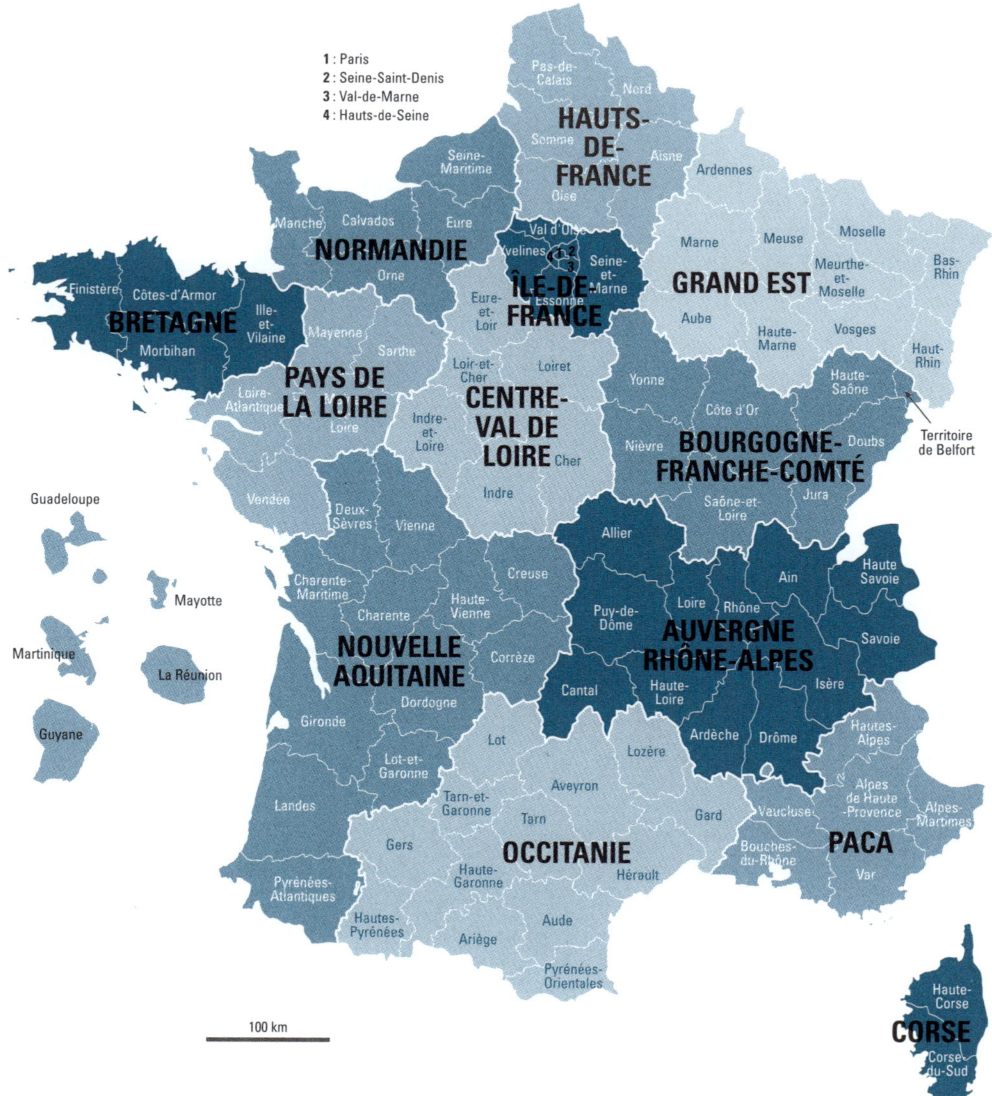

La France est divisée en 18 régions depuis le 1er janvier 2016 (auparavant, 27 régions) :

- 13 régions en France métropolitaine, dont la Corse, une collectivité territoriale à statut particulier ;
- 5 départements et régions d'Outre-mer (DROM) : Guadeloupe (préfecture : Basse-Terre), Martinique (Fort-de-France), Guyane (Cayenne), Réunion (Saint-Denis), Mayotte (Mamoudzou).

Remarque

Il ne faut pas confondre les DROM et les COM (Collectivités d'Outre-mer, anciens TOM), tels Saint-Pierre-et-Miquelon, Wallis-et-Futuna, Saint-Martin, Saint-Barthélemy.

La région la plus peuplée est l'Île-de-France (12,4 millions d'habitants) et la moins peuplée est Mayotte (321 000 habitants).

La région la plus étendue est la Nouvelle-Aquitaine avec 84 000 km^2. La plus petite est Mayotte (374 km^2).

Entraînement

QCM de culture générale type concours

Coef. 2

Première partie : actualité en France et dans le monde

1. En France, quelle personnalité a présidé l'Assemblée nationale depuis les élections législatives de juin 2022 ?

☐ **a.** François Bayrou. ☐ **b.** Gabriel Attal.
☐ **c.** Yaël Braun-Pivet. ☐ **d.** Élisabeth Borne.

2. Dans le film Les *Trois Mousquetaires : Milady*, sorti en salles en 2023, quel acteur joue le rôle de d'Artagnan ?

☐ **a.** François Civil. ☐ **b.** Vincent Cassel.
☐ **c.** Romain Duris. ☐ **d.** Pierre Niney.

3. À combien s'élève la dette publique en France ?

☐ **a.** 322,84 milliards d'euros. ☐ **b.** 3 228,4 milliards d'euros.
☐ **c.** 32,28 milliards d'euros. ☐ **d.** 3,22 milliards d'euros.

4. Quel est le nom du chancelier allemand qui a succédé à Angela Merkel le 8 décembre 2021 ?

☐ **a.** Robert Habeck. ☐ **b.** Gerhard Schröder.
☐ **c.** Christian Lindner. ☐ **d.** Olaf Scholz.

5. De quel(s) réseau(x) social(-aux) Elon Musk est-il le propriétaire ?

☐ **a.** Facebook. ☐ **b.** Twitter/X.
☐ **c.** TikTok. ☐ **d.** WhatsApp.

6. Comment s'appelle le Président syrien qui a été renversé le 8 décembre 2024 ?

☐ **a.** Ahmed Al-Charaa. ☐ **b.** Hafez el-Assad.
☐ **c.** Mohammed al-Bachir. ☐ **d.** Bacher Al-Assad.

7. Concernant les centrales nucléaires, il est vrai de dire que :

☐ **a.** La première centrale nucléaire date des années cinquante aux États-Unis.
☐ **b.** À Tchernobyl, en 1970, il y eut une catastrophe nucléaire.
☐ **c.** L'Allemagne a décidé de fermer toutes ses centrales nucléaires avant fin 2012.
☐ **d.** La France est le troisième producteur d'électricité d'origine nucléaire au monde.

Deuxième partie : cadre institutionnel et politique français et européen

8. Qui a été élue en décembre 2022 secrétaire nationale du parti Les Écologistes ?

☐ **a.** Sandrine Rousseau. ☐ **b.** Marine Tondelier.
☐ **c.** Ségolène Royal. ☐ **d.** Aurore Bergé.

9. À quel homme politique devons-nous le célèbre discours qui comporte les mots suivants : « Notre maison brûle et nous regardons ailleurs » ?

- ☐ **a.** Jacques Chirac.
- ☐ **b.** Dominique de Villepin.
- ☐ **c.** Al Gore.
- ☐ **d.** Nicolas Hulot.

10. Combien de vice-présidents y a-t-il à l'Assemblée nationale ?

- ☐ **a.** 2
- ☐ **b.** 6
- ☐ **c.** 10
- ☐ **d.** 12

11. Concernant la Cinquième République, il est vrai de dire que :

- ☐ **a.** Elle a été instaurée en 1945 par le général de Gaulle.
- ☐ **b.** Elle a permis de mettre fin à la guerre d'Algérie.
- ☐ **c.** Jusqu'à Emmanuel Macron inclus, elle compte neuf présidents de la République.
- ☐ **d.** Le Premier ministre est élu au suffrage universel direct.

12. En France, le Conseil constitutionnel :

- ☐ **a.** Est une juridiction.
- ☐ **b.** Veille à la régularité des élections et des référendums.
- ☐ **c.** Siège au Palais Bourbon.
- ☐ **d.** Est actuellement présidé par Jean-Louis Debré.

13. Parmi les personnalités politiques suivantes, qui n'a pas été Premier ministre ?

- ☐ **a.** Ségolène Royal.
- ☐ **b.** François Fillon.
- ☐ **c.** Jacques Chirac.
- ☐ **d.** Bernard Cazeneuve.

14. Concernant le Parti socialiste, il est vrai de dire que :

- ☐ **a.** C'est un parti politique français historiquement classé au centre gauche.
- ☐ **b.** Historiquement, son premier Secrétaire a été François Mitterrand.
- ☐ **c.** Le Parti socialiste a été au pouvoir pendant 14 ans consécutifs sous les deux septennats de François Mitterrand.
- ☐ **d.** François Hollande a été désigné candidat du Parti socialiste lors des élections présidentielles de 2005.

15. Lequel de ces pays n'est pas une monarchie constitutionnelle ?

- ☐ **a.** Le Danemark.
- ☐ **b.** L'Autriche.
- ☐ **c.** La Belgique.
- ☐ **d.** La Norvège.

16. Laquelle de ces affirmations sur le traité de Rome, signé en 1957, est fausse ?

- ☐ **a.** Il est signé par quatre pays européens dont la France.
- ☐ **b.** Il institue la Communauté économique européenne.
- ☐ **c.** Il instaure la libre circulation des marchandises, des personnes et des capitaux ainsi que les bases de la politique agricole commune.
- ☐ **d.** Il a été modifié par le traité de Maastricht en 1992.

17. En quelle année la convention de Schengen entre-t-elle en vigueur ?

☐ **a.** 2005 ☐ **b.** 1995

☐ **c.** 2000 ☐ **d.** 1990

18. Angela Merkel :

☐ **a.** Est membre du Parti social-démocrate.

☐ **b.** A été la chancelière fédérale d'Allemagne de 2005 à 2021.

☐ **c.** A été reconduite dans ses fonctions trois fois de suite aux élections fédérales successives.

☐ **d.** Aux élections fédérales de 2017, le score enregistré par sa coalition a été très élevé.

19. Concernant la présidence des institutions européennes en 2024, il est vrai de dire que :

☐ **a.** Le conseil de l'Union européenne est présidé par António Costa.

☐ **b.** Le Parlement européen est présidé par Ursula Von der Leyen.

☐ **c.** La Commission européenne est présidée par Roberta Metsola.

☐ **d.** La Banque centrale européenne est présidée par Christine Lagarde.

20. Concernant le Brexit, il est vrai de dire que :

☐ **a.** Il est le résultat d'un référendum réalisé en 2016 au Royaume-Uni.

☐ **b.** La population britannique a voté en faveur du « *remain* » du Royaume-Uni.

☐ **c.** Le Royaume-Uni est sorti de l'Union européenne le 31 janvier 2020.

☐ **d.** Le Royaume-Uni a signé un accord de commerce et de coopération avec l'Union européenne réglant les relations avec elle après le Brexit.

Troisième partie : valeurs et symboles républicains de la France

21. La Déclaration des droits de l'homme et du citoyen de 1789 :

☐ **a.** A été rédigée par La Fayette.

☐ **b.** Compte 17 articles.

☐ **c.** Énonce dans son article premier : « Les hommes naissent et demeurent libres et égaux en droits. Les distinctions sociales doivent viser le bien-être commun ».

☐ **d.** A été reprise en intégralité lors de la déclaration universelle des droits de l'homme de 1948.

22. Quel(s) symbole(s) doit-on associer à la République française ?

☐ **a.** La démocratie. ☐ **b.** La Fayette.

☐ **c.** Marianne. ☐ **d.** Le drapeau bleu, blanc, rouge.

23. Selon l'article 1er de la Constitution de la Ve République de 1958, la France est qualifiée selon quels adjectifs ?

☐ **a.** Sociale. ☐ **b.** Laïque.

☐ **c.** Démocratique. ☐ **d.** Indivisible.

24. Quel(s) mot(s) ou expression(s) trouve-t-on dans l'article premier de la Déclaration des droits de l'homme et du citoyen de 1789 ?

☐ **a.** « Libres et égaux en fait ». ☐ **b.** « Les hommes et les femmes ».

☐ **c.** « Les distinctions sociales ». ☐ **d.** « Les hommes vivent en fraternité ».

25. Relevez la ou les proposition(s) exacte(s) concernant la *Marseillaise*.

- ☐ **a.** Il s'agit de l'hymne national de la France depuis 1789.
- ☐ **b.** Cet hymne a été composé par Claude Rouget de Lisle.
- ☐ **c.** On peut y trouver les paroles suivantes : « C'est nous qu'on ose méditer de rendre à l'antique esclavage ».
- ☐ **d.** Il s'agit d'un chant militaire.

26. Concernant le drapeau tricolore français, il est vrai de dire que :

- ☐ **a.** La couleur blanche fait référence à la monarchie.
- ☐ **b.** Le rouge et le bleu sont les couleurs de Louis XVI.
- ☐ **c.** C'est l'un des symboles de la République française.
- ☐ **d.** L'ordre du rouge et du bleu n'importe pas.

Quatrième partie : histoire de France

27. Concernant le président de la République française, il est vrai de dire que :

- ☐ **a.** Le premier fut Maximilien Robespierre.
- ☐ **b.** On compte 23 présidents de la République française.
- ☐ **c.** Il est élu au suffrage universel direct depuis 1962.
- ☐ **d.** Louis-Napoléon Bonaparte a été président de la République française.

28. Concernant l'égalité femmes-hommes en France, il est vrai de dire que :

- ☐ **a.** Des femmes sont entrées au gouvernement avant d'obtenir le droit de vote.
- ☐ **b.** La loi Veil autorise l'IVG et la contraception.
- ☐ **c.** La loi Roudy rend l'IVG gratuite.
- ☐ **d.** La moitié des femmes travaillent à temps partiel.

29. A/ont été Premier ministre de Charles de Gaulle :

- ☐ **a.** Georges Pompidou.
- ☐ **b.** Robert Badinter.
- ☐ **c.** Jacques Chaban-Delmas.
- ☐ **d.** Michel Debré.

30. Concernant Jeanne d'Arc, il est vrai de dire que :

- ☐ **a.** Elle est surnommée la Demoiselle d'Avignon.
- ☐ **b.** Elle est morte à Rouen.
- ☐ **c.** Son procès a été ordonné par l'évêque français Pierre Cauchon.
- ☐ **d.** En 2012, nous fêtions les 800 ans de sa naissance.

31. Charlemagne :

- ☐ **a.** Est le fils de Pépin le Bref.
- ☐ **b.** Appartient à la dynastie mérovingienne.
- ☐ **c.** A été couronné empereur en l'an 800.
- ☐ **d.** A inventé l'école.

32. À quelle(s) loi(s) devons-nous la mise en place les 35 heures en France ?

- ☐ **a.** Les lois Auroux.
- ☐ **b.** Les lois Aubry.
- ☐ **c.** La loi Waldeck-Rousseau.
- ☐ **d.** La loi Macron.

33. À quelle femme célèbre doit-on cette phrase : « La femme a le droit de monter à l'échafaud ; elle doit avoir également celui de monter à la Tribune » ?

- ☐ **a.** Simone de Beauvoir.
- ☐ **b.** Niki de Saint Phalle.
- ☐ **c.** Olympe de Gouges.
- ☐ **d.** Simone Veil.

34. Napoléon Ier :

- ☐ **a.** Est né à Ajaccio en Corse.
- ☐ **b.** Est devenu général de la Première République française.
- ☐ **c.** Est sacré empereur en 1804.
- ☐ **d.** A eu un fils avec Joséphine de Beauharnais, Napoléon II.

35. Quel(s) homme(s) politique(s) français est/sont à l'initiative de la proposition d'abolition de l'esclavage en 1848 en France ?

- ☐ **a.** Victor Schœlcher.
- ☐ **b.** Jean Jaurès.
- ☐ **c.** Alexandre Ledru-Rollin.
- ☐ **d.** Victor Hugo.

36. De quand date l'instauration de la majorité à 18 ans en France ?

- ☐ **a.** 1958.
- ☐ **b.** 1974.
- ☐ **c.** 1981.
- ☐ **d.** 1995.

37. En France, où sont inhumés un grand nombre de rois ?

- ☐ **a.** La cathédrale de Reims.
- ☐ **b.** La cathédrale d'Amiens.
- ☐ **c.** La basilique de Saint-Denis.
- ☐ **d.** La cathédrale de Chartres.

38. Concernant Louis XIV, il est vrai de dire que :

- ☐ **a.** Sa mère est Marie de Médicis.
- ☐ **b.** Il devient roi de France à l'âge de 4 ans.
- ☐ **c.** Il fait construire le château de Versailles en 1661.
- ☐ **d.** Il est assassiné à Paris en 1715.

39. À propos de Louis XVI, il est correct de dire que :

- ☐ **a.** Il a été roi de France au XVIIIe siècle.
- ☐ **b.** Il a épousé Marie-Thérèse d'Autriche.
- ☐ **c.** Il est le fils de Louis XV.
- ☐ **d.** Il est mort guillotiné en 1793.

40. Parmi ces présidents de la République française, qui a effectué un quinquennat ?

- ☐ **a.** Jacques Chirac.
- ☐ **b.** François Mitterrand.
- ☐ **c.** François Hollande.
- ☐ **d.** Georges Pompidou.

Corrigé

1. **c.** Élue députée de la 5e circonscription des Yvelines en 2017 sous l'étiquette LREM, elle est réélue en 2022 et en 2024. Déjà candidate à la présidence de l'Assemblée nationale en 2018, après la démission de François de Rugy, elle se désiste au profit de Richard Ferrand. Lorsqu'elle est élue présidente de l'Assemblée nationale en juin 2022, elle devient la première femme à exercer cette fonction en France. Elle est renouvelée à ce poste en juillet 2024.
2. **a.** Dans le film Les *Trois Mousquetaires : Milady*, le rôle de d'Artagnan est interprété par François Civil.
3. **b.** En France, la dette publique s'élève à 3 228,4 milliards d'euros.
4. **d.** Membre du SPD, il devient chancelier à l'issue de la victoire de son parti aux élections fédérales de 2021.
5. **b.** L'homme d'affaires et milliardaire Elon Musk achète Twitter pour 44 milliards de dollars le 25 avril 2022. Le 28 octobre 2022, il en devient le directeur général et prône un retour à la liberté d'expression sur le réseau social. Twitter devient X le 24 juillet 2023.
6. **d.** Le président syrien Bachar Al-Assad a été renversé le 8 décembre 2024. Il avait succédé à son père, Hafez el-Assad, en 2000. Ahmed Al-Charaa, plus connu sous le nom d'Abou Mohammed Al-Joulani, a dirigé les opérations de prise de pouvoir à la tête du groupe armé HTC. Mohammed al-Bachir est le chef du gouvernement de transition nommé par les rebelles.
7. **d.** La centrale d'Obninsk, en Russie, ouverte en 1954, est la première station d'énergie nucléaire civile du monde. L'accident de Tchernobyl a eu lieu en 1986. L'Allemagne a voulu sortir du nucléaire après la catastrophe de Fukushima en 2011, mais le programme a pris fin en 2023. La France est le troisième producteur mondial d'énergie nucléaire derrière les États-Unis et la Chine.
8. **b**. Marine Tondelier a été élue en décembre 2022 secrétaire nationale d'Europe Écologie Les Verts qui s'appelle aujourd'hui les Écologistes. Sandrine Rousseau est membre des Écologistes. Ségolène Royal a été, entre autres, ministre de l'Écologie, du Développement durable et de l'Énergie de 2014 à 2016, dans le gouvernement de Manuel Valls. Aurore Bergé est ministre déléguée, chargée de l'Égalité entre les femmes et les hommes et de la Lutte contre les discriminations dans le gouvernement de François Bayrou.
9. **a.** Ce discours fut prononcé en septembre 2002 à Johannesburg en Afrique du Sud lors du IVe sommet de la Terre. L'auteur de cette formule est Jean-Paul Deléage, un historien des sciences de l'environnement.
10. **b.** L'Assemblée a six vice-présidents qui appartiennent à des partis politiques, comme La France Insoumise (L.F.I.), Les Écologistes, Renaissance, Horizons, les Républicains (L.R.). Depuis 2017, elle est présidée par Yaël Braun-Pivet qui représente le parti Renaissance.
11. **b.** La Cinquième République a été instaurée en 1958 et a permis de résoudre le conflit en Algérie par les accords d'Évian en 1962. Elle compte huit présidents de la République, Emmanuel Macron inclus.

12. **a, b.** Le Conseil constitutionnel est une juridiction puisqu'il rend des jugements. Il veille à la régularité des élections et des référendums. Il siège dans l'aile Montpensier du Palais-Royal. Il est présidé par Laurent Fabius qui a succédé à Jean-Louis Debré en 2016.

13. **a.** François Fillon a été Premier ministre de Nicolas Sarkozy de 2007 à 2012. Jacques Chirac a été Premier ministre de François Mitterrand de 1986 à 1988. Bernard Cazeneuve a été Premier ministre de François Hollande de 2016 à 2017.

14. **a.** Le Parti socialiste est un parti politique français historiquement classé à gauche. Il n'a pas été au pouvoir pendant 14 ans consécutifs sous les deux septennats de F. Mitterrand, car il y a eu deux cohabitations où l'exécutif était partagé entre un président de la République de gauche et un Premier ministre de droite (J. Chirac puis E. Balladur). Une primaire ouverte est une élection où des citoyens peuvent participer au choix du candidat d'un parti pour les élections présidentielles. François Hollande a été désigné de cette façon en 2012.

15. **b.** L'Autriche est une République. Son président est Alexander Van der Bellen depuis 2017.

16. **a.** Le traité de Rome est signé par six pays : Allemagne de l'Ouest, Belgique, France, Italie, Luxembourg et Pays-Bas. Il garantit la circulation des biens et des personnes sans droits de douane et jette les bases d'une politique agricole commune (instaurée finalement en 1962). Le traité de Maastricht l'a modifié en instituant l'Union européenne en 1992.

17. **b.** La convention de Schengen entre en vigueur le 26 mars 1995. Les premiers pays qui font partie de l'espace Schengen sont l'Allemagne, la France, les Pays-Bas, ainsi que le Luxembourg et la Belgique.

18. **b, c.** Angela Merkel est membre de l'Union chrétienne-démocrate (CDU). Elle est élue chancelière le 22 novembre 2005, puis réélue trois fois en 2009, 2013 et 2018. Olaf Scholz lui succède en 2021. Aux élections fédérales de 2017, le score de sa coalition a été historiquement faible, mais elle a pu se maintenir à son poste par des alliances politiques.

19. **a, d.** Le Parlement européen est présidé par Roberta Metsola. La Commission européenne est présidée par Ursula Von der Leyen.

20. **a, c, d.** La population britannique a voté en faveur de la sortie du Royaume-Uni de l'Union européenne (« *leave* » et non « *remain* »).

21. **b.** Adoptée le 26 août 1789, cette déclaration de 17 articles fonde le droit positif sur le droit naturel. C'est un texte collégial et non rédigé par le Marquis de la Fayette comme on le dit parfois. Son préambule a été rédigé par Mirabeau et Jean-Joseph Mounier. Son article premier énonce que « Les hommes naissent et demeurent libres et égaux endroits. Les distinctions sociales ne peuvent être fondées que sur l'utilité commune ». L'ensemble de ce texte a servi de support pour la rédaction en 1948 de la Déclaration universelle des droits de l'homme, mais il n'a pas été reproduit.

22. **c, d.** Trois des symboles et emblèmes de la République française sont inscrits dans la Constitution du 4 octobre 1958 : le drapeau tricolore (bleu, blanc, rouge), l'hymne national (*La Marseillaise*) et la devise « Liberté, Égalité, Fraternité ». D'autres symboles n'ont pas d'ancrage constitutionnel, comme la fête nationale (14 juillet), Marianne, le coq, le faisceau de licteur ou le sceau de l'État.

23. **a, b, c, d.** Ces principes complètent les valeurs de la République : « Liberté, Égalité, Fraternité ». Notons qu'il est possible, dans un QCM, que toutes les propositions soient justes, mais il n'est pas possible qu'elles soient toutes fausses.

24. **c.** Cet article premier déclare : « Les hommes naissent et demeurent libres et égaux en droits. Les distinctions sociales ne peuvent être fondées que sur l'utilité commune. »

25. **b, c, d.** La *Marseillaise* est décrétée hymne national en 1795. Les paroles « C'est nous qu'on ose méditer de rendre à l'antique esclavage » se trouvent dans le deuxième couplet. Ce chant est militaire et même guerrier, ce qu'on lui reproche parfois aujourd'hui.

26. **a, c.** Le rouge et le bleu sont les couleurs de Paris. Louis XVI a arboré une cocarde tricolore le 17 juillet 1789 lors de sa venue à l'hôtel de ville de Paris.

27. **c, d.** Le premier président de la République française est Louis-Napoléon Bonaparte (futur Napoléon III), en 1848. Il est l'unique président de la IIe République (1848-1852). La France a eu 25 présidents de la République (de Bonaparte à Emmanuel Macron). L'élection au suffrage universel (hommes et femmes, sans condition de ressources) est adoptée en 1962. Charles de Gaulle sera le premier président élu selon ce mode de scrutin en 1965.

28. **a, c.** Trois femmes sont entrées au gouvernement du Front populaire en 1936, alors qu'elles n'avaient pas encore le droit de vote. La loi Veil (1975) autorise l'IVG, mais la contraception était déjà autorisée par la loi Neuwirth de 1967. L'IVG est rendue gratuite par la loi Roudy en 1982. En 2023, plus d'une femme sur quatre travaille à temps partiel (source : Insee).

29. **a, d.** Michel Debré est le premier Premier ministre de la Ve République, dont il est aussi l'un des fondateurs, de 1959 à 1962. Georges Pompidou lui succède de 1962 à 1968. Enfin, Maurice Couve de Murville est le troisième et dernier Premier ministre de Charles de Gaulle en 1968 et 1969.

30. **b, c.** Surnommée la Pucelle d'Orléans (ville qu'elle a libérée avec l'armée française), elle est née en 1412 à Domrémy et morte en 1431 à Rouen, à l'issue de son procès pour sorcellerie ordonné par Pierre Cauchon, évêque acquis à la cause des Anglais. En 2012, nous fêtions donc les 600 ans de sa naissance.

31. **a, c.** Charlemagne appartient à la dynastie carolingienne à laquelle il a donné son nom. Il n'a pas inventé l'école, comme le suggère une célèbre chanson de Sheila, mais il a favorisé l'accès à l'école pour « les fils bien nés ». L'école existe dès l'Antiquité grecque.

32. **b.** Les lois Auroux de 1982 promeuvent la concertation et l'expression dans l'entreprise par les délégués du personnel et les comités d'entreprise. Les lois Aubry datent de 2000. Martine Aubry était ministre du Travail sous Lionel Jospin. La loi Waldeck-Rousseau (1884) permet la création de syndicats. La loi Macron de 2015 permet, entre autres mesures, le travail le dimanche et la nuit.

33. **c.** Olympe de Gouges est considérée comme l'une des premières féministes françaises. Elle est connue pour avoir rédigé la Déclaration des droits de la femme et de la citoyenne (1791), dans laquelle elle écrivait : « La femme a le droit de monter à l'échafaud, elle doit avoir également celui de monter à la Tribune ». En 1793, elle est arrêtée et guillotinée pour ses idées politiques. Elle a laissé de nombreux écrits en faveur des droits civils et politiques des femmes et de l'abolition de l'esclavage.

34. **a, b, c.** Napoléon a répudié Joséphine parce qu'il ne pouvait pas avoir d'enfant avec elle. Napoléon II, est le fils de Napoléon et de sa seconde épouse, Marie-Louise d'Autriche. Il est titré à sa naissance « le petit roi de Rome ». Il meurt à 21 ans.

35. **a.** Le décret d'abolition est signé lors de l'éphémère Deuxième République française, le 27 avril 1848. Victor Schœlcher était alors député de la Martinique.

36. **b.** Il s'agit d'un abaissement de la majorité décidé par Valéry Giscard d'Estaing le 5 juillet 1974, juste après son élection. Auparavant et depuis 1907, elle était fixée à 21 ans et sous le Code civil napoléonien de 1804, elle était de 21 ans pour les femmes et 25 ans pour les hommes.

37. **c.** Cette église de style gothique a un transept[1] de très grande taille qui lui permet d'accueillir les tombeaux royaux. Cette nécropole a été profanée en 1793 sous la Terreur.

38. **b.** Louis XIV, né en 1638, n'a pas encore 5 ans lorsqu'il devient roi de France, à la mort de son père Louis XIII, en 1643. Sa mère, Anne d'Autriche, assure la régence jusqu'en 1651. En 1661, il entreprend de magistraux travaux d'agrandissement du château de Versailles, relais de chasse hérité de son père. Il y meurt en 1715 d'une ischémie causée par une embolie, après plusieurs jours d'agonie.

39. **a, d.** Louis XVI a épousé Marie-Antoinette, fille de Marie-Thérèse d'Autriche. Il a été roi de 1774 à 1792. Il est le petit-fils de Louis XV.

40. **a, c.** Les présidents élus à partir de 2002 le sont pour cinq ans en France depuis la réforme du quinquennat (référendum en 2000) modifiant l'ancien mandat présidentiel de sept ans. Jacques Chirac a ainsi effectué un premier mandat de 7 ans et un suivant de 5 ans.

1. Partie transversale d'une église qui coupe à angle droit la nef, conférant ainsi à l'édifice une forme de croix.

Épreuve d'admission nº 3

Questionnaire à choix multiples de langue étrangère (anglais)

1 Déroulement de l'épreuve

1 Modalités de l'épreuve

- Le test se présente sous la forme d'un QCM de langue étrangère permettant d'évaluer les compétences linguistiques des candidats.
- Les langues proposées sont à choisir parmi l'anglais, l'espagnol et l'allemand. Les candidats précisent la langue choisie lors de l'inscription au concours et ne peuvent en changer après la clôture des inscriptions.
- Durée de l'épreuve : 1 heure (pour réaliser le QCM de culture générale et le QCM de langue) ; coefficient 1 pour le concours externe ; pour les concours internes, seuls les points au-dessus de la moyenne sont pris en compte.

2 Conseils

a. Préparation en amont

« Entraînement » et « régularité » sont les deux mots-clés de la réussite à cette épreuve de langue étrangère. Il convient de revoir les bases de la grammaire anglaise et d'enrichir son lexique autant que possible. Le test vise à évaluer les compétences grammaticales, lexicales et culturelles des candidats dans la langue choisie. Les principaux points de grammaire devront être revus, ainsi que les tournures idiomatiques propres à chaque langue et le vocabulaire lié au domaine d'activité. Enfin, des entraînements réguliers à cet exercice de QCM sont recommandés pour tester vos connaissances.

b. Le jour J

- Lisez bien chaque intitulé et chaque proposition pour choisir la solution adaptée. Parfois, un seul mot change entre deux propositions : assurez-vous donc d'avoir opté pour celle qui convient.
- Soyez particulièrement attentifs au moment de reporter vos réponses sur la grille.

3 Précisions

Dans les fiches, exercices et entraînements de cet ouvrage, nous utilisons les abréviations et précisions suivantes :

- *sb* = *somebody* : qqn = quelqu'un ;
- *sth* = *something* : qqch = quelque chose ;
- V-ing : verbe en -ing (ex : *to walk* sous la forme *walking*) ;
- BV : base verbale (ex : *walk, arrest, steal*) ;
- N : nom ;
- adj : adjectif ;
- p.passé : participe passé ;
- GB : anglais britannique ;
- US : anglais américain ;
- fam : langage familier.

2 Principales erreurs de langue à éviter

1 Autour du nom

a. Les déterminants

Les articles définis et indéfinis ne sont pas employés de la même manière dans les deux langues. Observez ces exemples qui illustrent certaines de ces différences.

- *He's been a police inspector for ten years.* Cela fait dix ans qu'il est inspecteur de police. (l'article *a/an* précède un nom de métier).
- Ø *President Macron.* Le président Macron.
- *He broke his leg.* Il s'est cassé la jambe (pas de déterminant possessif en français devant les parties du corps et recours au verbe pronominal).

b. Les adjectifs

En anglais les adjectifs sont **toujours invariables** et se placent devant les noms qu'ils viennent qualifier.

- *the economic conditions* : les conditions économiques.
- *missed opportunities*: des occasions manquées.

c. Les mots composés

Qu'il s'agisse d'un nom composé ou d'un adjectif composé, l'information essentielle est véhiculée par le mot le plus à droite qui est ensuite qualifié par le ou les mots à sa gauche. L'association *nom + nom* est souvent utilisée, le nom le plus à droite apporte l'information principale et celui à sa gauche joue le rôle d'adjectif et vient fournir un complément d'information.

- *a bike race* : une course de vélo/ *a race bike* : un vélo de course.

d. Les faux amis

Si certains mots anglais sont dits « transparents » car ils ressemblent à leur traduction française, d'autres au contraire ne signifient pas du tout la même chose que le mot qui leur ressemble. Il est important de savoir reconnaître les principaux faux amis anglais.

- *balance*: l'équilibre.
- *caution*: prudence.
- *to deceive*: tromper, duper.
- *evidence*: des preuves.
- *a hazard*: un danger.
- *to injure*: blesser.
- *to prevent*: empêcher.
- *to train*: former.
- *a trial*: un procès.

2 Autour du verbe

a. L'expression du but : TO + BV/ FOR + N

- La préposition **FOR** se traduira par « pour » si elle est suivie d'un nom ou groupe nominal. *I need to be there for my colleagues.* Je dois être là pour mes collègues.
- Si « pour » est suivi d'un verbe, on traduit par « **TO** + BV » : *I need to withdraw money to pay for my karate lessons.* Je dois retirer de l'argent pour payer mes cours de karaté.

b. La traduction de IL Y A

- **There is** + nom singulier/indénombrable : *There is a major political crisis in this country.* Il y a une grave crise politique dans ce pays.

  Au prétérit, on dira « *there was* ».
- **There are** + nom pluriel : *There are hundreds of protesters gathered in the streets.* Il y a des centaines de manifestants dans les rues.

  Au prétérit, on dira « *there were* ».
- **Ago** (temps) : *I graduated from university two years ago.* J'ai reçu mon diplôme universitaire il y a deux ans.

c. La traduction de DEPUIS

- **FOR** + durée et *present perfect : He's been a real asset in the police force for many years.* Cela fait de nombreuses années qu'il est un réel atout au sein de la police.
- **SINCE** + point de départ dans le temps et *present perfect : I have worked with the bomb squad since 2015.* Je travaille au sein de l'équipe de déminage depuis 2015.

d. Les modaux

Les auxiliaires modaux anglais (*CAN - COULD - SHALL - SHOULD - WILL - WOULD - MAY - MIGHT - MUST*) sont **toujours suivis de la base verbale**, c'est-à-dire du verbe « nu » : sans *to* et sans marque de conjugaison.

- *You should get your driver's license.* Tu devrais passer ton permis.
- *She must be on her way right now.* Elle doit être en route maintenant.
- *I can't find my purse!* Je ne retrouve pas mon sac à main !

3 Prépositions

1 Rappels

Certains verbes se construisent à l'aide d'une préposition qui va introduire un complément sous forme de nom ou de verbe à la forme V-ing. Les prépositions les plus courantes sont : *at, in, to, on, of, for, about, with, from, into*. Elles suivent toujours le verbe qu'elles complètent et ne s'en séparent jamais, même dans les questions ou les formes passives.

Exemples

- *What is he looking at?* Que regarde-t-il ?
- *She enjoys being looked at.* Elle aime qu'on la regarde.
- *They are interested in buying our house.* Ils souhaitent racheter notre maison.
- *The employees are tired of not being heard by their hierarchy.* Les salariés en ont marre de ne pas être pris au sérieux par leur hiérarchie.

Voici une liste de prépositions à retenir.

AT	***to look at***: regarder ***to glance at***: jeter un coup d'oeil à ***to stare at***: dévisager qqn ***to aim at***: viser ***to laugh at***: se moquer de/rire à qqch ***to be good at sth***: être bon en qqch
IN	***to be interested in***: être intéressé par ***to be proficient in***: être compétent en qqch ***to believe in***: croire en ***to be disappointed in sb***: être déçu par qqn ***to take part in/participate in***: prendre part à
TO	***to listen to***: écouter ***to go to***: aller à ***to belong to***: appartenir à ***to be used to***: avoir l'habitude de
ON	***to depend on***: dépendre de ***to comment on***: commenter ***to rely on***: compter sur ***to insist on***: insister sur ***to be keen on***: aimer

OF	***to approve of/to disapprove of***: approuver/désapprouver, ne pas voir d'un bon œil ***to be tired of***: en avoir marre de ***to beware of***: se méfier de ***to get rid of***: se débarrasser de ***to be fond of***: bien aimer ***to smell of***: sentir
FOR	***to account for***: expliquer ***to look for***: chercher ***to wait for***: attendre ***to pay for***: payer ***to hope for***: espérer ***to blame sb for***: tenir qqn pour responsable de ***to be responsible for***: être responsable de
ABOUT	***to think about:*** penser à ***to complain about:*** se plaindre de ***to worry about***: s'inquiéter au sujet de ***to be crazy about:*** être fou de, féru de qqch
WITH	***to agree with/to disagree with***: être d'accord/ne pas être d'accord avec ***to be familiar with***: bien connaître ***to be disappointed with sth***: être déçu par qqch ***to be angry with***: être en colère contre ***to deal with***: traiter de/se charger de ***to cope with***: s'occuper de
FROM	***to suffer from***: souffrir de ***to be different from***: être différent de ***to hide from***: se cacher de ***to borrow sth from sb***: emprunter qqch à qqn ***to hear from***: avoir des nouvelles de ***to prevent sb from***: empêcher qqn de
INTO	***to break into***: entrer par effraction

4 Verbes à particules

Lorsqu'une particule adverbiale suit un verbe, on parle de *phrasal verb* ou de verbe à particules pour désigner ce nouveau verbe créé. La particule va alors modifier le sens du verbe original, au point parfois d'avoir un sens totalement éloigné.

Pour exemple, le verbe « *to show* » signifie « montrer » mais le verbe « *to show off* » signifie « se vanter ». C'est pourquoi il est important de mémoriser les principaux verbes à particules pour pouvoir les reconnaître rapidement.

Les verbes à particules sont très nombreux en anglais. S'il n'est pas possible de tous les apprendre par cœur tant la liste serait longue, il convient tout de même de savoir identifier les plus courants. Le tableau ci-dessous recense les principaux verbes à particules couramment employés et dont le sens n'est pas aisément reconnaissable d'après le sens du verbe ou de la particule.

UP	
to look up *(a word)*: chercher (un mot dans un dictionnaire)	*If you don't know the meaning of that word,* ***look it up*** *in the dictionary.*
to bring up: évoquer (un sujet)/élever (un enfant)	*Now that you* ***bring up*** *this topic, there are a few things I'd like to say.* *My mother* ***brought us up*** *all by herself.*
to give up: abandonner	*This exercise is too complex, I* ***give up****!*
to pick sb up: prendre qqn au passage	*I'll* ***pick you up*** *at 8 tonight.*
to turn up: arriver, venir	*We invited them to the party and yet they didn't* ***turn up****.*
to show up: arriver, se pointer	*They didn't* ***show up*** *yesterday. No one knows where they are.*
to put sb up: loger qqn	*Don't bother about a hotel, I'll* ***put you up*** *for the night.*
to catch up: rattraper (un retard)	*I was sick a whole week, now I have to* ***catch up****.*
to keep up: continuer (sur la même lancée)	***Keep up*** *the good work!*
to make up *(a story)*: inventer	*I didn't believe a word he said, he was* ***making it all up****!*
to break up: se séparer	*I still can't believe Ben and Jenifer* ***broke up.***
to back up: aider, soutenir	*It's a tough decision, I will need you to* ***back me up****.*
to hang up: raccrocher	*She was so mad at me, she* ***hung up*** *the phone before I could add anything else!*

DOWN	
to break down: tomber en panne/s'effondrer, pleurer	*My **car broke down** this morning, I need to get it fixed.*
to knock down: démolir/ renverser (un piéton)	*They **knocked down** all the old buildings.* *He was **knocked down** by a drunk driver.*
to turn down: refuser (une proposition, etc.)	*It was her dream job and yet she **turned it down**.*
to let sb down: décevoir qqn	*I really need your support, don't **let me down** now.*
Remarque : avec cette particule, la connotation du verbe est plutôt négative.	
IN	
to move in: emménager	*We **move in** our new house in Dubai next month.*
to drop in: passer voir qqn	*My sister just **dropped in** to say hi.*
to give in: céder	*She's on a strict diet but whenever she smells chocolate, she **gives in**.*
to take sth in: assimiler qqch	*The teacher talked about many different topics, I'm not sure I managed to **take it all in.***
to show sb in: faire entrer qqn	*Oh I was expecting him, please **show him in**!*
OUT	
to move out: déménager	*We **moved out** last week, it was tiring!*
to drop out (of school): abandonner les études	*She **dropped out** of school because she couldn't handle the pressure.*
to carry out: mener à bien	*They **carried out** the task efficiently.*
to look/watch out: faire attention	***Watch out**! There's a crazy dog on the loose.*
to leave out: omettre	*He **left out** a few details about his criminal past.*
to cross out: barrer, rayer	*Another company turned her down, she **crossed out** their name from her list.*
to eat out: manger au restaurant	*The children are excited to be **eating out** for dinner.*
to work out: faire du sport/trouver une solution	*I keep **working out** because I want to lose weight.* *Don't worry, we'll **work something out**.*
to point out: faire remarquer	*As you **pointed it out**, I'm the only one who is always on time.*
to sort out: régler (un problème)	*They went to a counselor to try and **sort out** their marriage problems.*
to turn out: finir/s'avérer, se révéler	*No one can predict how things are going to **turn out**.* *She **turned out** to be even stronger than her brother.*
to hang out (fam): traîner	*Do you feel like **hanging out** after school?*

ON	
to keep on: ne pas cesser de	*Never stop believing.* ***Keep on*** *pursuing your dreams.*
to put on *(clothes/weight)*: mettre des habits/ prendre du poids	*I've* ***put on*** *too much weight lately; I can't fit in any dress I try to* ***put on****.*
to get on *(the bus)*: monter (dans le bus)	*He* ***got on*** *the bus without paying.*
OFF	
to get off *(the bus)*: descendre (du bus)	*He* ***got off*** *at the wrong stop.*
to take off: décoller	*The plane* ***took off*** *an hour late.*
to lay off: licencier	*The firm* ***laid off*** *1,000 employees.*
to put off: reporter (un rdv, etc.)/dégoûter qqn de qqch	*I won't be there tomorrow so I need to* ***put off*** *our meeting.*
to see sb off: accompagner qqn (qui part)	*I'll* ***see you off*** *to the train station.*
to call off: annuler	*She* ***called off*** *the wedding at the last minute. How embarassing!*
to show off: se vanter	*I hate it when he* ***shows off*** *like that.*
OVER	
to get over: se remettre (d'une maladie, d'une émotion, etc.)	*You're 30 and single. Things could be worse,* ***get over it****!*
to take over: reprendre (un poste, etc.)	*He* ***took over*** *the company when his dad died.*
to go over: passer en revue, examiner	*Let's* ***go over*** *the test scores.*
to think sth over: bien réfléchir à	*I spent the whole night* ***thinking it over****; I can't marry you.*
AWAY	
to clear away: débarrasser (la table), ranger	*Children should learn to* ***clear away*** *the table as early as possible.*
to throw away: jeter/gâcher	*Don't* ***throw away*** *your old clothes, give them to a charity!*
to give away: donner/ trahir, révéler	*I was so sure you would never recognize me! What* ***gave*** *me* ***away****?*
BACK	
to pay back: rembourser/se venger de	*I will* ***pay*** *him* ***back*** *for cheating on me.*
to come back: revenir	*He* ***came back*** *from work at 6pm.*
BY	
to get by: se débrouiller	*When you're on your own, you learn to* ***get by****.*
to come by: passer voir qqn	***Come by*** *our house tomorrow, we'll have coffee together.*
THROUGH	
to come through: s'en sortir, surmonter/être perceptible	*Don't worry about him, even though he's going through a tough time, he will* ***come through*** *it.*

Certains verbes à particule sont même suivis d'une préposition qui vient apporter un sens nouveau au bloc ainsi créé.

Exemples

- *to make up for*: compenser.
- *to put up with*: supporter.
- *to get on with/to get along with*: s'entendre avec.
- *to look down on*: mépriser, prendre de haut.
- *to look up to*: admirer.
- *to run out of*: être à court de.
- *to keep up with*: suivre.
- *to look forward to sth/V-ing*: attendre avec impatience.
- *to fall out with*: se brouiller avec.
- *to cut down on*: réduire sa consommation de.
- *to catch up with sb*: rattraper.
- *to catch up on*: rattraper (le travail, le sommeil).
- *to get away with*: s'en tirer (sans aucune pénalité).
- *to get back to sb*: répondre, revenir vers qqn.
- *to look back on*: repenser à.
- *to come up with an idea*: trouver une idée.
- *to come down with (the flu)*: attraper (la grippe).
- *to stand up for*: défendre.
- *to stand up to*: résister à, tenir tête à.
- *to get it over with*: se débarrasser de, en finir avec.
- *to check up on sb*: vérifier que tout va bien, prendre des nouvelles de.
- *to be up to sth*: manigancer, mijoter qqch.
- *to miss out on*: manquer, passer à côté de qqch.

5 Faux amis et formation des mots

1 Les faux amis

Si certains mots anglais sont dits « transparents » de par leur ressemblance avec leur traduction française, d'autres mots en revanche sont bien loin d'avoir le même sens que le mot français qui leur ressemble.

Mot anglais	Qui se traduit par	À ne pas confondre avec	Qui se dit
to abuse	insulter, injurier	abuser	*to overdo/to go too far*
to accommodate	loger	s'accommoder	*to adapt oneself*
to achieve	réaliser	achever	*to complete, to finish*
actual	réel	actuel	*current*
actually	en fait, en réalité	actuellement	*currently*
an advertisement	une publicité	un avertissement	*a warning*
an advocate	un défenseur, un militant	un avocat	*a lawyer, a barrister, a solicitor, an attorney*
an affair	une liaison amoureuse	une affaire	*a story/a case*
to arrive	arriver (sens propre)	se produire	*to happen*
to attend	assister	attendre	*to wait for*
a bachelor	un célibataire	un bachelier	*a high school graduate*
balance	l'équilibre	une balance	*a scale*
a basket	un panier	des baskets	*sneakers, trainers*
benefits	des avantages/ allocations	un bénéfice	*a profit*
blank	vide	blanc	*white*
a bond	un lien	un bond	*a jump, a leap*
caution	prudence, attention	une caution	*a bail, a deposit*
chance	risque, hasard	la chance	*luck*
comprehensive	complet	compréhensif	*understandable*

QCM – Anglais

Mot anglais	Qui se traduit par	À ne pas confondre avec	Qui se dit
to cry	pleurer	crier	*to shout, to yell*
to deceive	tromper, duper	décevoir	*to disappoint*
a delay	un retard	un délai	*a deadline*
to deliver	livrer	délivrer (libérer)	*to release, to free*
to demand	exiger	demander	*to ask for*
to design	concevoir	désigner	*to show, to appoint*
dramatic	spectaculaire	dramatique	*tragic, terrible, ou dramatic*
eventually	finalement	éventuellement	*possibly*
evidence	des preuves	une évidence	*obviousness*
facilities	les installations, les équipements	facilité	*ease*
figure	un chiffre	une figure	*a face*
furniture	meubles	fournitures	*supplies*
global	mondial	global	*overall*
globally	mondialement	globalement	*generally, overall*
a habit	une habitude	des habits	*clothes*
a hazard	un danger	le hasard	*chance*
an infant	un bébé, un nourrisson	un enfant	*a child*
to injure	blesser	injurier	*to insult, to abuse*
an issue	un problème	une issue	*an exit*
a journey	un voyage	journée	*day*
a lecture	une conférence	lecture	*reading*
location	endroit, site	une location	*a rental*
miserable	malheureux	misérable (pauvre)	*wretched, destitute*
money	argent	la monnaie	*change*
to pass an exam	réussir un examen	passer un examen	*to take/sit an exam*
petrol (GB)gas (US)	essence	pétrole	*oil*
to prevent	empêcher	prévenir	*to warn*
to question	remettre en question	questionner	*to interrogate, to ask questions*

Mot anglais	Qui se traduit par	À ne pas confondre avec	Qui se dit
a resort	une station balnéaire	un ressort	*a spring*
to resume	reprendre	résumer	*to sum up, to summarize*
a résumé	un CV	un résumé	*a summary*
to retire	prendre sa retraite	retirer	*to withdraw*
a route	un itinéraire	une route	*a road*
rude	impoli, grossier	rude	*hard, tough*
sensible	sensé, raisonnable	sensible	*sensitive*
to sort	trier	le sort	*fate*
to supply	fournir	supplier	*to beg*
to support	soutenir	supporter	*to bear, to stand*
sympathy	compassion	sympathique	*nice, kind*
to terminate	mettre fin à, résilier	terminer	*to finish*
to train	former	traîner	*to hang out*
a trial	un procès	le tri	*sorting*
a vacancy	une place, un poste vacant	vacances	*vacation, holidays*

2 La formation des mots

a. Analyser la nature d'un mot inconnu

Dans un premier temps, il convient d'identifier la catégorie grammaticale de ce mot : s'agit-il d'un nom, d'un verbe, d'un adjectif, d'un adverbe ?

Dans un deuxième temps, il faut s'intéresser à la formation du mot.

b. Les préfixes et les suffixes

Il faut d'abord isoler la racine du mot, puis analyser l'impact de l'ajout des préfixes ou suffixes sur la signification du mot.

Les préfixes sont placés avant le mot et en modifient le sens mais pas leur catégorie grammaticale. Si un préfixe est ajouté devant un nom, le nouveau mot sera aussi un nom.

Quelques exemples de préfixes (en gras) et de leur signification (entre parenthèses) :

- *To* **dis***agree*/**dys***functional* : ne pas être d'accord/qui ne fonctionne pas (sens contraire du mot racine).
- **Im**possible/**in***equality* : impossible/inégalité (sens contraire du mot racine).

- **Un***rest*/**un***aware* : agitation/ qui n'est pas conscient de (sens contraire du mot racine).
- *A* **mis***understanding*/ *to* **mis***place* : un malentendu/égarer (idée de mal faire).
- **Over**time : heures supplémentaires (notion d'excès).

Les suffixes se placent après le mot et modifient très souvent la catégorie grammaticale du mot : un nom en adjectif, un adjectif en nom, etc.

Quelques exemples de suffixes (en gras) et de leur signification (entre parenthèses) :

- *Use***ful** : utile (qui possède les qualités du nom).
- *Use***less** : inutile (dénué de).
- *Man***ly**/*nois***y** : viril, masculin/ bruyant (qui est comme).
- *To strength***en** : renforcer (qui devient).

c. Les mots composés

Qu'il s'agisse d'un nom composé ou d'un adjectif composé, l'information essentielle est véhiculée par le mot le plus à droite qui est ensuite qualifié par le ou les mots à sa gauche.

L'association nom + nom est souvent utilisée, le nom le plus à droite apporte l'information principale et celui à sa gauche joue le rôle d'adjectif et vient fournir un complément d'information.

Exemples

- *A bike race* : une course cycliste/ *a race bike* : un vélo de course.
- *Income tax* : impôt sur le revenu.
- *A dishwasher* : un lave-vaisselle.

D'autres types d'associations existent :

Exemples

- *A catching disease* : une maladie contagieuse **(V-ing + nom).**
- *Time-saving :* qui fait gagner du temps **(nom+ V -ing**).
- *A breakout* : une évasion/une éruption (de maladie) **(nom + particule adverbiale).**
- *A breakdown* : une panne/une dépression **(verbe + particule adverbiale).**
- *An outbreak* : une épidémie **(particule adverbiale + verbe).**
- *Time-sensitive :* urgent **(nom + adj).**
- *Homemade (bread) :* (pain) fait-maison **(nom + p.passé).**

6 Vocabulaire spécifique et expressions idiomatiques

1 Vocabulaire spécifique – Law Enforcement

a. The Police Force

- *To work in law enforcement*: travailler dans la police.
- *The police station/ the precinct (US)*: le commissariat.
- *A policeman/a policewoman/a police officer*: un/une officier de police.
- *A cop*: un flic.
- *A dog handler*: un maître-chien.
- *A traffic warden*: un contractuel.
- *The Narcotics/drugs squad*: la brigade des stupéfiants.
- *The crime squad*: la brigade criminelle.
- *The bomb squad*: l'équipe de déminage.
- *The vice squad*: la brigade des mœurs.
- *The forensics*: la police scientifique.
- *A forensic pathologist/a coroner*: un médecin légiste.
- *Ballistics*: la balistique.

b. Police Tools

- *An unmarked police car*: une voiture banalisée.
- *A squad car/a patrol car*: une voiture de patrouille.
- *Handcuffs*: les menottes.
- *Bullet-proof vests*: gilets pare-balles.
- *A service pistol/weapon*: une arme de service.
- *A truncheon/bludgeon*: une matraque.
- *A facial composite/an identikit*: un portrait-robot.
- *An E-fit portrait*: un portrait-robot électronique.
- *Speech recognition*: reconnaissance vocale.
- *A software*: un logiciel.
- *A spyware*: un logiciel espion.

c. Criminal offences

- *To commit a crime*: commettre un crime.
- *To murder*: assassiner.
- *To rape*: violer.
- *To set fire*: mettre le feu.
- *To poison sb*: empoisonner qqn.
- *To strangle sb*: étrangler qqn.
- *To kidnap/abduct sb*: kidnapper qqn.
- *To steal*: voler.
- *To break out*: s'évader.
- *To shoplift*: voler à l'étalage.
- *To have a criminal record*: avoir un casier judiciaire.
- *A ticket for speeding*: une amende pour excès de vitesse.
- *A parking ticket*: une amende de stationnement.
- *A fine*: une amende/contravention.
- *A trial*: un procès.
- *To go to court:* aller au tribunal.
- *A witness*: un témoin.
- *To file/to lodge a complaint*: déposer (une) plainte contre qqn.
- *To lodge a complaint against/to make a complaint about or against/to report someone/ to press charges against sb*: porter plainte contre qqn.
- *To report a crime/to report sth to the police*: porter plainte contre X.
- *To sue sb*: attaquer/poursuivre qqn en justice/intenter un procès à qqn.
- *A stalker/harasser*: un harceleur.
- *An aggravated assault*: une agression à main armée.
- *Sexual assault/molestation*: une agression sexuelle.
- *Assault and battery*: coups et blessures.

d. Police Duties

- *To be on duty*: être en service.
- *To conduct an investigation/to investigate*: mener une enquête.
- *To handcuff sb*: menotter.
- *To work undercover*: travailler sous couverture.
- *To question sb*: interroger qqn.
- *To shadow/tail sb*: prendre qqn en filature.

- *To set sb up*: tendre un piège à qqn.
- *To have a warrant*: avoir un mandat.
- *To catch sb red-handed*: prendre qqn en flagrant délit/la main dans le sac.
- *To pat sb down*: procéder à une fouille par palpation.
- *To arrest* : procéder à une arrestation.
- *To take fingerprints*: relever des empreintes.
- *To gather proof*: rassembler des preuves.
- *A piece of evidence*: une pièce à conviction.
- *A statement*: une déposition.
- *To take the witnesses' statement*: prendre la déposition des témoins.
- *To charge sb with murder/to indict sb with*: inculper qqn de meurtre.
- *To incarcerate/to imprison/to jail*: emprisonner.
- *To put sb behind bars*: mettre qqn sous les verroux.
- *An eyewitness*: un témoin oculaire.
- *A prosecution witness*: un témoin à charge.
- *A defense witness*: un témoin à décharge.

e. Law breakers

- *A convict* : un prisonnier, un détenu.
- *A culprit* : un coupable.
- *A law breaker/a criminal*: un criminel.
- *An outlaw*: un hors-la-loi.
- *A repeat offender*: un récidiviste.
- *A first-time offender*: un délinquant primaire.
- *A hit-and-run driver*: un conducteur qui a commis un délit de fuite.
- *A thief*: un voleur.
- *A burglar*: un cambrioleur.
- *A drug dealer*: un vendeur de drogues.
- *An arms dealer*: un trafiquant d'armes.
- *An arsonist*: un pyromane.
- *A life sentence*: réclusion à perpétuité.
- *A bail*: une caution.
- *To bail sb*: faire sortir qqn de prison (en payant sa caution).
- *To be out on bail until the trial*: être en liberté sous caution jusqu'au procès.
- *To put sb on probation*: mettre qqn en liberté surveillée/accorder la liberté conditionnelle.

- *To release on parole/to parole sb*: libérer qqn sur parole/mettre en liberté conditionnelle.
- *A parole officer/a probation officer*: un contrôleur judiciaire/un agent de probation.
- *An electronic tag*: un bracelet électronique.
- *To be in custody*: être en garde à vue (pour interrogatoire)/en détention provisoire (avant un procès).
- *To remand/to hold sb in custody*: placer qqn en garde à vue/en détention provisoire.

f. Expressions and idioms

- *He is wanted for murder*: Il est recherché pour meurtre.
- *You are under arrest!* : Vous êtes en état d'arrestation !
- *Hands up!*: Haut les mains !
- *Is there anything else you want to add to your statement?*: Avez-vous qqch à ajouter à votre déposition ?

2 Expressions idiomatiques

S'il est bien entendu impossible de recenser l'intégralité des expressions idiomatiques de la langue anglaise ici, il convient de connaître certaines des expressions les plus courantes.

- *to have your cake and eat it*: avoir le beurre et l'argent du beurre.
- *to feel under the weather*: ne pas être dans son assiette.
- *to put your eggs in one basket*: mettre ses œufs dans le même panier.
- *to be on top of the world*: être aux anges.
- *to give someone the cold shoulder*: snober qqn.
- *to hit rock bottom*: toucher le fond.
- *to fall head over heels for someone*: tomber fou amoureux de qqn.
- *break a leg!* : Bonne chance/ Merde (avant un spectacle, par exemple).
- *once in a blue moon*: une fois tous les 36 du mois.
- *to spill the beans*: cracher le morceau, vendre la mèche.
- *to pull someone's leg*: faire marcher qqn.
- *to kill two birds with one stone*: faire d'une pierre deux coups.
- *a piece of cake*: qqch de très facile.
- *to beat around the bush*: tourner autour du pot.
- *to play it by ear*: improviser.
- *to have a lot on your plate*: avoir beaucoup à faire.
- *icing on the cake*: la cerise sur le gâteau.

Entraînement

Exercice 1 – Vocabulaire

Déduisez le sens des mots soulignés dans chaque phrase en vous aidant du contexte.

1. *I strongly believe the prisoner is guilty and deserves his <u>life sentence</u>.*
2. *My neighbor was arrested but her rich sister <u>bailed</u> her <u>out</u>.*
3. *I called 911 yesterday as I <u>witnessed</u> a burglary.*
4. *The traffic warden <u>fined</u> my uncle for illegal parking.*
5. *As a witness, she was asked to <u>testify in court</u>.*
6. *Because they are not wearing their uniforms, <u>plain-clothes policemen</u> are more likely to catch criminals red-handed.*

Exercice 2 – Vocabulaire

Complétez chaque phrase avec le mot de la liste qui convient et en conjuguant les verbes si nécessaire.

convict – evidence – burglar – guilty – ticket – custody – steal – abide – jail – sentence

1. *A … broke into his house yesterday and … his electronic devices.*
2. *Citizens are expected to … by the law.*
3. *A … managed to break out of ….*
4. *She pleaded … and was … to 2 years in prison.*
5. *He was kept in … for 20 hours while the police tried to gather … against him.*
6. *If you park your car in an unauthorized spot, you'll get a ….*

Exercice 3 – QCM

Coef. 1

1. The police officers … the crime scene for days but didn't find a single clue as to the murderer's identity.

   ☐ **a.** looked ☐ **b.** watched ☐ **c.** searched

2. It's high time you … your driving test! You've been having lessons for over two years.

   ☐ **a.** take ☐ **b.** are taking ☐ **c.** took

3. I am so bad … dealing with conflicts. I usually just avoid them.

   ☐ **a.** in ☐ **b.** at ☐ **c.** for

4. He received a … because he was driving way over the limit on the highway.

   ☐ **a.** speed bill ☐ **b.** fast ticket ☐ **c.** speeding ticket

5. She is an amazing pianist … she is only seven years old.

☐ **a.** although ☐ **b.** even ☐ **c.** whereas

6. He never … to the crime despite the evidence against him.

☐ **a.** convinced ☐ **b.** confided ☐ **c.** admitted

7. My passport expired …

☐ **a.** since 3 days. ☐ **b.** 3 days ago. ☐ **c.** there were 3 days.

8. Linda's flight from Seattle took over ten hours. She … be exhausted.

☐ **a.** would ☐ **b.** needs ☐ **c.** must

9. After being on strike for several days, the employees … got back to work when an agreement was reached.

☐ **a.** eventually ☐ **b.** by the end ☐ **c.** managed

10. We are now ready to talk … the new business report.

☐ **a.** ∅ ☐ **b.** about ☐ **c.** at

11. He has been working on his dissertation … ages!

☐ **a.** since ☐ **b.** for ☐ **c.** during

12. My boss has an awfully high opinion … himself.

☐ **a.** on ☐ **b.** for ☐ **c.** of

13. I don't know how she put … an abusive husband for all these years.

☐ **a.** off with ☐ **b.** up with ☐ **c.** in for

14. My best friend and I are moving … Prague … the end of the year.

☐ **a.** to / at ☐ **b.** in / at ☐ **c.** to / in

15. Ben … a lot for work lately.

☐ **a.** travelled

☐ **b.** has been travelling

☐ **c.** will travel

16. *A bomb went off last night near a museum, in Germany. The media reported fifty casualties and a dozen missing people.*

According to the text…

☐ **a.** A dozen people were shot in Germany.

☐ **b.** Fifty people were killed.

☐ **c.** The victims were tourists.

17. Please don't mind me. Just carry … with your work.

☐ **a.** in ☐ **b.** by ☐ **c.** on

18. I'm really counting on you, so please don't let me …

☐ **a.** through ☐ **b.** down ☐ **c.** off

19. The students will fail their exam … they start studying.

☐ **a.** if ☐ **b.** until ☐ **c.** unless

20. That movie was hilarious, I just couldn't stop …

- ▢ **a.** laugh
- ▢ **b.** to laugh
- ▢ **c.** laughing

21. The visitors were prevented … the private part of the museum.

- ▢ **a.** from entering
- ▢ **b.** by entering
- ▢ **c.** entering

22. *Armed men <u>abducted</u> the President on Friday evening.*

Find the synonym of the underlined word:

- ▢ **a.** injured
- ▢ **b.** attacked
- ▢ **c.** kidnapped

23. What is the most logical order of steps?

1. *I immediately went to the police station to report the theft.*

2. *I was reading a novel and didn't see a couple of teenagers walk towards me.*

3. *It happened at the train station as I was waiting for my train.*

4. *I tried to run after them but the station was too busy and I lost sight of them.*

5. *The teenagers pretended to trip over my suitcase before running away with it.*

- ▢ **a.** 2 – 3 – 5 – 1 – 4
- ▢ **b.** 3 – 2 – 5 – 4 – 1
- ▢ **c.** 3 – 5 – 2 – 4 – 1

24. He has been playing tennis … seven years.

- ▢ **a.** since
- ▢ **b.** for
- ▢ **c.** there were

25. *My friend's uncle is serving a life sentence for murder.*

According to that sentence, which of the following statement is true?

- ▢ **a.** My friend's uncle has no criminal record.
- ▢ **b.** My friend's uncle was released after his trial.
- ▢ **c.** My friend's uncle will spend the rest of his life in jail.

26. Before … the house, remember … all doors.

- ▢ **a.** you will leave / locking
- ▢ **b.** leave / lock
- ▢ **c.** leaving / to lock

27. This is crucial information; someone should tell him as soon as he …

- ☐ **a.** will land
- ☐ **b.** lands
- ☐ **c.** is landing

28. I was worried sick about you. You … have called sooner.

- ☐ **a.** must
- ☐ **b.** ought
- ☐ **c.** should

29. I … since yesterday.

- ☐ **a.** didn't talk to him
- ☐ **b.** haven't talked to him
- ☐ **c.** wasn't talking to him

30. So far, 15 people … in the accident.

- ☐ **a.** have died
- ☐ **b.** were dead
- ☐ **c.** are dying

31. It was his first year playing baseball so he struggled at first, but he soon got …

- ☐ **a.** the head for it
- ☐ **b.** away with it
- ☐ **c.** the hang of it

32. More … people died in the flood.

- ☐ **a.** of two thousand
- ☐ **b.** than two thousand
- ☐ **c.** than two thousands

33. She disapproves … her child's career path.

- ☐ **a.** ∅
- ☐ **b.** of
- ☐ **c.** on

34. Stop … so much and grow up a little!

- ☐ **a.** complain
- ☐ **b.** to complain
- ☐ **c.** complaining

35. After being so rude with him, … you could do is apologize.

- ☐ **a.** the least
- ☐ **b.** the less
- ☐ **c.** the last

36. She was so … when she heard she failed her exam.

- ▢ **a.** disappointing
- ▢ **b.** disappointed
- ▢ **c.** deceiving

37. … asking for a pay rise, you won't get it!

- ▢ **a.** Don't bother
- ▢ **b.** There's no point
- ▢ **c.** *All the above*

38. … pandemic had … severe impact on … people's mental health.

- ▢ **a.** A / the / ∅
- ▢ **b.** The / the / ∅
- ▢ **c.** The / a / ∅

39. … over three hundred participants in last week's show.

- ▢ **a.** They were
- ▢ **b.** There were
- ▢ **c.** There have been

40. Whether I travel to New Zealand or not will depend … my finances.

- ▢ **a.** on
- ▢ **b.** of
- ▢ **c.** from

Corrigé

Corrigé 1 – Vocabulaire

1. *A life sentence*: une condamnation à perpétuité
2. *To bail sb out/to release on bail*: relâcher qqn sous caution
3. *To witness*: être témoin de
4. *To fine sb* : donner une amende à qqn
5. *To testify in court*: témoigner au tribunal
6. *A plain-clothes policeman*: un policier en civil

Corrigé 2 – Vocabulaire

1. *Burglar – stole*
2. *Abide*
3. *Convict – jail*
4. *Guilty – sentenced*
5. *Custody – evidence*
6. *Ticket*

Corrigé 3 – QCM

1. c	**11.** b	**21.** a	**31.** c
2. c	**12.** c	**22.** c	**32.** b
3. b	**13.** b	**23.** b	**33.** b
4. c	**14.** a	**24.** b	**34.** c
5. a	**15.** b	**25.** c	**35.** a
6. c	**16.** b	**26.** c	**36.** b
7. b	**17.** c	**27.** b	**37.** c
8. c	**18.** b	**28.** c	**38.** c
9. a	**19.** c	**29.** b	**39.** b
10. b	**20.** c	**30.** a	**40.** a

Selon vos résultats, revoyez les points grammaticaux qui n'auraient pas été bien compris.

Pour d'autres entraînements aux QCM type concours, reportez-vous à l'ouvrage *Tout l'anglais aux concours* aux éditions Armand Colin.

Épreuve d'admission n° 4

Tests psychotechniques

1 Déroulement de l'épreuve

Cette épreuve vous est proposée en deux parties :

- La première contient des **épreuves chronométrées**. Nous avons distingué les tests par types de supports et de compétences exercées :
  - les tests numériques ;
  - les tests graphiques ;
  - les tests verbaux ;
  - les tests d'attention ;
  - les tests d'organisation et de créativité.
- La seconde vous fait travailler **les tests de personnalité et d'adaptabilité au métier**.

Ces épreuves sont destinées à « évaluer notamment le profil psychologique du candidat ». Ce qui veut dire que ces tests montrent votre capacité d'adaptation, de compréhension, de patience, de concentration, de créativité, qualités utilisées pour le métier de gardien de la paix.

Dans la mesure où le but est de tester des capacités et non des connaissances, les questions sont très diversifiées et emploient des supports multiples. Le niveau des questions est accessible mais le temps est limité. L'objectif est ainsi de voir quel type de question vous allez éviter et quelles questions vous allez plutôt résoudre.

Pour certains d'entre vous, cette épreuve sera une formalité. Pour d'autres, ce sera plus difficile.

Il est très efficace de se préparer en travaillant plusieurs types d'exercices mais aussi en repérant les logiques à l'œuvre dans ces exercices et la similitude des raisonnements.

Remarque

Le nombre de questions est variable et de difficulté accessible. Sans barème précis, l'évaluation se fait par un psychologue.

Toutes les questions du cahier chronométré sont sous forme de question à réponse unique (QRU) ou (plus rarement) de question à réponse multiple (QRM). Vous aurez à remplir une feuille de lecture optique qui sera ensuite corrigée de façon informatisée.

Les questions de créativité peuvent être sous n'importe quelle forme en fonction du type d'exercice.

2 Tests numériques

Dans le cahier chronométré, un bon nombre de tests sont des calculs, des petits problèmes ou des suites numériques.

Dans ces tests, ce n'est pas votre intelligence cristallisée (celle qui utilise des connaissances précises) qui est sollicitée, mais votre logique pure. Par conséquent, vous n'êtes pas obligé de tout savoir pour vous en sortir. Il est cependant requis de connaître les formules élémentaires de mathématiques (priorité des opérations, conversions, formules des aires, des volumes, etc.) et de calculer vite.

Remarque

Pour revoir les connaissances essentielles de mathématiques et particulièrement les astuces de calcul (très utiles pour être rapide), voir la partie consacrée aux fondamentaux scolaires.

1 Calculs rapides

Il faut savoir effectuer rapidement une batterie d'additions, soustractions, multiplications, divisions en déterminant simplement si les réponses proposées sont justes ou fausses.

Vous rencontrerez particulièrement des fractions et des valeurs à virgules.

Exemple

- **a.** 0,25 = 1/4 ☐ Vrai ☐ Faux
- **b.** 38 + 48 = 78 ☐ Vrai ☐ Faux
- **c.** 11 × 11 = 111 ☐ Vrai ☐ Faux
- **d.** 1,5 = 10/5 ☐ Vrai ☐ Faux

Réponses : **a.** Vrai **b.** Faux (86) **c.** Faux (121) **d.** Faux (1,5 = 15/10)

2 Problèmes

Vous devez savoir résoudre rapidement des problèmes qui utilisent toutes les règles élémentaires de l'arithmétique. Pour ces questions, il y a presque toujours une astuce pour une résolution rapide, et il faut donc éviter de s'engager trop vite dans des calculs fastidieux.

Des propositions de réponse vous sont données, par conséquent vous pouvez aussi partir des réponses pour résoudre ces problèmes.

Exemple

Si on additionne le poids de Jean et de sa balance on trouve 90 kg. Or Jean pèse 80 kg de plus que sa balance. Quel est le poids de sa balance ?

☐ **a.** 10 kg ☐ **b.** 5 kg ☐ **c.** 2,5 kg ☐ **d.** 20 kg

Réponse : Plutôt qu'une équation, essayons la réponse la plus probable, soit la **a.** Si la balance fait 10 kg, alors Jean pèse 10 + 80 = 90 kg. D'où un poids total de Jean et de la balance de 90 + 10 = 100 kg ce qui ne correspond pas à l'intitulé. Essayons **b.** Si la balance fait 5 kg, alors Jean pèse 5 + 80 = 85 kg. D'où un poids total de Jean et de la balance de 85 + 5 = 90 kg. **C'est correct.**

3 Suites numériques

Les séries numériques ou suites numériques permettent d'évaluer la rigueur logique pour appliquer une progression de façon identique, ensuite elles reposent sur du calcul et requièrent donc une aisance dans le calcul mental.

Nous allons vous présenter deux types de séries numériques :

- des séries à support numérique et/ou alphabétique ;
- des séries numériques à support graphique divers, des dominos, des cartes à jouer.

a. Les séries à support numérique et/ou alphabétique

Séries numériques

Ce sont des séquences de chiffres dont il faut comprendre l'enchaînement. Ces suites sont surtout :

- **arithmétiques** (chaque terme est la somme du précédent + un nombre constant appelé raison) ;

> **Exemple**
>
> 17 – 13 – 9 – 5 – ?
>
> *Réponse* : 1. Les nombres diminuent. La raison est – 4.

- **géométriques** (chaque terme est le produit du précédent par un nombre constant appelé raison).

> **Exemple**
>
> 2 – 6 – 18 – 54 – ?
>
> *Réponse* : 162. Dans cet exemple, les nombres augmentent. La raison est × 3. On constate par ce type d'exemple l'importance d'une certaine aisance dans le calcul.

Les logiques que vous allez rencontrer sont (des plus courantes au moins courantes) :

- des séries arithmétiques ou géométriques simples (une même raison) ;
- des séries avec une raison qui augmente ou diminue (+ 1, puis + 2, puis + 3, ou + 2, puis + 4, puis + 8, etc.) ;
- des séries avec deux raisons qui alternent (+ 2 puis – 1 ou + 2 puis × 2 par exemple) ;
- des séries avec symétrie (24 – 42, 13 – 31 par exemple) ;

- des suites de Fibonnacci où chaque nombre est la somme des deux précédents (1 – 2 – 3 – 5 – 8 – 13, etc.) ;
- des suites de nombres premiers (2 – 3 – 5 – 7 – 11 – 13, etc.) ;
- des suites des carrés de nombres (1 – 4 – 9 – 16, etc.).

Séries alphabétiques

Les séries de lettres suivent les mêmes principes que les séries de chiffres. Seul le matériau change. Les tests de lettres s'appuient sur le rang des lettres dans l'alphabet.

Exemple

B – D – F – H – ?

Réponse : J. Dans cet exemple, l'ordre des lettres progresse dans l'alphabet. La raison est + 2 (une seule lettre intermédiaire).

Tableau d'équivalence lettres/nombres selon les rangs croissant et décroissant

A	B	C	D	E	F	G	H	I	J	K	L	M
1	2	3	4	**5**	6	7	8	9	**10**	11	12	13
26	25	24	23	**22**	21	20	19	18	**17**	16	15	14
N	**O**	**P**	**Q**	**R**	**S**	**T**	**U**	**V**	**W**	**X**	**Y**	**Z**
14	**15**	16	17	18	19	**20**	21	22	23	24	25	26
13	**12**	11	10	9	8	**7**	6	5	4	3	2	1

Il est recommandé d'avoir rapidement des points de repère pour gagner du temps (*exemple :* E → 5e lettre, J → 10e, O → 15e, T → 20e). Sachez également que la somme des rangs croissants et décroissants est toujours 27 ; donc si vous savez que O est la 15e lettre en ordre croissant, vous savez que c'est la 27 – 15 = 12e lettre en ordre décroissant.

Les logiques que vous allez rencontrer sont les mêmes que pour les séries numériques. Toutefois il y a quelques spécificités utiles à connaître :

- séries de voyelles ou de consonnes (AEIOUY ou BCDF, etc.) ;
- associations des lettres de même rang partant du début ou de la fin de l'alphabet (AZ – BY – CX, etc.) ;
- séries des initiales des jours de la semaine (LMMJVSD), des mois (JFMAMJJASOND), des signes du zodiaque (BTGCLVBSSCVP) ;
- séries des initiales des chiffres (UDTQCS, etc. pour Un, Deux, Trois, Quatre, Cinq, Six, etc.).

Séries alphanumériques

Il peut arriver que les deux types de séries se trouvent mélangés. Cela ne comporte pas de difficulté supplémentaire, si ce n'est la diversité des matériaux.

Exemple

A1 – D4 – L12 – M ?

Réponse : 13. Dans cet exemple, les lettres ne forment pas une série régulière mais les chiffres qui leur sont associés représentent leur rang dans l'alphabet (A est la 1re lettre, D est la 4e, etc.).

Là encore, les logiques que vous allez rencontrer sont les mêmes que pour les séries précédentes. Notons quelques cas intéressants toutefois :

- les associations des initiales (ou des finales) de mots au rang de ces initiales (Albert 1 – Brice 2 – Claude 3, etc. car *Albert* commence par un A, la 1re lettre de l'alphabet, etc.) ;
- les associations d'un nom à son nombre de lettres, de voyelles ou de consonnes (Pierre = 3, Jean = 2 car *Pierre* compte 3 voyelles et *Jean* en compte 2) ;
- les associations des initiales des mots qui désignent les chiffres (*Un* commence par un U, *Deux* commence par un D, etc.) avec ces chiffres (U1 – D2 – T3 – Q4, etc.) ;
- les associations des chiffres ou nombres arabes aux chiffres romains (II2 – X10 – XII12, etc.).

Vous trouverez assez souvent des exercices de type associations d'anagrammes. Une anagramme est un mot dans lequel on a changé l'ordre des lettres, formant ainsi un autre mot.

Exemple

Complétez. NICHE, RAGE, BARRE, ARBRE, GARE…

Réponse : CHIEN. Il faut constater que GARE est l'anagramme de RAGE et ARBRE de BARRE. Donc il faut trouver l'anagramme de NICHE, qui est CHIEN.

Séries numériques et/ou alphabétiques sous forme de tableau

Il peut arriver que ces séries soient présentées dans un tableau comportant chiffres, lettres et/ou symboles divers. Il faut le compléter en déterminant quelle est la régularité d'agencement de ces éléments. Tout le problème est d'identifier dans quel sens la série est disposée (en ligne, colonne, diagonale, étoile, cercle).

Exemple

Complétez le tableau.

2	3	6
4	11	7
5	8	?

Réponse : 9. Dans cet exemple, on constate que la valeur centrale est la plus grande. Elle est obtenue par addition des valeurs opposées d'une même ligne (3 + 8 ou 4 + 7 ou d'une diagonale 5 + 6). La solution est 11 – 2 = 9.

Les logiques déjà vues se retrouvent, mais on rencontrera davantage de phénomènes de symétrie ou de répartition des valeurs.

b. Les séries à support graphique

Il s'agit, dans ces exercices, de savoir retrouver des logiques numériques dans des séries de symboles graphiques.

Ces symboles peuvent être variés mais trois sont particulièrement fréquents :

- ceux dans lesquels on trouve des nombres autour et/ou à l'intérieur de figures géométriques simples ;
- les dominos ;
- les cartes à jouer.

Votre démarche doit être à peu près identique pour toutes ces séries. Dès lors qu'il y a du graphique dans une série, il faut respecter la règle d'or suivante :

- toujours commencer par le visuel en cherchant les symétries, les répétitions, les suites simples ;
- ensuite chercher par des logiques numériques simples (addition, soustraction par un nombre constant) ;
- enfin chercher par des logiques plus complexes (multiplication ou soustraction, enchaînement sans une raison constante, moyenne des valeurs, combinaison de plusieurs opérations).

Séries à supports graphiques divers

Dans ces exercices, il faut comprendre la relation qui existe entre des éléments disposés dans un objet graphique ou autour de lui. Dans ce type d'exercice, la maîtrise des opérations fondamentales est essentielle, mais aussi l'adaptation à des logiques très variées.

Exemple

Complétez.

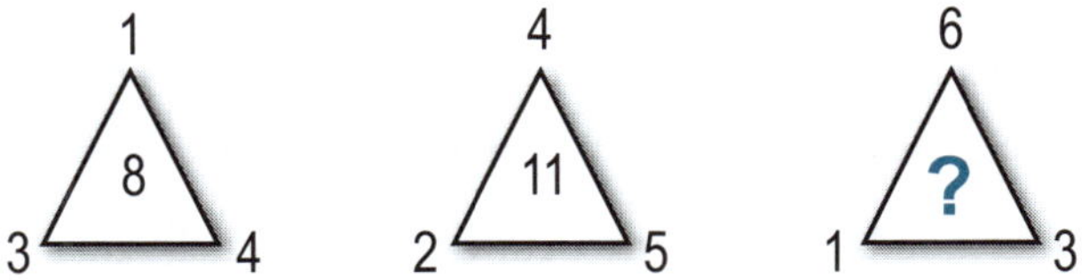

Réponse : 10. Dans cet exemple, les deux séries qui servent de modèle nous montrent que la valeur centrale est obtenue par addition des valeurs marginales. Il faut donc calculer 6 + 3 + 1 pour obtenir la réponse.

Remarque

Vous rencontrerez les séries de nombres dans des triangles le plus souvent. Mais peu importe les formes, cela ne change guère la logique.

Dominos

Les dominos sont un grand classique des tests. Ce sont des séries numériques qui ont la particularité de n'avoir que 7 valeurs allant de 0 à 6. Cependant, les dominos peuvent former de grandes séries parce qu'elles peuvent être recommencées à l'infini. Par exemple, lorsqu'une série arrive à 6, elle peut continuer à 0 puis 1 et ainsi de suite. De même, si elle progresse de 2 en 2, elle formera la suite de valeurs suivantes : 1 – 3 – 5 – 0 – 2 – 4 – 6 – 1 et on retrouve les mêmes valeurs qu'au début.

Toutefois, il est plus difficile de faire des multiplications ou des divisions avec des dominos (même si on peut rencontrer des additions ou des soustractions). La réelle difficulté viendra de l'agencement des dominos.

Exemple

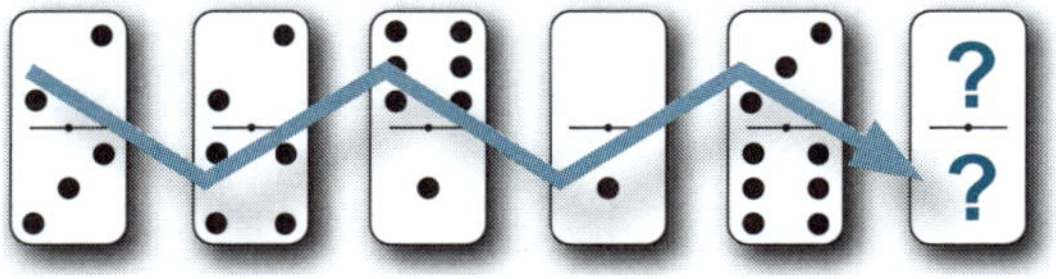

Réponse : 5 en haut et 5 en bas.

Dans cette série, la disposition laisserait penser à un sens de lecture linéaire ; mais cela ne donne rien. Le bon sens de lecture est en zigzag. Cela donne deux séries :

- celle qui commence par le 2 du 1er domino : 2 – 4 – 6 – 1 – 3. Cette série progresse de 2 en 2 et sa solution est 5 ;
- et celle qui commence par le 3 du 1er domino : 3 – 2 – 1 – 0 – 6. Cette série régresse de 1 en 1 et sa solution est 5.

Parmi les dispositions, c'est l'une des plus caractéristiques. Cependant, dans notre exemple, les dominos étaient alignés simplement. S'ils avaient été positionnés différemment cette série aurait pu être encore plus difficile. Voyez la disposition qui suit.

Exemple

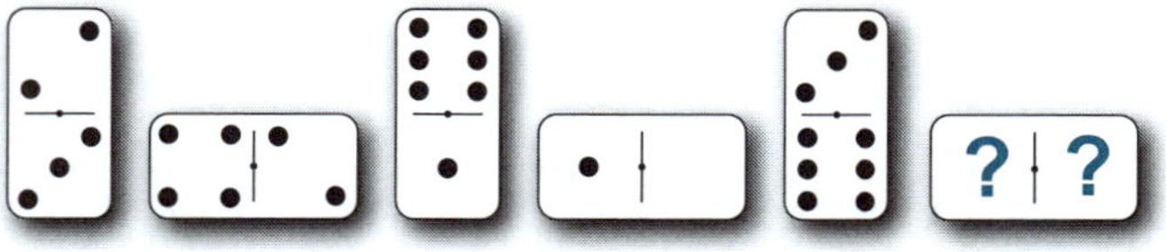

Cet exemple démontre que la même série peut être plus difficile disposée différemment. Par conséquent, sachez ne pas vous arrêter à la facilité du sens de lecture naturel (ordre où les éléments se présentent) et retrouver une série simple malgré la disposition parfois complexe.

Cartes à jouer

Sur le même principe que les dominos, les cartes à jouer permettent de faire des séries numériques. Ces séries se présentent sous la forme d'une suite de cartes dans laquelle l'une d'elles est retournée et il faut l'identifier logiquement.

Ces séries vont de 1 (as) à 10 ou plus rarement à 13 avec les figures. Le plus souvent, ces séries ne sont pas infinies et on revient donc rarement au point de départ après une 1re série complète.

En plus de l'identification des valeurs, il faut trouver les familles (pique, cœur, carreau, trèfle).

Parmi les logiques les plus courantes, vous trouverez :

- des séries (de raison + 1 ou – 1, + 2 ou – 2, etc.) ;
- des opérations (c'est beaucoup plus fréquent que pour les dominos) ;
- des matrices (une série complète sert de modèle pour une autre série).

Exemple d'opération

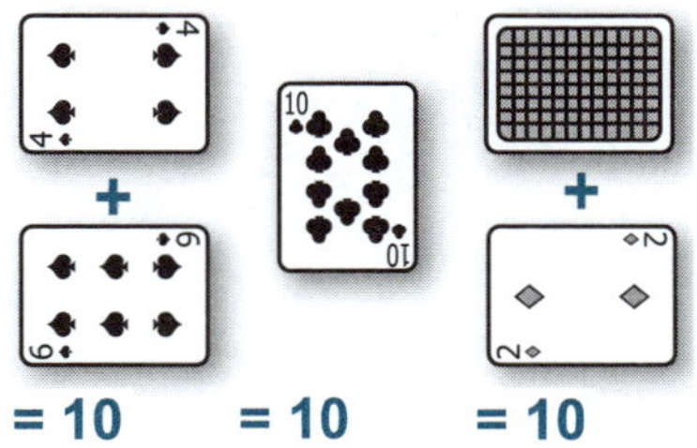

Réponse : 8 de carreau.
Chaque colonne a une somme égale à 10. Il faut donc calculer 10 – 2 pour obtenir la valeur de la carte retournée. Concernant sa famille, nous voyons que les cartes d'une même colonne sont de la même famille ; il faut appliquer ce principe à la 3e colonne.

Exemple de matrice

Réponse : 7 de pique.
Ici nous voyons deux groupes de cartes avec la même famille à chaque fois : cœur puis pique. La carte retournée sera donc du pique. Ensuite nous constatons que la série des cœurs sert de matrice (encadrée) : le 7 de cœur est égal à 6 + 1 de cœur, soit la 2e colonne. Selon ce principe la dernière carte doit être 10 – 3 de pique soit 7 de pique.

4 Ensembles numériques

Ce sont des petits exercices dans lesquels on associe la logique et l'aptitude numérique. Des valeurs relatives vous sont données et selon ces valeurs vous devez trouver la valeur totale d'un ensemble ou identifier la plus grande ou la plus petite valeur parmi des ensembles proposés.

Exemple

Sachant que (■= ♥♥ et que ♥ = ♣♣♣, quelle proposition représente la plus petite valeur ?

☐ a. ♥■♥♣■♣♥ ☐ c. ♣♣♣♣♣♣■■ ☐ e. ■♣♥■♣♥
☐ b. ♥♥♥♥♥♥♥♥ ☐ d. ♣■■■■

Réponse : **c.** Pour résoudre rapidement ce problème, remplacez la plus petite valeur relative par 1. Ici, c'est ♣. Si ♣ = 1 alors ♥ = 3 et ■ = 6.

Ensuite, il faut faire du calcul mental en n'hésitant pas à rassembler les signes identiques. La proposition **a.** vaut 23, la **b.** vaut 24, la **c.** vaut 18, la **d.** vaut 25 et la **e.** vaut 20.

Ce type d'exercice n'est pas très dur, mais la gymnastique intellectuelle est vite fatigante. Pour vous ménager, alternez avec un autre exercice.

3 Tests graphiques

Le cahier chronométré comporte toujours des tests graphiques, plus ludiques et très diversifiés.

Ces tests proposent des séries (très souvent), mais aussi des analogies des intrus et des opérateurs.

1 Séries graphiques

L'objectif des séries graphiques est le même que les séries numériques, mais en travaillant plus sur le visuel. Trois types de logiques peuvent se rencontrer :

a. Le déplacement

Un ou plusieurs objets se déplacent. Ce déplacement concerne l'objet en entier (il tourne sur lui-même, avance ou recule, etc.) ou des parties de cet objet.

Ce déplacement peut être :

- **horizontal, vertical**

Exemple d'un déplacement horizontal :

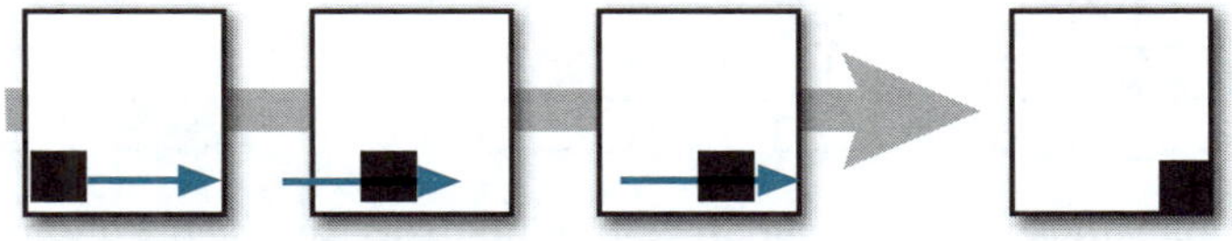

- **diagonal**

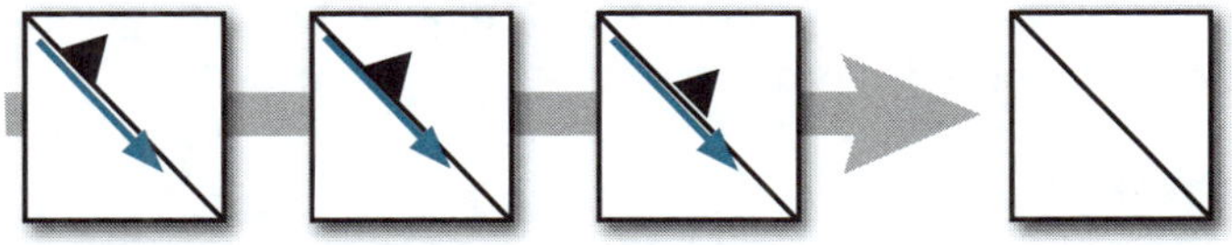

- **rotatif**

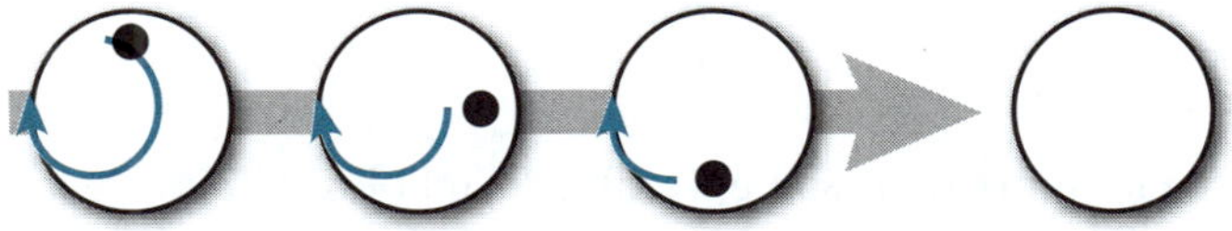

On notera le cas particulier des déplacements dans un carré. Dans ce cas, lorsque la case noircie ou grisée atteint le bord du carré elle peut :

- soit recommencer au départ une nouvelle fois cette ligne, colonne ou diagonale (cas le plus courant) ;

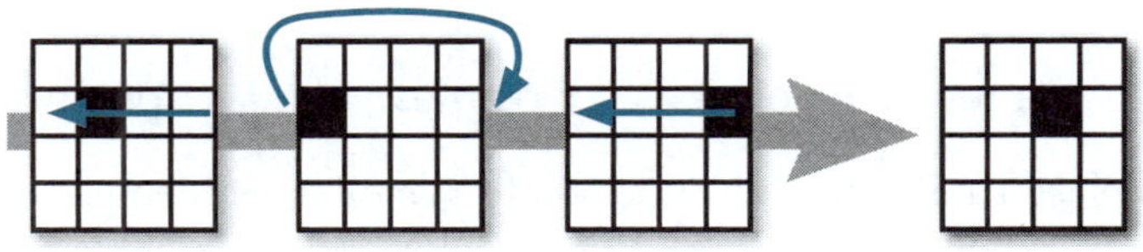

- soit repartir dans le sens inverse ;

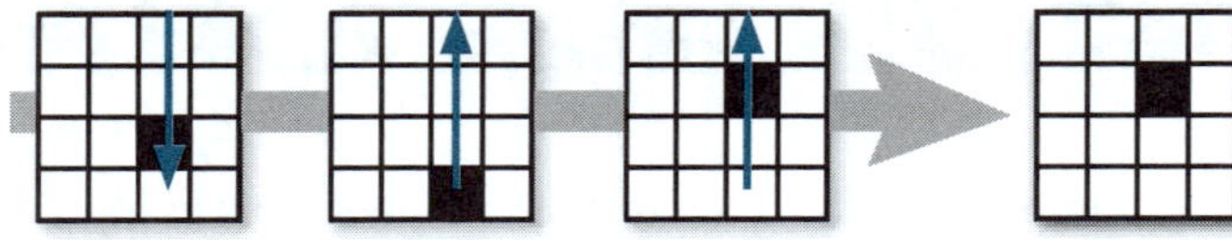

- soit poursuivre sur la ligne ou colonne suivante.

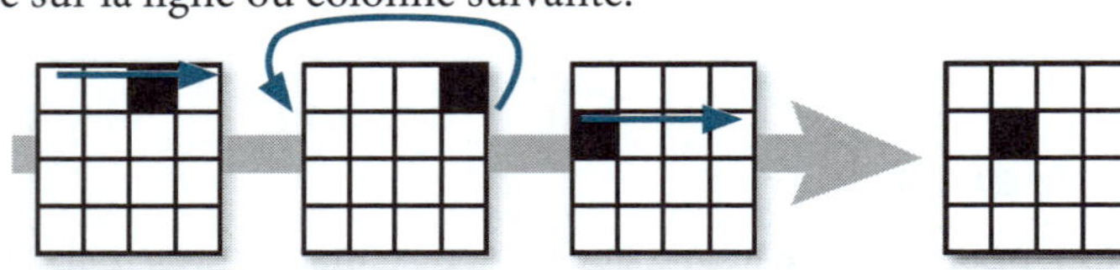

Dans tous les cas, vous ne rencontrerez qu'une seule de ces trois logiques dans une même série.

Deux choses compliquent ces logiques de déplacement :

- la possibilité de **déplacements** *multiples* (c'est évidemment très courant) ;
- la possibilité de **superpositions** qui cachent temporairement certains objets.

Exemple

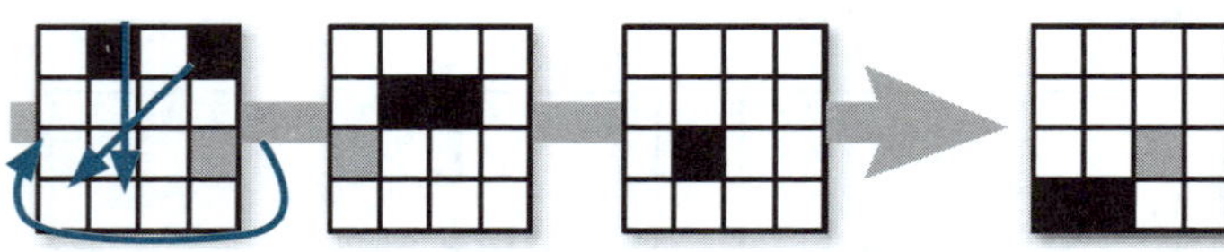

Dans cet exemple, nous voyons la superposition des trois carrés en 3e figure.

Notons qu'il est logique que la case grise disparaisse derrière les cases noires ; il faut en tirer l'enseignement qu'en cas de superposition il est toujours plus facile de suivre le mouvement des figures les plus sombres d'abord.

b. La transformation

Un ou plusieurs éléments sont transformés. Cette transformation concerne l'objet entier quand il y a modification de sa forme ou de sa couleur et elle concerne les parties de cet objet quand on observe un ajout ou une suppression d'éléments.

Cette transformation peut être :

- **un changement de la figure dans son ensemble** (symbole différent, évolution d'une forme, d'une taille, d'une couleur) ;

Exemple

Dans cet exemple, on ajoute toujours une pointe à l'étoile précédente.

- **un changement des éléments qui composent cette figure** (ajout ou suppression d'éléments, évolution d'une forme, etc.).

Exemple

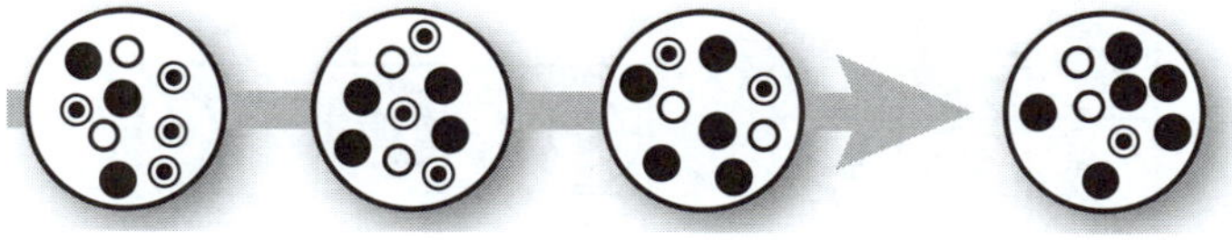

Le nombre de ronds noirs augmente d'un à chaque figure alors que celui des cibles diminue d'un.

c. La logique mixte

Il arrive souvent que les deux logiques précédentes (déplacement et transformation) soient présentes dans une même série.

Exemple

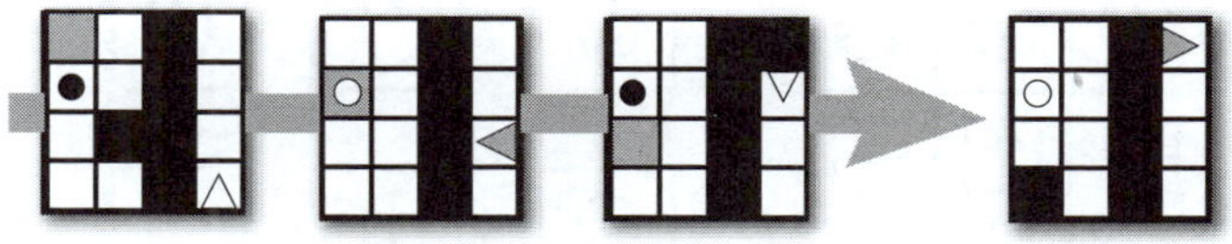

Dans cet exemple, on constate d'abord la présence d'une barre noire fixe qui cache certains déplacements.

Les déplacements simples concernent 2 objets :

- le carré gris qui descend sa colonne (il disparaît derrière le carré noir en dernière figure) ;
- le carré noir en 2e colonne qui monte sa diagonale puis en recommence une nouvelle (il disparaît derrière la barre noire en 2e figure).

Les transformations simples concernent 1 objet : le rond qui clignote sans bouger.

Enfin les déplacements et transformations concernent 1 objet : le triangle qui monte sa colonne, change de couleur et subit une rotation de 90° dans le sens inverse des aiguilles d'une montre.

d. Les matrices

Les matrices proposent un cas très particulier des séries graphiques.

Une matrice est une série qui sert de modèle pour l'observation d'une logique complexe. Le plus souvent, les matrices se présentent sous la forme d'un carré de 9 cases dans lequel une case est à compléter.

L'objectif est similaire à celui des autres séries graphiques.

Deux logiques spécifiques se rencontrent souvent :

- **les répartitions :** un objet ou des parties de cet objet reviennent régulièrement ;

Exemple

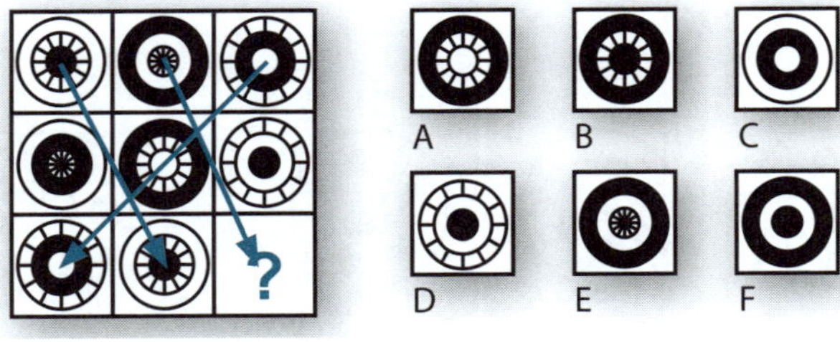

Réponse : e. Nous voyons que les lignes 1 et 3 sont composées des mêmes figures réparties de façon différente (*cf.* les flèches).

- **les superpositions avec modification :** les objets superposables sont annulés, modifiés, maintenus.

Exemple

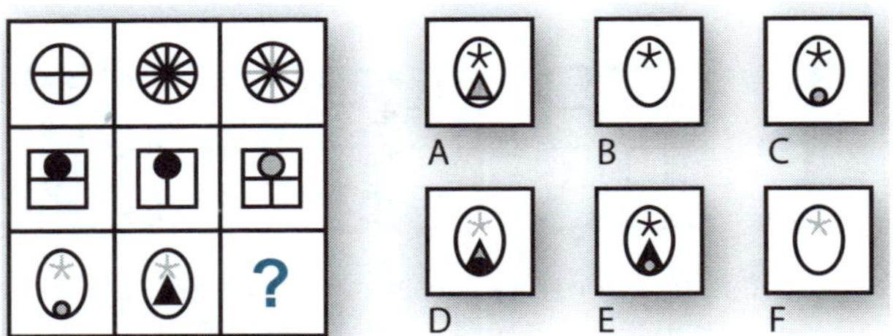

Réponse : e. Les séries sont disposées en ligne ; la 3ᵉ figure (à droite) est le résultat des deux premières. Dans chaque série, nous voyons que les éléments communs aux deux premières figures changent de couleur dans la 3ᵉ figure. En revanche, les éléments qui ne sont pas communs se retrouvent dans la 3ᵉ figure. Ainsi dans la dernière série, l'étoile sera noire, le triangle noir et le rond gris seront conservés.

2 Analogies graphiques

Une analogie est un rapport qui existe entre des éléments qui possèdent des caractéristiques communes.

Dans les tests, les analogies consistent à comprendre le lien qui existe entre deux éléments et à le reproduire entre deux autres dont le 1ᵉʳ vous est donné. La présentation classique des analogies est : « 1 est à 2 ce que 3 est à… ».

Les logiques dans les analogies sont les mêmes que dans les séries graphiques.

- **déplacement :** rotation du 2ᵉ objet par rapport au 1ᵉʳ objet ou déplacement de certains de ses éléments ;
- **transformation :** augmentation ou diminution du nombre d'éléments, changement de couleur, de forme de la figure ;
- **logique mixte :** déplacement et transformation.

Exemple

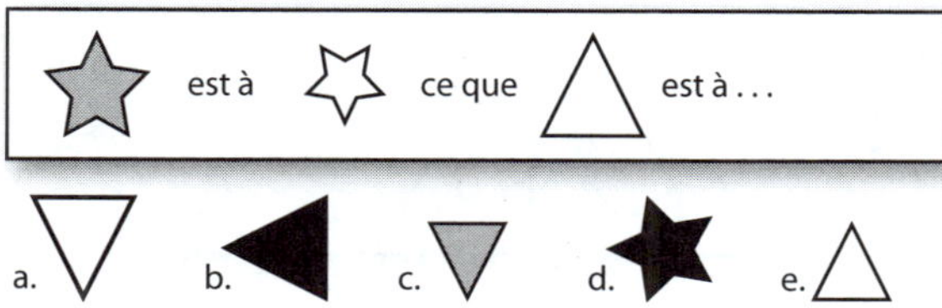

Réponse : c. Dans cet exemple, les deux premières figures (les étoiles) servent de matrice. Observons-les d'abord. Pour passer de la 1re à la 2e, il a fallu changer de couleur, diminuer la taille et faire une rotation, sans doute d'un demi-tour (pas d'un quart de tour). À présent, considérons la 3e figure. Il faut qu'elle ne soit pas blanche (sans doute grise ou noire selon les propositions), qu'elle soit réduite et tournée à 180°.

3 Intrus graphiques

Pour identifier un intrus, il faut savoir d'abord quelles sont les caractéristiques communes à tous les autres éléments. Chercher l'intrus, c'est donc d'abord chercher des points communs et non des différences.

Dans ces exercices, on vous présente une série de symboles graphiques, et il faut identifier celui qui a une propriété qu'il est le seul à avoir. Dans la mesure où le plus souvent on ne vous demande d'identifier qu'un seul intrus, il suffit que deux éléments aient les mêmes propriétés pour que ce critère ne soit pas déterminant.

Exemple

Trouvez l'intrus.

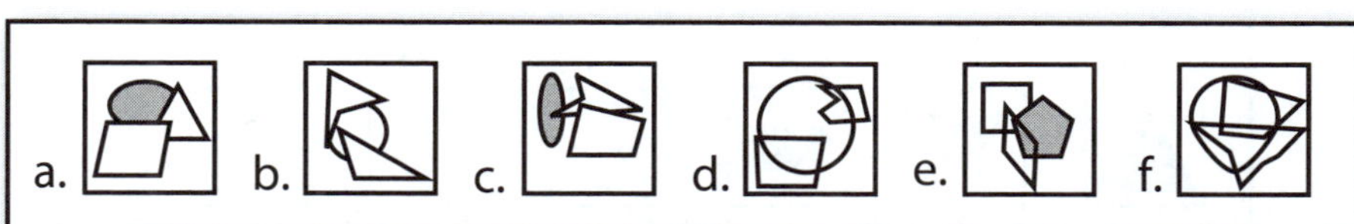

Réponse : e. Relevons les points communs : il y a toujours 3 figures géométriques, elles se chevauchent toujours. Le nombre de côtés n'est pas discriminant ; il y a des triangles en a. et b., des quadrilatères partout, dont deux en c. et e. et des hexagones irréguliers en d. et f. Il y a toujours une figure arrondie et deux à angles, sauf en e. qui pourrait donc être la solution. Vérifions l'hypothèse en cherchant d'autres logiques. La couleur n'est pas discriminante car 3 figures sont grises. Le type de superposition (avec ou sans transparence) non plus (il y a de la transparence aussi bien dans des figures avec des éléments transparents que dans des figures avec des éléments opaques).

Il peut arriver que l'on vous demande d'identifier deux intrus. Dans ce cas, il faut qu'un élément se retrouve au moins 3 fois dans la série pour qu'il ne s'agisse pas de l'intrus. Outre cela, les raisonnements sont les mêmes.

Exemple

Trouvez les deux intrus.

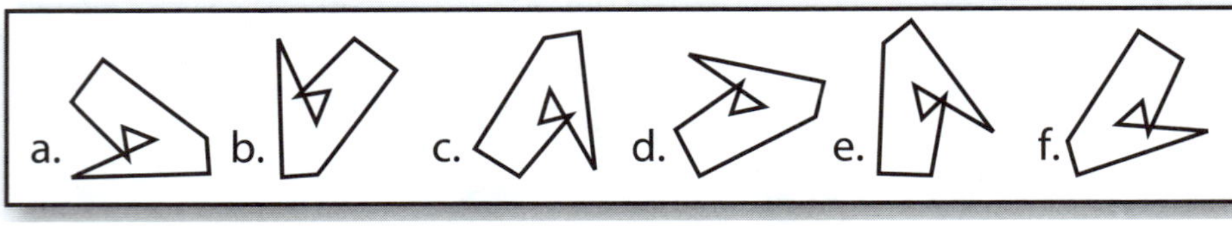

Réponse : d. et f. Il s'agit toujours de la même figure. Le nombre de côtés ou la couleur ne changent pas. Mais cette figure tourne sur elle-même. Si nous cherchons à disposer de la même façon toutes les figures, nous nous rendons compte que ce n'est pas possible pour d. et f. car elles sont inversées.

4 Opérateurs

Les tests des opérateurs invitent le candidat à analyser une succession de figures accompagnées des fameux opérateurs. Ces opérateurs sont des signes (arbitrairement choisis) qui désignent la figure qu'ils accompagnent. Vous devez comprendre la signification de ces opérateurs et compléter logiquement la série de figures.

Que signifient généralement ces opérateurs ?

L'un d'eux désigne la figure (sa forme), les autres peuvent désigner sa couleur, sa position (ses déplacements), ses transformations (augmentation ou diminution du nombre de côtés, passage d'une forme à angles à une forme arrondie, etc.). Vous retrouverez dans ces tests des logiques graphiques que vous avez déjà vues.

Exemple

Quelle figure doit logiquement figurer dans le dernier carré ?

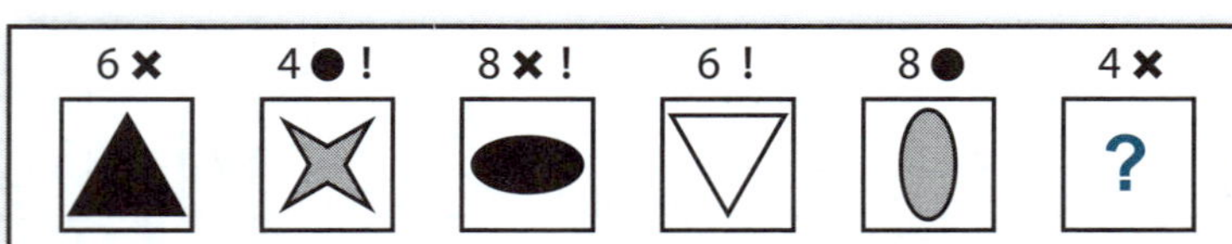

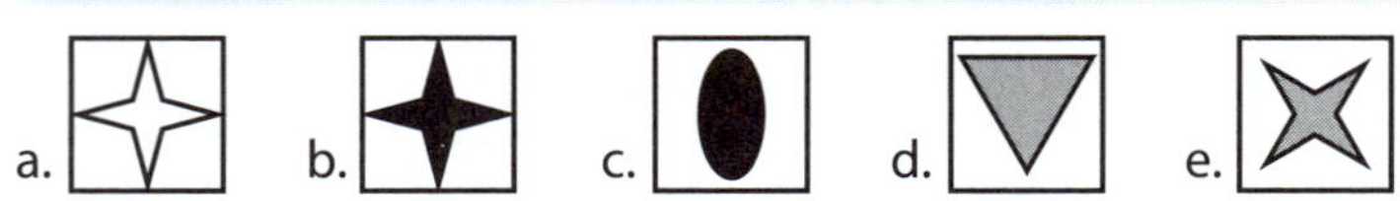

Réponse : b. Dans cet exemple, nous constatons que la 1re et la 3e figures sont noires et qu'on leur associe en commun ×. Donc × = figure noire. Ainsi, l'autre opérateur, le chiffre, doit désigner la forme du symbole : 6 pour le triangle et 8 pour l'ovale. Il faut vérifier qu'il en est de même pour la croix. En figure 2, elle est associée à l'opérateur 4 mais aussi à ● et « ! ». Or ● est présent en figure 5 où le symbole est un ovale et « ! » est présent dans la figure 4 où le symbole est un triangle. Donc ● doit désigner la couleur grise et « ! » la rotation (comparez la 3e et la 5e figure).

Le dernier carré doit contenir une croix noire et sans rotation.

4 Tests verbaux

Les tests verbaux proposent généralement des logiques semblables à celles déjà rencontrées en tests graphiques (analogies, intrus) mais aussi des syllogismes.

1 Analogies verbales

Les analogies verbales ont les mêmes caractéristiques que les analogies graphiques. Il faut comprendre le lien qui existe entre deux éléments et le reproduire.

Exemple

Voiture est à se déplacer ce que lit est à…

- ☐ **a.** litre
- ☐ **b.** somnoler
- ☐ **c.** s'immobiliser
- ☐ **d.** réfléchir
- ☐ **e.** dormir

Réponse : **e.** On constate l'association d'un objet, la voiture, à sa finalité, se déplacer. Cette relation logique étant établie, nous devons nous demander : « Quelle est la finalité d'un lit ? ». Or, la réponse la plus précise est dormir.

La plupart du temps, les rapports analogiques sont uniquement basés sur la logique, mais il arrive que les rapports soient aussi lexicaux, orthographiques ou grammaticaux. Les tableaux qui suivent vous indiquent les rapports possibles ; lorsque vous cherchez une analogie, allez toujours des logiques les plus courantes aux plus rares.

a. Analogie de strict rapport logique

Types de rapports	Exemples
du tout à la partie, du contenant et de son contenu, d'un objet et de ses propriétés, d'un genre à son espèce, etc.	*vélo est à roues ce que livre est à pages* *tasse est à café ce que bol est à lait* *chêne est à arbre ce que tulipe est à fleur*
de la cause à la conséquence ou de la conséquence à la cause	*lavé est à propre ce que sali est à sale*
de l'objet à l'utilisateur, au fabricant	*armoire est à ébéniste ce que maison est à maçon*
selon le nombre de lettres, de consonnes ou de voyelles	*chant est à cinq ce que papier est à six*

b. Analogies lexicales, orthographiques et grammaticales

Types de rapports	Exemples
mise en relation de synonymes	*loyal est à franc ce que lâche est à poltron*
mise en relation d'antonymes	*vrai est à faux ce que chaud est à froid*
mise en relation d'homonymes	*vis est à vice ce que mère est à maire*
mise en relation de paronymes	*vigie est à vigile ce que bruine est à brume*
selon les règles d'accord, l'orthographe	*vital est à vitaux ce que mal est à maux*
selon la catégorie grammaticale (un mot associé à sa nature, un nom à son adjectif, son adverbe, son verbe, etc.)	*chant est à nom ce que chanter est à verbe, savoureux est à saveur ce que nerveux est à nervosité*

Remarque

Dans les exercices d'analogies verbales, il peut manquer deux des quatre termes et pas seulement un.

Exemple : Lit est à… ce que… est à se déplacer.

Dans ce cas, il faut bien étudier le rapport entre les mots présents (il s'agit d'un nom et d'un verbe, d'un objet et d'une action) et les propositions. Mais le principe n'est pas différent.

Les analogies verbales ne se présentent pas toujours dans une phrase. On peut vous proposer un couple de termes et vous demander quel autre couple a la même relation.

Exemple

Quel couple a le même rapport logique que le couple suivant ? pied - chaussure

☐ **a.** main – doigt

☐ **b.** main – gant

☐ **c.** oreille – entendre

☐ **d.** chaussette – coude

☐ **e.** manteau – chaleur

Réponse : **b.** Une chaussure se met sur un pied ou couvre, protège un pied.

2 Intrus verbaux

Sur le même principe que les intrus graphiques, l'objectif est d'éliminer le mot qui diffère de l'ensemble par l'une de ses propriétés. Il faut donc d'abord identifier le point commun des termes et voir celui qui est différent.

Les intrus peuvent être classés selon les catégories suivantes (des plus courants au moins courants) :

- **intrus sémantiques ou lexicaux :** un mot n'a pas le même sens, ou n'appartient pas au même domaine que les autres ;

  Exemple : **Trouvez l'intrus.** Gentillesse, affabilité, orgueil, patience.

  Réponse : orgueil. Le point commun entre ces mots est qu'ils expriment des qualités. L'intrus est celui qui n'exprime pas une qualité.

- **intrus graphiques ou orthographiques :** un mot n'a pas les mêmes propriétés graphiques que les autres, ou il est mal orthographié ;

  Exemple : **Trouvez l'intrus.** Erreur, courrir, terrasse, courrier.

  Réponse : courrir. Tous ces mots prennent *-rr* sauf courir qui prend *-r*.

- **intrus grammaticaux ou de conjugaison :** un mot n'a pas le même genre, le même nombre, la même nature que les autres, il n'est pas bien conjugué.

  Exemple : **Trouvez l'intrus.** Fermier, tourner, marchander, éternuer

  Réponse : fermier. Tous ces mots sont des verbes sauf fermier.

3 Syllogismes

Un syllogisme est un raisonnement déductif (du cas général au cas particulier). Le plus célèbre syllogisme nous vient du philosophe Aristote : « Tous les hommes sont mortels, Socrate est un homme, donc Socrate est mortel. » Ce syllogisme est vrai ; en revanche le suivant est faux : tous les hommes sont mortels, tous les chats sont mortels, donc les chats sont des hommes.

Nous pouvons représenter ces affirmations suivant le diagramme d'Euler, qu'on appelle plus familièrement des patates, pour vérifier l'exactitude ou nom du syllogisme.

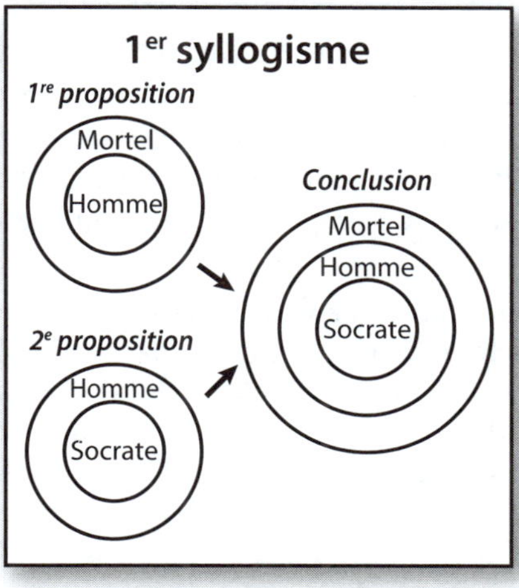

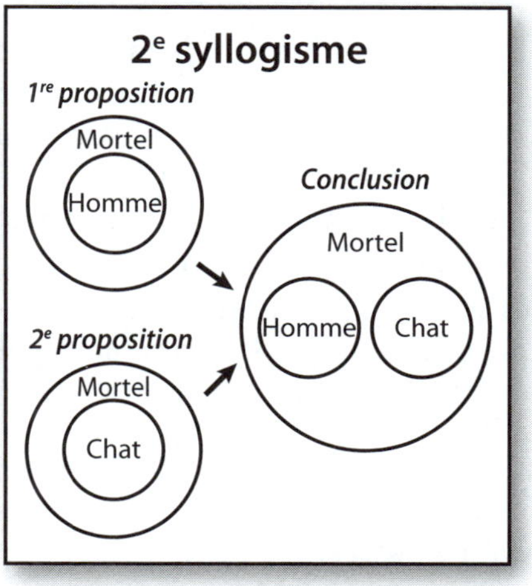

Nous voyons que le 1er syllogisme est vrai : si les hommes appartiennent à la catégorie des mortels et que Socrate appartient à la catégorie des hommes, alors Socrate appartient à la catégorie des mortels. En revanche, le 2e syllogisme est faux : si les hommes appartiennent à la catégorie des mortels et que les chats appartiennent à la catégorie des mortels, cela n'implique pas que les chats soient des hommes.

Dans le concours, les syllogismes se présentent sous forme d'une affirmation en plusieurs propositions suivies d'autres affirmations dont il faut déterminer si elles sont la conséquence nécessaire des précédentes ou non.

Exemple

Jean est mon ami, Pierre n'est pas mon ami, tous mes amis sont avares. Alors peut-on en conclure que :

☐ **a.** Pierre est l'ami de Jean ☐ **d.** Jean n'est pas avare

☐ **b.** Pierre n'est pas avare ☐ **e.** Pierre peut être avare

☐ **c.** Jean est avare

Réponses : **c.**, **e.**

Pour résoudre ce syllogisme, faisons un diagramme :

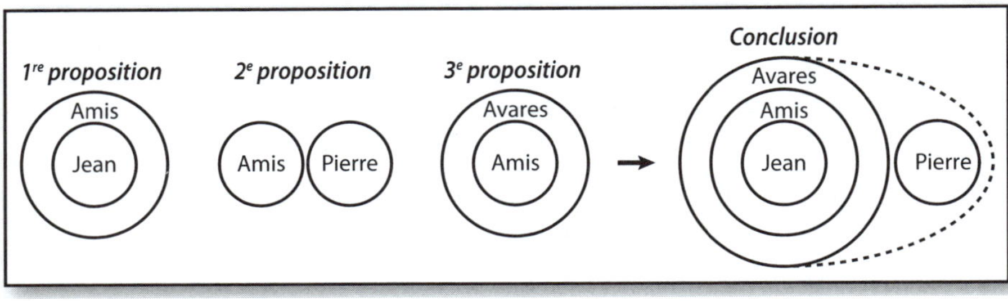

Nous voyons bien que la proposition **a.** est hors sujet par rapport aux affirmations, que la **c.** est vraie et la **d.** fausse. Mais cela pouvait apparaître à la seule lecture. En revanche, ce qui est plus précis dans le diagramme c'est la nuance représentée par les pointillés. Rien ne dit que Pierre soit avare, mais rien ne dit le contraire. Par conséquent, on ne peut pas affirmer qu'il l'est ou non de façon catégorique (donc **b.** est faux), mais on peut envisager qu'il le soit à titre d'hypothèse (donc **e.** est vrai).

Vous noterez dans cet exemple la nuance entre les propositions **catégoriques** (qui affirment ou nient sur le mode de la certitude) et les propositions **hypothétiques** (qui demandent si une chose est possible). Les propositions catégoriques n'admettent pas d'interprétation ; il faut bien lire l'intitulé. En revanche, les propositions hypothétiques vous demandent d'admettre tout ce qui n'est pas contradictoire avec les propositions, même si cela n'a pas été dit. Ainsi dans l'exemple précédent, s'il avait été proposé « Pierre peut être l'ami de Jean », il aurait fallu répondre « Vrai ».

Important

En plus de ces thèmes de l'aptitude verbale, vous trouverez également des questions de vocabulaire, d'orthographe et de conjugaison dans les tests. Il vous sera demandé de repérer des synonymes et des antonymes (mots de sens contraire), le sens des expressions françaises, d'identifier des propositions mal orthographiées ou des formes de conjugaison incorrectes.
Pour tous ces thèmes, nous vous recommandons de travailler la partie des fondamentaux scolaires de cet ouvrage.

5 Tests d'attention

Les tests d'attention sont des exercices de repérage, de comparaison ou de codage. Ils ne réclament pas une méthodologie très sophistiquée mais surtout de la concentration et de la mémoire. Il faut cependant une bonne rigueur d'analyse. Ainsi, il vaut mieux procéder par élimination en progressant par rangée ou par colonne (quand c'est possible). Si vous procédez de façon trop spontanée, lorsqu'il vous manquera un ou deux éléments, vous serez obligé de procéder par ordre et de faire à la fin ce que vous auriez pu faire dès le début. Résultat : vous aurez perdu du temps !

Type d'exercices d'attention

- **Repérage :** il faut retrouver le nombre d'occurrences dans un texte, dans un tableau, etc.
- **Comparaison :** il faut identifier les différences entre des textes ou des dessins et indiquer leur nombre.
- **Codage :** on substitue un symbole à un autre et il faut utiliser le codage pour répondre aux questions.

Exemple

En utilisant la correspondance suivante entre nombres et symboles, répondez à la question qui suit.

1	2	3	4	5	6	7
♠	♣	•	♫	♥	♦	#

Soit les additions suivantes :

☐ **a.** ♦ + # + ♥ + ♫ + • =

☐ **b.** ♣ + ♠ + ♦ + # + ♥ =

☐ **c.** ♫ + • + ♣ + ♠ + ♠ =

☐ **d.** ♫ + # + ♫ + ♥ + ♣ =

Quelle(s) addition(s) a (ont) une somme paire ?

Réponse : **d.** En remplaçant par les valeurs correspondantes, vous trouvez 22.

Remarque

L'emploi de marqueurs de couleur est évidemment très utile. S'il n'est pas autorisé, notez des indications discrètes au crayon pour vous repérer (vous les gommerez ensuite). Si vous employez des marqueurs, allez toujours du plus clair au plus foncé pour ne pas être gêné à la fin par vos premiers repérages.

6 Tests d'organisation

Les candidats au concours de gardien de la paix sont confrontés à des tests d'organisation qui évaluent leur sens de la logique et notamment de la déduction.

1 Présentation

Les tests d'organisation prennent la forme de problèmes à résoudre par un raisonnement qui fait appel au bon sens et à la déduction.

Il s'agit le plus souvent d'exercices qui visent à ordonner plusieurs éléments ou informations, ou encore à identifier la bonne réponse en écartant des propositions erronées.

2 Méthodologie

Ces tests sont généralement assez simples. Ils nécessitent néanmoins de l'attention et de la concentration.

Lisez et relisez la consigne pour comprendre ce que l'on attend de vous. L'analyse de chaque mot et expression compte pour résoudre l'exercice. Des éléments ou des informations fournis peuvent s'avérer inutiles pour trouver la solution, voire sont là pour compliquer votre réflexion. D'autres éléments, par contre, peuvent paraître anodins alors qu'ils sont déterminants pour résoudre le problème posé.

Dans certains cas, la représentation mentale ou visuelle au brouillon, des liens logiques, spatiaux ou temporels entre différents éléments à classer, peut aider.

Un entraînement régulier vous permettra de vous familiariser avec ce type d'épreuves et de gagner en rapidité d'exécution.

Exemples

1. Jacques est plus riche que Paul, lui-même moins riche que Richard. Qui est le plus riche des trois ?

   a. Jacques

   b. Paul

   c. Richard

   d. Paul ou Richard

   e. Jacques ou Richard

Réponse : **e.** Jacques ou Richard. On sait, d'après l'énoncé, que Paul est le plus pauvre des trois. Cependant, aucune relation d'ordre n'est donnée entre les richesses de Jacques et Richard. On ne peut donc pas savoir lequel des deux est le plus riche.

2. Fun et Dick sont gris. Fun et Filou ont la même taille. Lequel est Dick ?

Réponse : Si Fun et Dick sont gris, alors Filou est le chat noir n° 2. Si Fun et Filou ont la même taille, alors le gros chat gris n° 3 est Dick. Fun est le chat n° 1. La bonne réponse est le chat n° 3.

3. Placez chaque objet dans sa boîte, sachant que le ballon n'est pas à côté du tournevis et que la cafetière n'est pas à la droite du ballon.

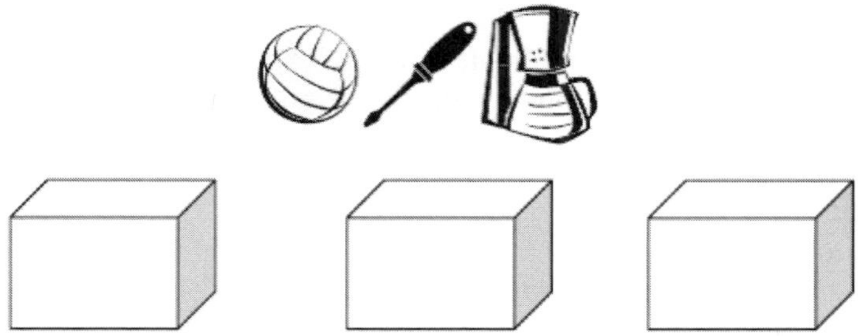

Boîte 1 *Boîte 2* *Boîte 3*

Réponse : Le ballon et le tournevis ne sont pas dans des boîtes placées à côté l'une de l'autre, donc ils se trouvent dans des boîtes placées aux deux extrémités et la cafetière est dans la boîte n°2 au centre. La cafetière n'est pas dans une boîte à droite du ballon, elle est donc à sa gauche. Étant placé à une extrémité, le ballon ne peut être placé que dans la boîte n°3. À sa gauche, en boîte n°2, la cafetière et enfin tout à gauche en boîte n°1, le tournevis.

4. Reconstituez les phrases suivantes en remettant les mots dans le bon ordre.
   a. de ouvert selon bureau est fermé l'heure le poste ou
   b. ont d' mission les feu éteindre le pompiers pour

Réponses :

a. Le bureau de poste est ouvert ou fermé selon l'heure.
b. Les pompiers ont pour mission d'éteindre le feu.

7 Tests de créativité

1 Présentation

Les tests de créativité prennent la forme de problèmes ou d'énigmes à résoudre, vulgairement appelés « casse-têtes ».

Ils requièrent de l'observation, c'est-à-dire un examen attentif de tous les éléments présentés ou énoncés afin d'identifier des indices indispensables à la résolution de l'exercice et des capacités de raisonnement pour repérer la règle logique qui le sous-tend.

Ils nécessitent également de l'imagination, la solution à trouver n'ayant généralement rien d'habituel.

Dans des épreuves de créativité, les candidats sont testés sur leur capacité à concevoir un outil, une méthode ou une astuce pour répondre à un problème posé.

2 Méthodologie

En premier lieu, le candidat confronté à un test de créativité doit chercher à comprendre et à analyser la tâche à réaliser (qui, quoi, comment, où, quand). C'est la phase d'exploration pour cerner la problématique posée.

Ensuite, débute la recherche de solutions pour n'en retenir qu'une, la plus adaptée à la situation.

Il s'agit de créer des éléments nouveaux associant imagination et logique. Pour cela, le candidat doit prendre du recul par rapport à la tâche à réaliser, envisager tous les points de vue du problème.

Il peut procéder classiquement par « essais-erreurs » pour aboutir à la solution. Cette technique peut prendre du temps dans une épreuve où le candidat ne dispose que de quelques minutes. La rapidité d'exécution est déterminante.

Les personnes habituées à résoudre des énigmes, développeront un modèle, c'est-à-dire une capacité de représentation mentale des données d'un problème qu'ils pourront adapter pour trouver la solution aux tests suivants.

De telles épreuves nécessitent de l'entraînement.

Exemples

1. Vous disposez de 10 minutes pour énoncer 10 façons d'utiliser un pneu dans des usages pour lesquels il n'est pas prévu.

Réponse : une assise, une balançoire, une cible dans un jeu de lancer de balles, une jardinière de fleurs, un pied de table, une suspension, un support pour stationner les vélos, un élément d'un parcours de motricité, un jeu pour chien, etc.

2. **Énigme** : supprimer 8 traits (un côté d'un carré constitue un trait) pour obtenir 2 carrés qui ne se touchent pas.

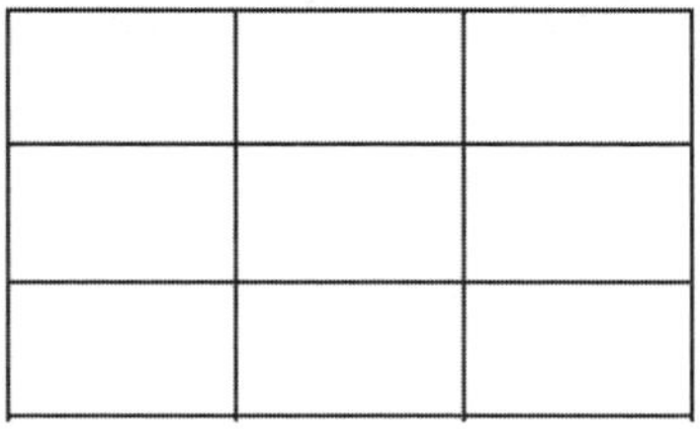

Réponse :

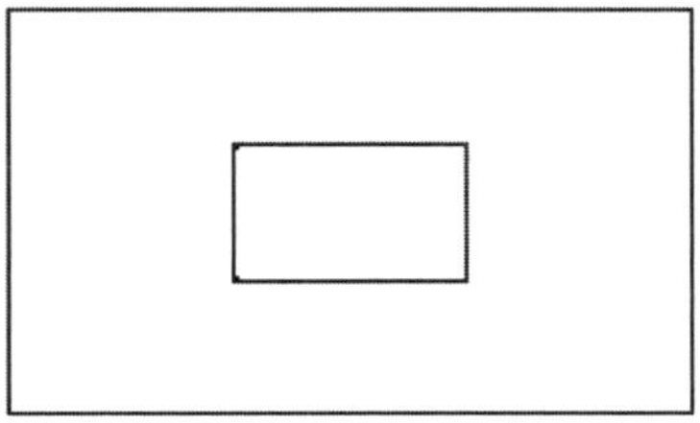

3. **Énigme** : Qu'est-ce-qui est aussi grand qu'un éléphant et qui ne pèse rien du tout ?
Réponse : l'ombre d'un éléphant.
Ces trois exemples illustrent les difficultés que l'on peut avoir à sortir d'un cadre habituel.

8 Tests de personnalité et d'adaptabilité au métier

Les concours de gardien de la paix comprennent des épreuves destinées à évaluer le profil psychologique des candidats. Il s'agit de tests spécifiques élaborés en interne par des psychologues et visant à repérer les traits de personnalité compatibles avec l'exercice de la fonction et surtout ceux qui ne le seraient pas.

En effet, le choix d'une profession orientée vers la sécurité des biens et des personnes ainsi que la prévention requiert de fortes qualités personnelles : sens du service public, éthique, capacités d'écoute et de dialogue, capacité à travailler en équipe, sens des responsabilités, sens de la discipline et du respect des consignes, aptitude à la réserve, à la discrétion, maîtrise de soi, etc.

En outre, la Police nationale ne peut se permettre de recruter des personnes susceptibles de présenter des comportements à risque pour eux-mêmes, leurs collègues de travail et la population.

Enfin, c'est un métier éprouvant tant physiquement que psychologiquement. Le gardien de la paix doit savoir faire preuve de discernement, de sang-froid et de courage dans des situations de violence et de détresse.

Ces tests sont confidentiels. Il n'est donc pas possible de se les procurer. Pour autant, nous savons qu'il s'agit de questionnaires, le plus souvent informatisés, à choix multiples (vrai/faux, oui/non/je ne sais pas) ou à préférence (choix parmi des affirmations, des adjectifs). Ils sont, le plus souvent, non minutés. Ils comprennent plusieurs centaines de questions mesurant quelques tendances psychologiques. L'ensemble des éléments évalués permettent de déterminer la personnalité globale du candidat. Les résultats de ces tests seront analysés par un psychologue, pour les candidats admissibles à l'issue des premières épreuves de sélection.

Les recruteurs ont déterminé une liste des comportements attendus chez les futurs gardiens de la paix et par là même les aptitudes et les traits de personnalité requis pour exercer la fonction. Ils vont être évalués par le test de personnalité. Son objet est moins de rechercher le profil souhaité que d'éviter des personnalités incompatibles avec l'exercice de la fonction.

Voici quelques-unes des dimensions psychologiques vraisemblablement évaluées lors de ce concours, leur définition et des exemples d'affirmations ou de questions permettant leur évaluation.

1 La conscience professionnelle

Cette dimension traduit le sens du devoir et de l'ordre, le respect des obligations et l'autodiscipline.

Exemples

- Notez l'affirmation suivante sur une échelle de 1 à 5. Cochez la note la plus élevée si l'affirmation vous correspond parfaitement et la note la plus basse si elle ne vous correspond pas du tout : « Je pense que les supérieurs sont souvent éloignés des problèmes de terrain. »

  ☐ 5 ☐ 4 ☐ 3 ☐ 2 ☐ 1

- Choisissez entre les deux adjectifs proposés, celui qui vous correspond le mieux :

  ☐ Impulsif ☐ Ponctuel

2 La discrétion professionnelle

Un fonctionnaire ne peut pas divulguer les informations, les faits ou les documents dont il a eu connaissance dans l'exercice de sa fonction.

Exemples

- Répondez par oui ou non à cette question : « Avez-vous déjà rapporté des documents professionnels à votre domicile ? »

  ☐ Oui ☐ Non

- Choisissez l'affirmation qui vous correspond le mieux :

  ☐ J'aime partager mon vécu professionnel avec mon entourage.

  ☐ Je préfère être discret(e) au risque d'être moins apprécié(e) de mes collègues.

3 L'honnêteté

C'est la droiture et l'intégrité, deux qualités indispensables dans l'exercice de la fonction de gardien de la paix.

Exemples

- Répondez à la question suivante par oui ou non : « Si vous voyez un collègue agir de façon malhonnête, le diriez-vous à votre hiérarchie ? »

  ☐ Oui ☐ Non

- Répondez à la question suivante par oui ou non : « Avez-vous commis une infraction au Code de la route au cours de ces deux dernières années ? »

  ☐ Oui ☐ Non

4 L'esprit d'équipe

L'esprit d'équipe traduit une implication dans la réussite collective plutôt qu'individuelle. Il participe, de façon indéniable, à l'efficacité professionnelle.

Exemples

- Cochez l'une des trois cases correspondant à votre réponse : « J'aime partager mes idées avec mes collègues de travail. »

  ☐ Vrai ☐ Je ne sais pas ☐ Faux

- Notez l'affirmation suivante sur une échelle de 1 à 5 : « J'ai de l'ambition et je suis prêt(e) à tout faire pour devenir chef d'équipe à moyen terme. »

  ☐ 5 ☐ 4 ☐ 3 ☐ 2 ☐ 1

5 La maîtrise de soi

C'est le sang-froid indispensable au gardien de la paix qui lui permettra de garder son calme en toutes circonstances.

Exemples

- Répondez par oui ou non à cette affirmation : « J'ai du mal à maîtriser mes émotions devant la détresse d'une personne. »

  ☐ Oui ☐ Non

- Choisissez entre les deux adjectifs proposés, celui qui vous correspond le mieux :

  ☐ Nerveux ☐ Ambitieux

- Choisissez l'affirmation qui vous correspond le mieux : « Vous êtes dans la file d'attente d'un cinéma et un groupe de personnes arrive et passe devant vous. »

  ☐ Vous les interpellez pour qu'ils fassent la queue comme tout le monde.

  ☐ Vous fulminez sans rien dire.

  ☐ Pour vous, ce n'est pas grave. Vous n'y prêtez pas attention.

6 Le sens des responsabilités

C'est la capacité à prendre une décision et à agir de façon adaptée et raisonnée.

Exemples

- Cochez l'une des trois cases correspondant à votre réponse : « Je tiens à respecter mes engagements. »

  ☐ Vrai ☐ Je ne sais pas ☐ Faux

- Notez l'affirmation suivante sur une échelle de 1 à 5 : « Je parle de mes difficultés si cela me permet de résoudre une situation. »

  ☐ 5 ☐ 4 ☐ 3 ☐ 2 ☐ 1

7 La sociabilité

C'est la tendance à rechercher les contacts sociaux et les relations interpersonnelles.

Exemples

- Notez l'affirmation suivante sur une échelle de 1 à 5 : « Je préfère les sports individuels aux sports collectifs. »

  ☐ 5 ☐ 4 ☐ 3 ☐ 2 ☐ 1

- Cochez l'une des trois cases correspondant à votre réponse : « Vous faites-vous facilement des amis ? »

  ☐ Vrai ☐ Je ne sais pas ☐ Faux

- Cochez parmi cette paire d'adjectifs, celui qui vous décrit mieux que l'autre :

  ☐ Structuré ☐ Sociable

8 La stabilité émotionnelle

C'est la facilité avec laquelle l'individu s'adapte aux circonstances de la vie, fait face aux événements avec calme, se remet de ses échecs. La personne équilibrée a une perception positive et optimiste de la vie.

Exemples

- Notez l'affirmation suivante sur une échelle de 1 à 5 : « Lorsque l'on me démontre que j'ai fait une erreur, cela ne m'affecte pas longtemps. »

  ☐ 5 ☐ 4 ☐ 3 ☐ 2 ☐ 1
- Cochez l'une des trois cases correspondant à votre réponse : « À votre avis, est-il préférable de ne pas trop attendre de la vie, pour éviter les déceptions ? »

  ☐ Vrai ☐ Je ne sais pas ☐ Faux
- Cochez parmi cette paire d'adjectifs, celui qui vous décrit mieux que l'autre :

  ☐ Rêveur ☐ Positif
- Cochez l'une des trois cases correspondant à votre réponse : « Mon entourage dit de moi que je suis facilement préoccupé(e). »

  ☐ Vrai ☐ Je ne sais pas ☐ Faux

Remarque

Les réponses aux questions des tests de personnalité sont notées et l'ensemble des notes pour chacune des dimensions évaluées est additionné.
Les résultats globaux prendront la forme d'un graphique ou d'un tableau de scores.
Ils seront interprétés par le psychologue, qui s'attachera à cerner la personnalité globale du candidat. Des hypothèses seront faites sur les comportements de ce dernier dans certaines situations professionnelles qui seront ensuite mises en relation avec ceux attendus pour un gardien de la paix dans l'exercice de sa fonction.

9 Les conseils pour vous guider face à des questionnaires de personnalité

Cette épreuve n'est pas notée mais elle peut s'avérer déterminante dans la décision du jury d'admission de retenir ou non un candidat.

Pour vous aider, nous vous recommandons de suivre les quatre conseils suivants.

a. L'attention

Lisez attentivement les énoncés des tests, de façon à ne pas vous méprendre sur le sens de la question posée ou de l'affirmation proposée.

Exemple : *Si vous répondez « NON » à la phrase : « Vous n'avez jamais consommé de substance stupéfiante. » Cela signifie que vous avez déjà fait usage de drogue.*

Remarque

Soyez également très attentif aux consignes et aux exemples donnés afin de comprendre ce que l'on attend de vous.

b. La préparation

Même s'il n'est pas possible de se préparer aux questionnaires de personnalité, il est en revanche recommandé de se familiariser à leur forme et à leur contenu, afin d'éviter l'effet de surprise et de mieux gérer son éventuelle appréhension face à ce type d'épreuve.

Il est nécessaire de rappeler que les tests sont un exercice préalable à l'entretien avec un jury que vous aurez également préparé et au cours duquel vous pourrez argumenter et illustrer vos choix de réponse aux tests de personnalité.

De plus, les candidats ayant une faible maîtrise de l'ordinateur pourront s'entraîner sur le fonctionnement des tests informatisés en réalisant des exercices proposés par des sites Internet spécialisés dans ce domaine. Cet entraînement permettra de limiter l'effet de surprise et de gagner du temps le jour du concours.

c. La sincérité

Il est facile d'orienter ses réponses de façon à donner une bonne image de soi. Cependant, il est préférable d'être honnête, car les tests de personnalité prévoient des moyens de détection du mensonge.

Ainsi, ils peuvent contenir des affirmations ou des questions auxquelles la majorité des personnes interrogées devraient répondre de façon défavorable.

> **Exemple**
>
> « Vous êtes toujours ponctuel(le) à vos rendez-vous. » ☐ OUI ☐ NON
>
> « Vous n'avez jamais proféré de jurons. » ☐ OUI ☐ NON
>
> Répondre OUI à ce type d'affirmations, démontre une tendance chez le candidat à « tricher » et rend suspectes toutes ses autres réponses au test.

Par ailleurs, l'introduction dans le test de plusieurs questions ou affirmations très proches, permet de vérifier la cohérence des réponses. Si ces dernières ne sont pas sensiblement les mêmes, la fiabilité des résultats obtenus sera remise en cause.

Certaines questions peuvent paraître incongrues ou anodines. Pour autant, ne remettez pas en question la pertinence du test, conçu par des experts de la psychométrie, et répondez toujours avec sérieux et sincérité.

d. La spontanéité

Il n'est pas nécessaire de parcourir l'ensemble des questions avant de commencer le test. Répondez de façon intuitive, sans trop réfléchir. Il n'existe pas de bonnes ou de mauvaises réponses. L'objectif est, rappelons-le, de vérifier l'adéquation entre le profil du candidat et les exigences de la fonction de gardien de la paix.

Même si vous n'avez pas de contrainte de temps, une lenteur excessive pour ce type d'épreuve ferait s'interroger l'examinateur présent sur la nature de vos difficultés.

Répondez à toutes les questions et évitez de donner trop de réponses indécises du style « je ne sais pas », « peut-être », « ça dépend » ou mitigées « 3 » sur une échelle de 1 à 5. Vous pourriez être considéré(e) comme réfractaire au test ou comme quelqu'un d'indécis.

Entraînement

Exercice 1 – Tests numériques

20 minutes

Dites si les calculs sont vrais ou faux. Notez **V** s'ils sont vrais, **F** dans le cas contraire

1. 43 + 29 = 72
2. 83 + 38 = 111
3. 867 – 382 = 485
4. 299 – 172 – 98 = 19
5. 6 × 0,125 = 0,8
6. 743 × 27,9 = 20 729,7
7. 12 × 12 × 12 = 1 440
8. 111 – 11 × 10 = 10 000
9. 11,1 – 44 = 44,4
10. 0,001 × 35 = 0,035
11. 30 ÷ 0,02 = 1 500
12. 46 ÷ 4 = 12,5
13. 130 ÷ 32,5 + 130 ÷ 4 = 36,5
14. 125 ÷ 25 = 5
15. 23 ÷ 0,4 = 5,75
16. 100 000 ÷ 1 000 = 100
17. 48 ÷ 0,2 = 240
18. 99 × 101 = 10 001
19. 222 × 50 = 11 000
20. ((45 × 2,5) 6) 1,5 = 1 012,5

Identifiez la bonne proposition.

21. Le kilo de filet de bœuf vaut 30 €. J'en veux 250 g. Combien vais-je payer ?

☐ **a.** 7,50 € ☐ **b.** 10 € ☐ **c.** 15 € ☐ **d.** 75 € ☐ **e.** 40 €

22. Durant ce trimestre, j'ai obtenu en mathématiques les notes suivantes : 10, 13, 8 et 11. Quelle est ma moyenne ?

☐ **a.** 11 ☐ **b.** 21 ☐ **c.** 10,5 ☐ **d.** 10 ☐ **e.** 12

23. Quel est le temps écoulé entre 22 h 40 et 2 h 10 du matin ?

☐ **a.** 3 h 20 min ☐ **c.** 4 h 20 min ☐ **e.** 24 h 50 min
☐ **b.** 2 h 30 min ☐ **d.** 3 h 30 min

24. Je souhaite planter 12 arbres à intervalles réguliers de 5 mètres. Combien de mètres y aura-t-il entre le 1er et le dernier arbre planté ?

☐ **a.** 48 m ☐ **b.** 60 m ☐ **c.** 50 m ☐ **d.** 55 m ☐ **e.** 44 m

25. Un insecte double sa taille toutes les heures. S'il mesure 32 cm au bout de 12 heures, au bout de combien de temps mesurait-il 16 cm ?

☐ **a.** 10 h ☐ **b.** 11 h 30 ☐ **c.** 6 h ☐ **d.** 11 h ☐ **e.** 8 h

26. Dans une course, je double le troisième. Quelle est à présent ma place ?

☐ **a.** 1er ☐ **c.** 3e ☐ **e.** On ne peut pas le savoir
☐ **b.** 2e ☐ **d.** 4^{e}

27. **Combien de minutes y a-t-il dans le tiers de la moitié d'une heure ?**

☐ **a.** 15 min ☐ **b.** 20 min ☐ **c.** 5 min ☐ **d.** 10 min ☐ **e.** 7 min 30

28. **On me demande de plonger ma main dans un sac qui contient 3 boules rouges, 4 boules bleues et 5 boules vertes. Sachant que je ne peux pas voir quelle boule je choisis, combien faut-il que je tire de boules pour être sûr d'obtenir les 3 rouges ?**

☐ **a.** 6 ☐ **b.** 7 ☐ **c.** 9 ☐ **d.** 10 ☐ **e.** 12

29. **Un train part d'une ville X à 10 h 20. Il rejoint une ville Y 2 heures plus tard en ayant progressé à une vitesse moyenne de 150 km/h malgré un arrêt de 10 min pour avarie. Quelle distance sépare ces deux villes ?**

☐ **a.** 300 km ☐ **b.** 277 km ☐ **c.** 150 km ☐ **d.** 75 km ☐ **e.** 225 km

30. **Ma piscine mesure 8 m de long, 4 m de large et 2 m de profondeur. Quel est son volume ?**

☐ **a.** 64 m^3 ☐ **b.** 24 m^3 ☐ **c.** 128 m^3 ☐ **d.** 72 m^3 ☐ **e.** 48 m^3

Complétez les séries suivantes :

31. **2 – 4 – 8 – 16 –...**

☐ **a.** 24 ☐ **b.** 26 ☐ **c.** 32 ☐ **d.** 20 ☐ **e.** 48

32. **44 – 42 – ... – 38 – 36**

☐ **a.** 40 ☐ **b.** 38 ☐ **c.** 44 ☐ **d.** 42 ☐ **e.** 41

33. **12 – 13 – 15 – 18 –...**

☐ **a.** 19 ☐ **b.** 20 ☐ **c.** 21 ☐ **d.** 22 ☐ **e.** 23

34. **23 – 32 – 32 – ... – 41 – 50**

☐ **a.** 35 ☐ **b.** 41 ☐ **c.** 32 ☐ **d.** 39 ☐ **e.** 36

35. **A – C – E – ...**

☐ **a.** F ☐ **b.** 7 ☐ **c.** J ☐ **d.** G ☐ **e.** H

36. **E – F – I – N – ...**

☐ **a.** P ☐ **b.** R ☐ **c.** S ☐ **d.** U ☐ **e.** T

37. **4 – 6 – 12 – 14 – ... – 30**

☐ **a.** 18 ☐ **b.** 16 ☐ **c.** 28 ☐ **d.** 26 ☐ **e.** 29

38. **D (2) – T (3) – Q (4) –... (5)**

☐ **a.** B ☐ **b.** E ☐ **c.** C ☐ **d.** N ☐ **e.** R

39. **gyrophare 4 – groupe 3 – pull 1 – hirondelle...**

☐ **a.** 1 ☐ **b.** 2 ☐ **c.** 3 ☐ **d.** 4 ☐ **e.** 10

40. **Si ROTULE = 435621, LOUTRE = ...**

☐ **a.** 46512 ☐ **b.** 236541 ☐ **c.** 263514 ☐ **d.** 236451 ☐ **e.** 362415

41.

9	12	21
6	5	11
15	17	?

42.

K	3	J	8
J	8	K	3
3	K	8	?

43.

B	D	F
E	C	H
L	I	?

44.

1	1	2	4
3	9	4	16
5	25	6	?

45.

A	3	G
M	5	R
L	8	?

Complétez les séries suivantes :

46.

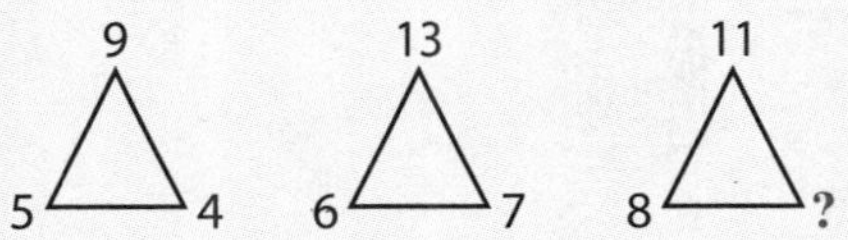

47.

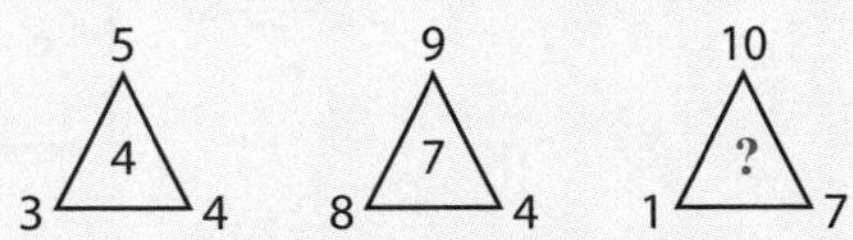

48.

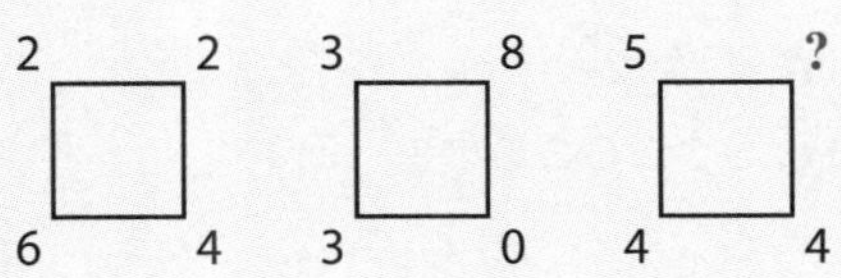

49.

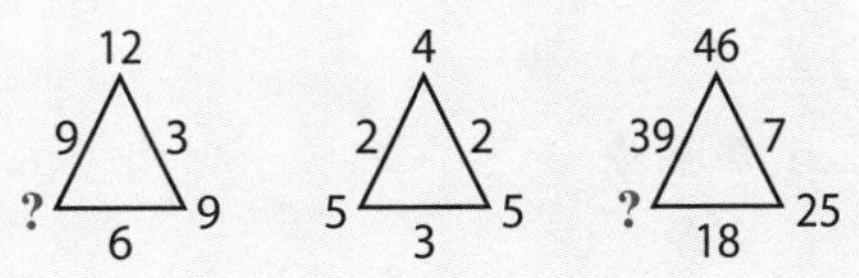

50.

51.

52.

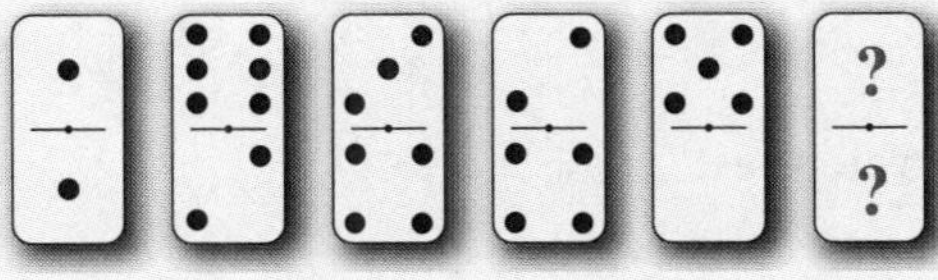

53.

Tests psychotechniques

54.

55.

56.

Pour chaque question, identifiez parmi les propositions la plus grande valeur relative :

57. **Si ◆ = ☆ ☆ ☆ et ☆ = ⊙⊙, la plus grande valeur est…**

☐ **a.** ⊙⊙⊙☆◆

☐ **b.** ◆◆◆

☐ **c.** ☆◆☆⊙

☐ **d.** ☆☆☆☆

☐ **e.** ⊙⊙⊙⊙⊙⊙⊙⊙

58. **Si ♣= ♧♧ et ♤ = ♣♣, la plus grande valeur est…**

☐ **a.** ♧♧♧♤♤

☐ **b.** ♤♧

☐ **c.** ♣♤♧♣♧

☐ **d.** ♣♣♣♣♤

☐ **e.** ♤♣♧♧

59. **Si ✪ = ✶ ✧ et ✧ = ✶ ✶, la plus grande valeur est ...**

☐ **a.** ✪✪✶✶✶✶✶✧

☐ **b.** ✧✧✶✶✪✶✧✧

☐ **c.** ✪✶✶✶✧✧✧✧

☐ **d.** ✪✪✪✪✶✶

☐ **e.** ✧✧✧✧✧✶✶✶✶✶

60. **Si ■◆ = ❖ et ❖ = ◆◆◆◆, la plus grande valeur est ...**

☐ **a.** ❖❖❖◆❖◆❖

☐ **b.** ❖■■◆◆◆◆◆◆■◆

☐ **c.** ■■■■■◆◆◆■

☐ **d.** ◆❖◆■❖■◆❖

☐ **e.** ◆◆❖❖■■◆◆◆

Exercice 2 – Tests graphiques

20 minutes

Quelle figure complète chaque série ?

1.

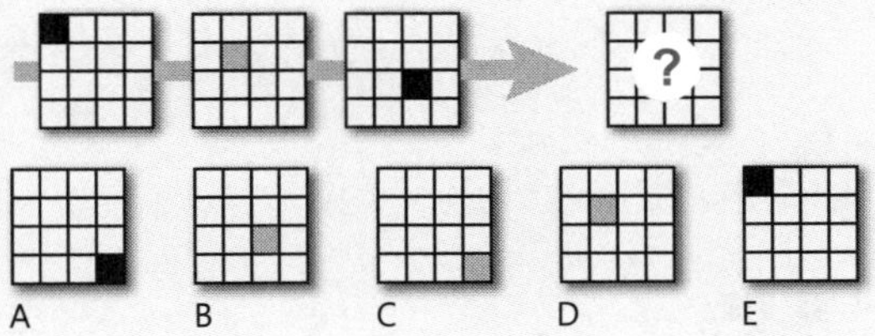

2.

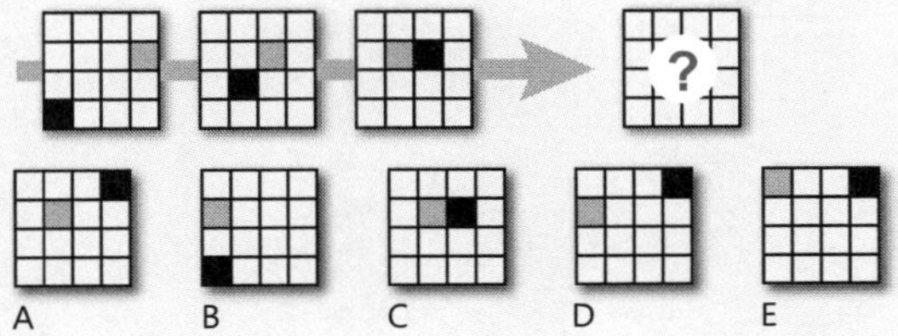

3.

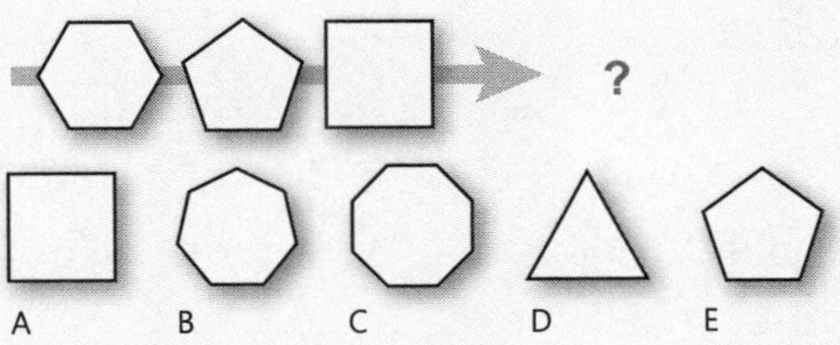

4.

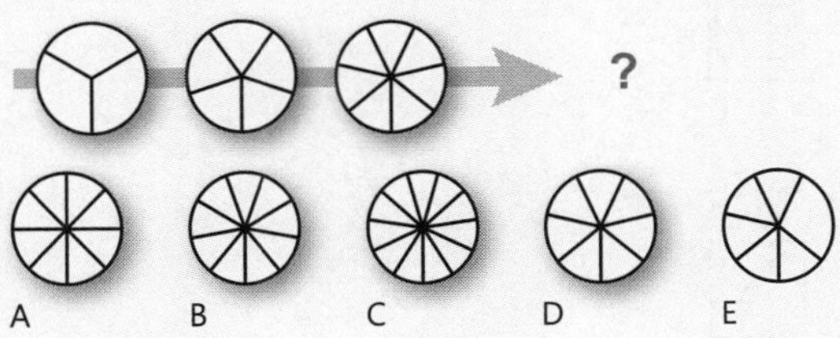

5.

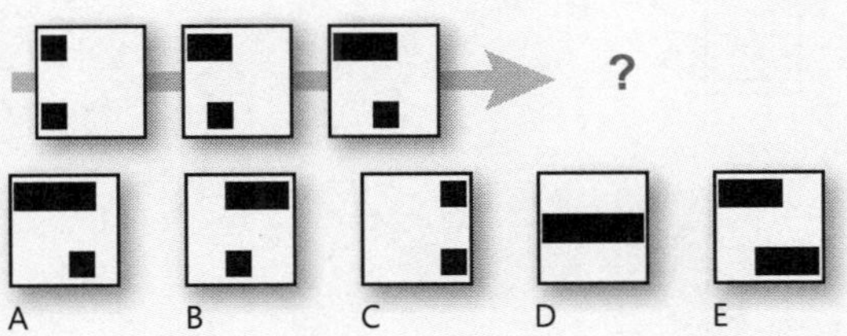

6.

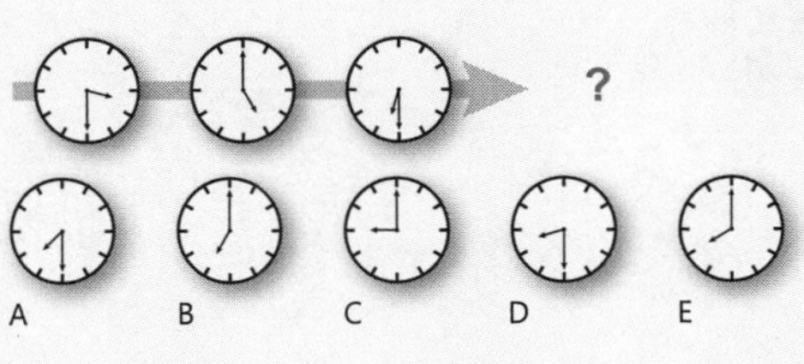

7.

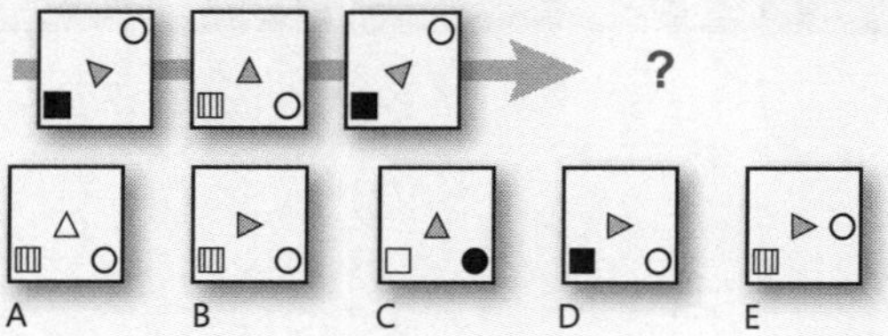

8.

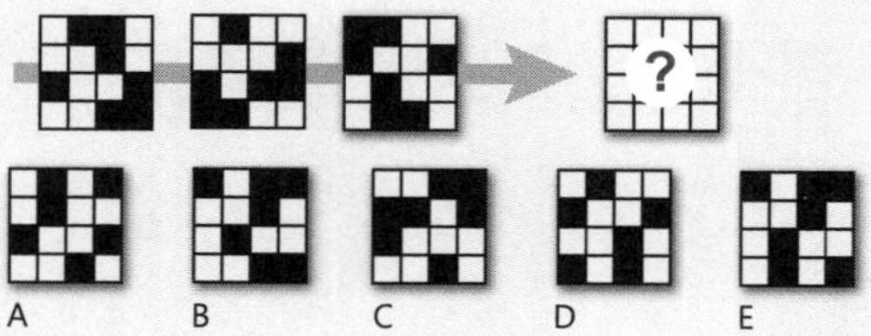

9.

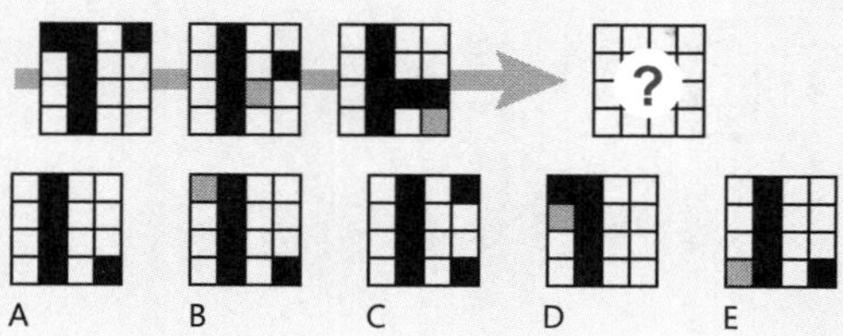

10.

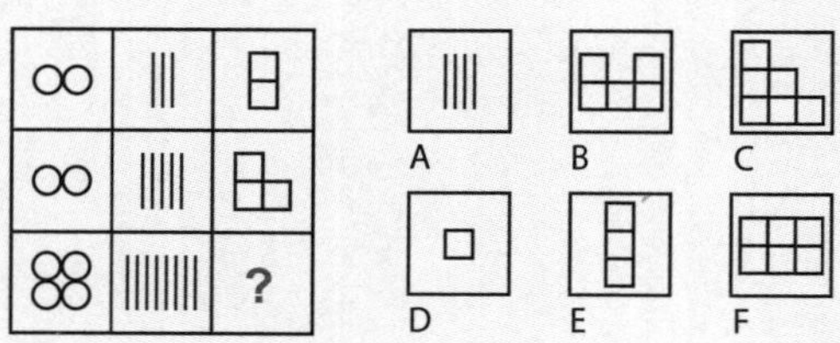

11.

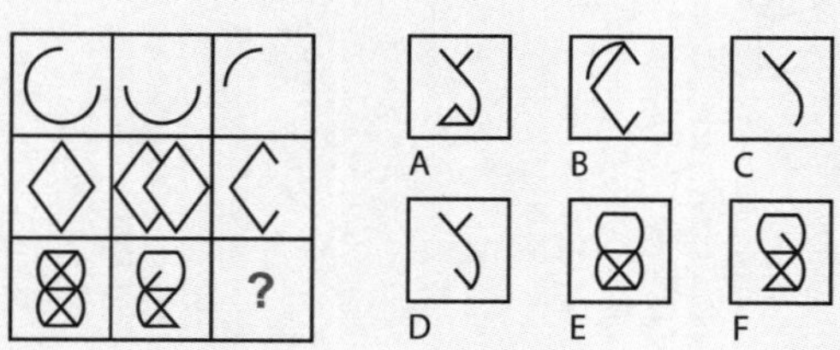

12.

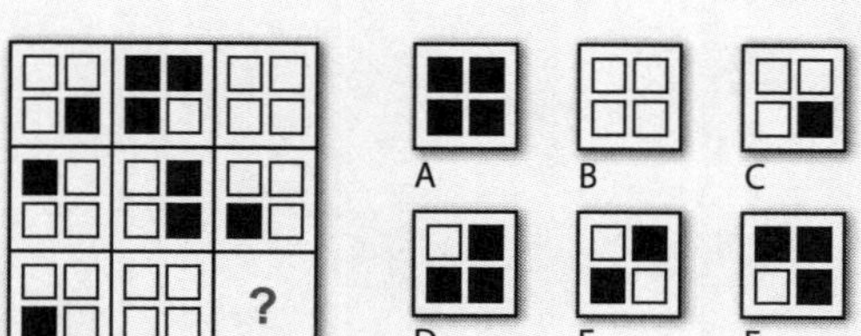

Complétez les analogies suivantes :

13.

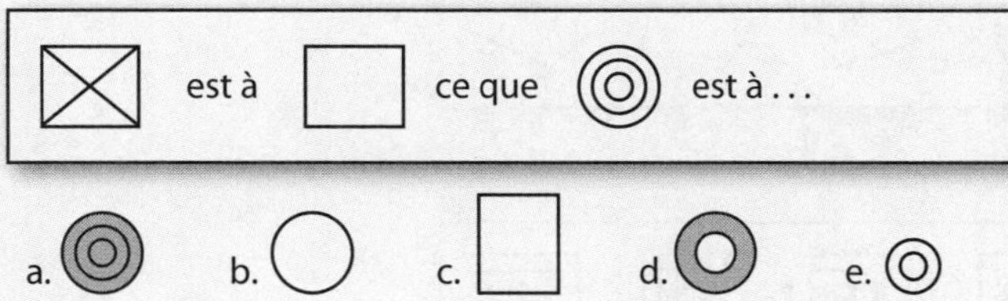

14.

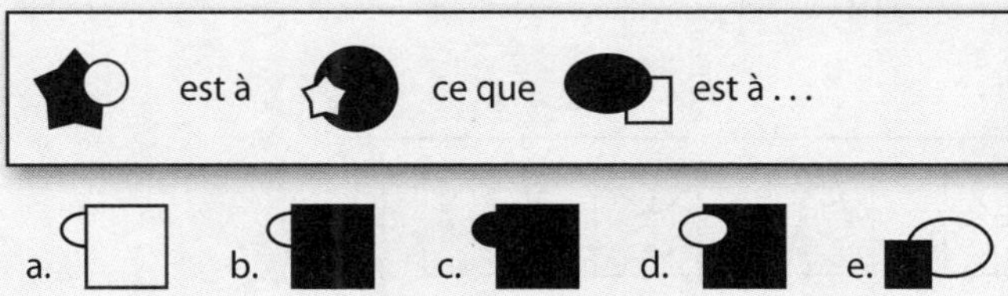

15.

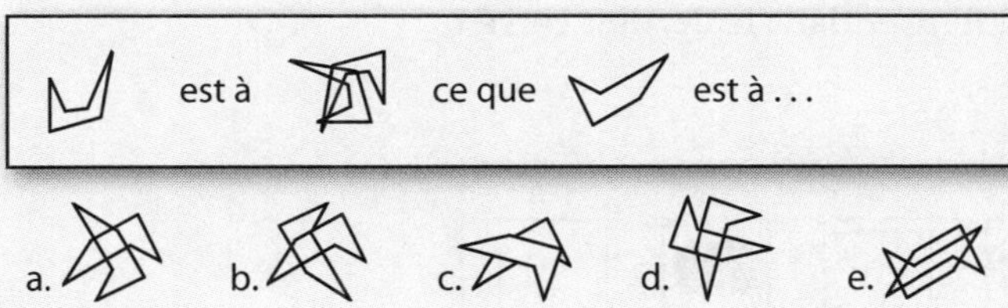

16.

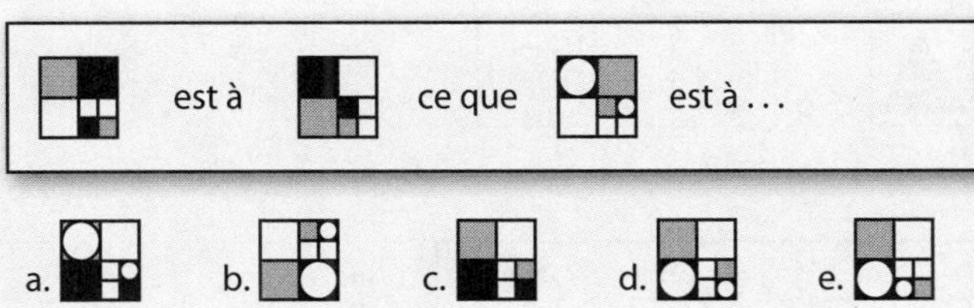

Trouvez la figure intruse :

17.

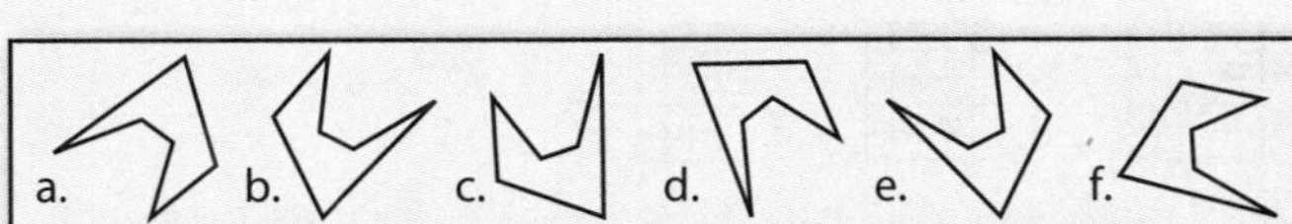

18.

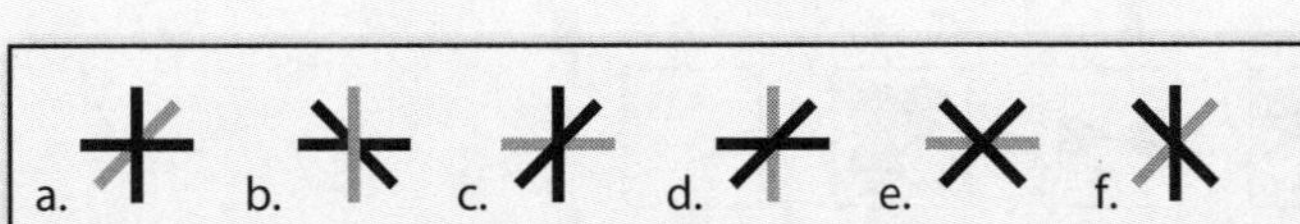

19.

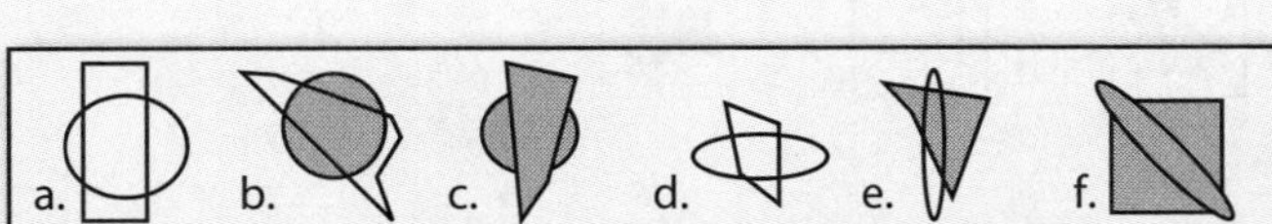

20.

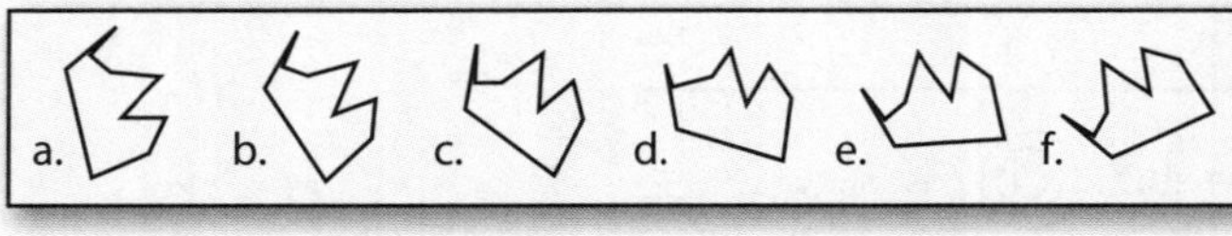

21.

22.

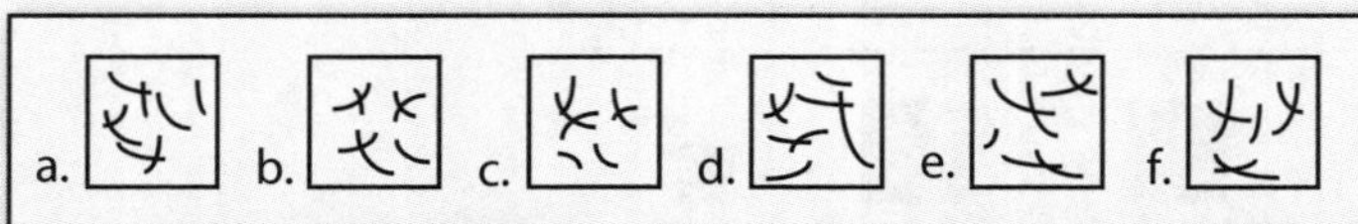

Quelle figure doit logiquement figurer dans le dernier carré ?

23.

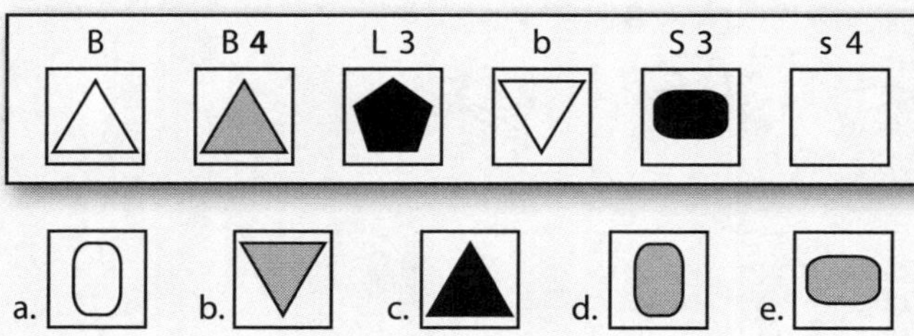

24.

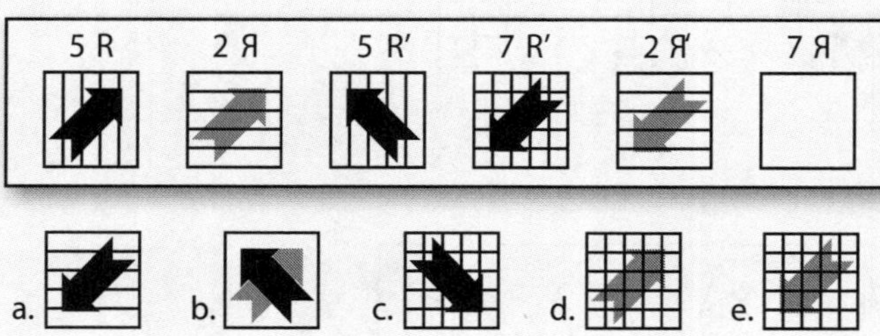

25.

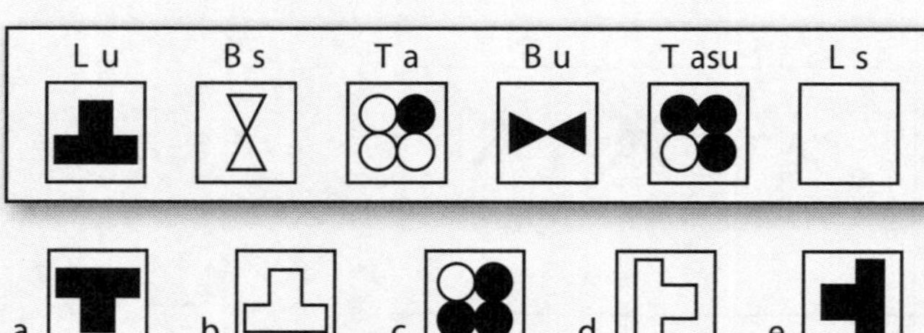

Exercice 3 – Tests verbaux

15 minutes

Complétez les analogies suivantes :

1. Limité est à infini ce que facile est à…

☐ **a.** complexe ☐ **c.** élémentaire ☐ **e.** rugueux
☐ **b.** simple ☐ **d.** fini

2. Nez est à pif ce que visage est à…

☐ **a.** yeux ☐ **c.** tête ☐ **e.** gueule
☐ **b.** bouche ☐ **d.** crâne

3. **Mistral est à tramontane ce que Pyrénées est à…**

☐ **a.** boréal ☐ **c.** Europe ☐ **e.** Espagne
☐ **b.** Pic d'Aneto ☐ **d.** Alpes

4. **Quatre mille est à mille quatre ce que quatre-vingt est à…**

☐ **a.** quatre-vingt-quatre ☐ **d.** quatre-vingt mille
☐ **b.** vingt-quatre ☐ **e.** quatre-quarts
☐ **c.** vingt mille

5. **Meunier est à… ce que… est à fenêtre.**

☐ **a.** minoterie – huisserie ☐ **d.** bonnet – volet
☐ **b.** farine – menuisier ☐ **e.** meunière – fenêtrier
☐ **c.** moulin – maison

6. **Feuille est à pierre ce que… est à…**

☐ **a.** ciseaux est à pierre ☐ **d.** pierre est à feuille
☐ **b.** puits est à feuille ☐ **e.** feuille est à ciseaux
☐ **c.** ciseaux est à feuille

Trouvez l'intrus dans chaque série :

7. ☐ **a.** oncle ☐ **b.** sœur ☐ **c.** père ☐ **d.** cousin
8. ☐ **a.** cœur ☐ **b.** poumon ☐ **c.** pique ☐ **d.** carreau
9. ☐ **a.** mardi ☐ **b.** mai ☐ **c.** hiver ☐ **d.** saison
10. ☐ **a.** banane ☐ **b.** avocat ☐ **c.** haricot ☐ **d.** tomate
11. ☐ **a.** locomotion ☐ **b.** vélo ☐ **c.** car ☐ **d.** voiture
12. ☐ **a.** handball ☐ **b.** rugby ☐ **c.** hockey ☐ **d.** golf
13. ☐ **a.** pierre ☐ **b.** pauline ☐ **c.** marguerite ☐ **d.** olivier
14. ☐ **a.** apporter ☐ **b.** apercevoir ☐ **c.** applaudir ☐ **d.** appliquer
15. ☐ **a.** yoyo ☐ **b.** maya ☐ **c.** chouchou ☐ **d.** grigri
16. ☐ **a.** caverne ☐ **b.** citerne ☐ **c.** lanterne ☐ **d.** cerne

En tenant compte des informations, déterminez quelles affirmations sont correctes (il peut y avoir plusieurs réponses attendues) :

17. Tous les chats sont des animaux, certains animaux sont rusés. Par conséquent, il est vrai de dire…
   - ☐ **a.** Certains chats sont des animaux.
   - ☐ **b.** Tout ce qui est rusé est chat ou animal.
   - ☐ **c.** Les chats sont des animaux rusés.
   - ☐ **d.** Certains animaux rusés peuvent être des chats.
   - ☐ **e.** Certains chats rusés peuvent être des animaux.

18. **Tous les pharmaciens sont allergiques, tous les allergiques sont nerveux, Jean est nerveux. Par conséquent, il est vrai de dire :**
   - ☐ **a.** Jean est pharmacien.
   - ☐ **b.** Jean est allergique.
   - ☐ **c.** Jean peut être allergique sans être pharmacien.
   - ☐ **d.** Jean peut être pharmacien sans être allergique.
   - ☐ **e.** Jean est allergique ou n'est pas allergique.

19. **Tous les peintres sont des artistes, tous les sculpteurs sont des artistes, tous les danseurs sont des artistes. Par conséquent, il est vrai de dire…**
   - ☐ **a.** Tous les artistes sont des peintres, des sculpteurs ou des danseurs.
   - ☐ **b.** Certains artistes sont des sculpteurs.
   - ☐ **c.** Certains peintres danseurs sont des artistes.
   - ☐ **d.** Tous les sculpteurs peuvent être des danseurs.
   - ☐ **e.** Certains danseurs sculpteurs peuvent être des peintres.

20. **Aucun boulanger n'est pilote, certains enfants de boulangers sont pilotes, tous les boulangers sont enfants de boulangers. Par conséquent, il est vrai de dire…**
   - ☐ **a.** Certains boulangers sont pilotes.
   - ☐ **b.** Certains enfants de boulangers peuvent n'être ni boulangers ni pilotes.
   - ☐ **c.** Certains enfants de boulangers peuvent être boulangers et pilotes.
   - ☐ **d.** Tout enfant de boulanger est nécessairement boulanger ou pilote.
   - ☐ **e.** Les propositions sont contradictoires, aucune réponse ne convient.

Exercice 4 – Tests d'attention

8 minutes

À partir de cet extrait de *La Confession d'un enfant du siècle* de Musset, répondez aux questions :

Pendant les guerres de l'Empire, tandis que les maris et les frères étaient en Allemagne, les mères inquiètes avaient mis au monde une génération ardente, pâle, nerveuse. Conçus entre deux batailles, élevés dans les collèges aux roulements des tambours, des milliers d'enfants se regardaient entre eux d'un œil sombre, en essayant leurs muscles chétifs. De temps en temps leurs pères ensanglantés apparaissaient, les soulevaient sur leurs poitrines chamarrées d'or, puis les posaient à terre et remontaient à cheval.

1. **Combien y a-t-il de « m » ?**

☐ **a.** 10 ☐ **b.** 12 ☐ **c.** 15 ☐ **d.** 18

2. **Combien y a-t-il de « s » ?**

☐ **a.** 42 ☐ **b.** 44 ☐ **c.** 46 ☐ **d.** 48

3. **Combien de fois y a-t-il la combinaison « on » ou « no » ?**

☐ **a.** 2 ☐ **b.** 3 ☐ **c.** 4 ☐ **d.** 5

4. **Combien y a-t-il de différences entre les deux tableaux suivants ?**

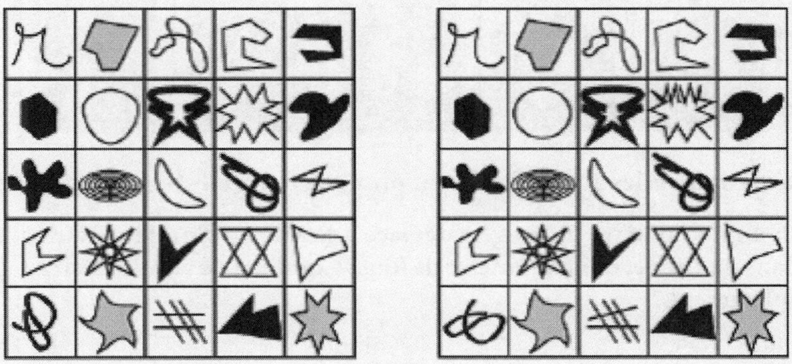

☐ **a.** 2 différences ☐ **c.** 4 différences
☐ **b.** 3 différences ☐ **d.** 5 différences

Exercice 5 – Tests d'organisation et de créativité

15 minutes

1. Monsieur et Madame MARTIN ont 5 filles et chaque fille a un frère. Combien la famille MARTIN compte-t-elle de membres au total ?

2. Comment couper ce gâteau en 8 parts en seulement 3 coups de couteau ?

3. On achève la construction d'un hôtel. Il comporte 100 chambres. Arthur Germain est chargé de fixer les numéros sur les portes des chambres. Combien de fois va-t-il utiliser le numéro 9 ?

4. **Notez sous chacune de ces cartes retournées, sa valeur (As, Roi) et sa couleur (trèfle, cœur et carreau) sachant qu'il y a trois As et deux Rois, deux cœurs, deux carreaux et un trèfle, et que :**

   a. Les deux Rois qui n'ont pas la même couleur sont côte à côte ;
   b. Les deux carreaux ne se côtoient pas ;
   c. L'As de trèfle est juste entre un cœur et un roi ;
   d. L'As de carreau est juste à gauche d'un roi.

5. **Il t'appartient mais les autres l'utilisent plus que toi. Qu'est-ce-que c'est ?**

6. **Un train d'un kilomètre de long se déplace à la vitesse d'un kilomètre à la minute. Il rentre dans un tunnel d'un kilomètre de long. Combien de temps mettra-t-il à le traverser complètement ?**

   ☐ 1 minute ☐ 2 minutes ☐ 3 minutes

7. **Reconstituez la phrase suivante en replaçant les mots dans le bon ordre :**
   situation – la – celle – complexe – de – est – que – dernière – plus – semaine – cette

8. **Marie est sur le point de partir en vacances mais elle se mélange dans ses préparatifs.**
   1 – Attacher sa ceinture.
   2 – Fermer ses volets.
   3 – Retirer ses billets de train à la borne dans le hall de la gare.
   4 – Fermer à clé la porte de son appartement.
   5 – Appeler sa mère sur le quai de la gare.
   6 – Se garer dans le parking de la gare.
   7 – Confier la clé à sa voisine.
   8 – Monter dans le train.
   9 – Mettre sa valise dans le coffre de sa voiture.
   10 – Acheter un magazine au point presse du train.
   Remettez par ordre chronologique les éléments de son départ.

Exercice 6 – Test de personnalité

Répondez par OUI ou NON aux questions suivantes en mettant une croix dans la case correspondant à votre réponse :

QUESTIONS	OUI	NON
1. Je propose mon aide sans que l'on ait besoin de me le demander.	☐	☐
2. J'ai déjà pensé au suicide.	☐	☐
3. Je m'énerve dans les embouteillages.	☐	☐
4. Je n'aime pas que l'on me donne des ordres.	☐	☐
5. J'aime rendre service.	☐	☐
6. Je souffre souvent d'insomnies.	☐	☐
7. Je ne suis pas très patient(e).	☐	☐
8. J'aime faire ce qui me plaît.	☐	☐
9. Si deux de mes amis se disputent, j'interviens pour les calmer.	☐	☐
10. Mon entourage dit de moi que je suis plutôt pessimiste.	☐	☐
11. Si une personne au téléphone me fait attendre, je raccroche.	☐	☐
12. J'aime prendre mes propres décisions.	☐	☐
13. J'accepte de prendre les auto-stoppeurs dans ma voiture.	☐	☐
14. Je suis facilement inquiet(e).	☐	☐
15. La patience n'est pas une de mes qualités.	☐	☐
16. Je n'étais pas un(e) enfant obéissant(e).	☐	☐
17. Je déteste choisir des cadeaux passe-partout.	☐	☐
18. Il m'est arrivé d'être déprimé(e).	☐	☐
19. Je perds parfois mon calme.	☐	☐
20. Je supporte difficilement l'autorité.	☐	☐

Ce mini-test est organisé autour de quatre séries de questions :

Série 1 : questions 1, 5, 9, 13 et 17 mesurent l'altruisme, le sens du service, la bienveillance.

Série 2 : questions 2, 6, 10, 14 et 18 mesurent la stabilité émotionnelle.

Série 3 : questions 3, 7, 11, 15 et 19 mesurent la maîtrise de soi, la patience.

Série 4 : questions 4, 8, 12, 16 et 20 mesurent le rapport à l'autorité.

Exercice 7 – Test de personnalité

Cochez les trois qualificatifs qui vous correspondent le plus dans la liste suivante :

- ☐ Sportif(ve)
- ☐ Organisé(e)
- ☐ Adroit(e)
- ☐ Respectueux(se)
- ☐ Ponctuel(le)
- ☐ Meneur(se)
- ☐ Discipliné(e)
- ☐ Solitaire
- ☐ Hyperactif(ve)
- ☐ Curieux(se)
- ☐ Joyeux(se)
- ☐ Courageux(se)
- ☐ Fiable
- ☐ Dynamique
- ☐ Persévérant(e)
- ☐ Honnête
- ☐ Patient(e)
- ☐ Diplomate

Pour chacun des trois qualificatifs, décrivez une situation qui illustre cette facette de votre personnalité :

1. ______________________________

____

____

____

____

____

2. ______________________________

____

____

____

____

____

3. ______________________________

____

____

____

____

____

Conseils

Le gardien de la paix doit avoir une bonne condition physique. Il fait preuve d'autorité, de sang-froid et de patience dans la réalisation de ses missions. L'honnêteté, la discipline et la diplomatie sont des qualités indispensables pour ce métier. Les qualificatifs « meneur » et « solitaire » sont à éviter.

Corrigé

Corrigé 1 – Tests numériques

1. V.

2. F. $83 + 38 = 121$

3. V.

4. F. $299 - 172 - 98 = 299 - 98 - 172 = 201 - 172 = 29$

5. F. $6 \times 0{,}125 = 0{,}75$

6. V.

7. F. $12 \times 12 \times 12 = 1\,728$

8. F. $111 - 11 \times 10 = 111 - 110 = 1$
Faites toujours attention à la priorité des opérations.

9. F. $11{,}1 \times 44 = 10 \times 44 + 44 + 0{,}1 \times 44 = 440 + 44 + 4{,}4 = 488{,}4$

10. V. Cela correspond à 35 millièmes.

11. V. Diviser un nombre positif par un nombre supérieur à 1 revient à diminuer cette valeur (*exemple* : 15 / 2 = 7,5), mais diviser un nombre positif par un nombre compris entre 0 et 1 revient à augmenter cette valeur (*exemple* : 15 / 0,2 = 75).

12. F. $46 \div 4 = 23 \div 2 = 11,5$

13. V. L'astuce était de commencer par calculer $\frac{130}{4} = 32{,}5$.

Or si $\frac{130}{4} = 32{,}5$, alors $\frac{130}{32{,}5} = 4$

Donc $\frac{130}{32{,}5} + \frac{130}{4} = 4 + 32{,}5 = 36{,}5$

14. V.

15. F. $\frac{23}{0{,}4} = 23 \div \frac{4}{10} = \frac{23 \times 10}{4} = \frac{230}{4} = 57{,}5$

16. V. $\frac{10^5}{10^3} = 10^{5-3} = 10^2$

17. V. Diviser par 0,2 c'est comme multiplier par 5.

18. **F.** $99 \times 101 = 99 \times 100 + 99 = 9\,999$

19. **F.** Multiplier par 50 revient à multiplier par 100 et diviser par 2 car $\frac{100}{2} = 50$

Donc $222 \times 50 = \frac{222 \times 100}{2} = 111 \times 100 = 11\,100$

20. **V.** $((45 \times 2{,}5)\ 6)\ 1{,}5 = (45 \times 15)\ 1{,}5 = 675 \times 1{,}5 = 675 + \frac{675}{2} = 1\,012{,}5$

21. **a.** Notons qu'1 kg = 1 000 g. Puis faisons un tableau de proportionnalité :

Dans un tableau de proportionnalité, $x \times 1\,000 = 30 \times 250$.

Poids	1 000 g	250 g
Prix à payer	30 €	x

D'où $x = \frac{30 \times 250}{1000} = \frac{3 \times 25}{10} = \frac{75}{10} = 7{,}5$

On pouvait aussi calculer le coefficient de proportionnalité de 1 000 à 250 en faisant 1 000/250 = 4. Puis 30 / 4 = 7,50 €.

22. **c.** $\frac{10+13+8+11}{4} = \frac{42}{4} = 10{,}5$

23. **d.** De 22 h 40 à 24 heures, on compte 1 h 20. Or 1 h 20 + 2 h 10 = 3 h 30 min.

24. **d.** 12 arbres, cela représente 11 intervalles, car le dernier arbre n'est pas suivi d'un intervalle. D'où $11 \times 5 = 55$ mètres.

25. **d.** Puisqu'il double sa taille à chaque heure, une heure avant les 12 heures, il fait la moitié de sa taille, soit au bout de 11 heures.

26. **c.** En le doublant, je prends sa place.

27. **d.** La moitié de 60 min est $\frac{60}{2} = 30$ min. Et le tiers de 30 est $\frac{30}{3} = 10$ min.

28. **e.** Il faut prendre la situation de tirage la plus défavorable. Au pire, je tire d'abord toutes les bleues et toutes les vertes avant de tirer les 3 rouges, soit la totalité des boules, ce qui représente 12 boules.

29. **a.** Seules les indications de temps (2 heures) et de vitesse moyenne (150 km/h) sont utiles. La distance entre les deux villes est de $150 \times 2 = 300$ km.

30. **a.** $8 \times 4 \times 2 = 64\ m^3$

31. **c.** $\times 2$ — 2 (× 2) 4 (× 2) 8 (× 2) 16 (× 2) 32

32. **a.** –2 — 44 (– 2) 42 (– 2) 40 (– 2) 38 (– 2) 36

33. **d.** +1, +2, +3, +4 — 12 (+ 1) 13 (+ 2) 15 (+ 3) 18 (+ 4) 22

34. **b.** +9, +0 — 23 (+ 9) 32 (+ 0) 32 (+ 9) 41 (+ 0) 41 (+ 9) 50

35. **d.** +2 (= passer une lettre) A (B) C (D) E (F) G

36. **d.** +1, +3, +5, +7 E (–) F (GH) I (JKLM) N (OPQRST) U

37. **c.** +2, × 2 4 (+ 2) 6 (× 2) 12 (+ 2) 14 (× 2) 28 (+ 2) 30

38. **c.** Chaque chiffre est précédé de l'initiale du mot qui lui correspond (U pour Un, D pour Deux, etc.)

39. **d.** Association des noms à leur nombre de voyelles. Hirondelle compte 4 voyelles. Attention : l'y est une voyelle.

40. **b.** Chaque lettre a été remplacée par un chiffre : R = 4 ; O = 3 ; T = 5 ; U = 6 ; L = 2 et E = 1. Donc LOUTRE = 236541.

41. **32.** *Opération.* Addition des valeurs en ligne ou en colonne. Les valeurs à droite sont obtenues par la somme des valeurs de leur rangée et les valeurs du bas sont obtenues en faisant la somme des valeurs de leur colonne.

42. **J.** *Répartition.* Sur chaque rangée, on retrouve les mêmes éléments disposés différemment : les lettres K et J et les chiffres 3 et 8.

43. **U.** *Opération.* En rangée, si on additionne les valeurs qui correspondent au classement des lettres dans l'alphabet, on obtient la lettre de droite. Ainsi, B + D = 2^{e} + 4^{e} lettre = 6^{e} lettre = F. Or L est la 12e lettre (2 lettres après la lettre-repère J) et I est la 9e lettre ; donc 12 + 9 = 21. La 21e lettre de l'alphabet est U.

44. **36.** *Opération.* Chaque chiffre est associé à son carré : 1 et son carré 1 ; 2 et 4 ; 3 et 9 ; 4 et 16 ; 5 et 25. Il manque le carré de 6, à savoir 36.

45. **F.** *Opération.* Le chiffre 5 central est la raison entre chaque valeur opposée (en ligne horizontale, verticale ou diagonale). Il faut donc calculer A + 5 = F.

46. **3.** La valeur au sommet du triangle est obtenue par l'addition des valeurs de la base. Or 11 – 8 = 3.

47. **6.** La valeur centrale est la moyenne des 3 valeurs extérieures au triangle. Ainsi, dans le 1er triangle nous avons 5 + 3 + 4 = 12, or 12 / 3 = 4. Pour le dernier carré la somme des valeurs est 18, or 18 / 3 = 6.

48. **1.** La somme des 4 valeurs autour d'un carré est toujours 14. Dans le dernier carré, il manque 14 – (5 + 4 + 4) = 1.

49. **15 et 57.** Il fallait bien voir que deux réponses étaient attendues. Dans chaque triangle, la valeur située à la pointe d'un angle est obtenue par addition des deux valeurs les plus proches. Ainsi le 12 en haut du 1er triangle est obtenu en faisant 9 + 3.

50. **31.** La valeur centrale du cercle est obtenue par addition des 4 valeurs en croix (croix droite ou croix penchée à 45°). Ainsi dans le 2e cercle, 8 + 27 + 14 + 2 = 51 et 9 + 9 + 12 + 21 = 51. La symétrie des 3 et des 5 dans la 1re série est une fausse piste.

51. Série en ligne.

Ligne du haut : suite croissante de raison + 1.

Ligne du bas : suite croissante de raison + 2 (on passe à chaque fois une valeur).

52. Série en zigzag.

La 1re série (qui part du 1 en haut du 1er domino) est une suite croissante de raison + 1.

La 2e série est une suite décroissante de raison – 2.

53. Série avec symétrie + série en ligne.

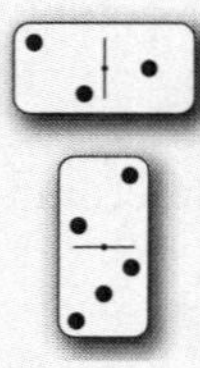

C'est l'exemple parfait qui illustre la règle d'or de la priorité au visuel. Au premier coup d'œil, on doit voir que les dominos de la 1re ligne et ceux de la dernière ligne sont symétriques selon un axe horizontal. Pour le point d'interrogation le plus bas, la réponse est donc 3.

Pour la ligne centrale, elle ne joue pas de rôle dans la symétrie et constitue une petite suite de raison – 1 (2 – 1 – 0 – 6). La réponse est donc 1.

54. Série circulaire (sens horaire) en prenant 1 domino sur 2.

La 1re série commence à l'intérieur du cercle en partant de la valeur 4 du domino le plus haut. En prenant un domino sur deux, on voit 4 – 3 – 2 – 1 soit une suite de raison – 1. La partie extérieure de cette série (extérieur du cercle) propose la suite 1 – 3 – 5 – 0 soit une série de raison +2.

La 2e série fonctionne selon le même agencement. On commence par le domino 1/5 en haut à droite. À l'intérieur on observe la suite 5 – 6 – 0 et le suivant sera 1 (raison +1) ; à l'extérieur on voit la suite 1 – 2 – 3 et le suivant sera 4 (raison +1).

55. **6 de cœur**. *Répartition.* On retrouve les mêmes cartes sur les deux rangées, mais elles sont disposées différemment.

56. **7 de trèfle**. *Opération.* La valeur ou la somme des cartes de chaque colonne progresse de 1. Ainsi la 1re colonne a un 8, la 2e fait 9, la 3e a un 10 et la 4e doit faire 11. Concernant la famille, chaque colonne a une famille différente et les cartes d'une même colonne ont la même famille.

57. **b.** Valeurs relatives : ⊙ = 1, ☆ = 2, ◆ = 6.

a = 11, b = 18, c = 11, d = 8, e = 8.

58. **c.** Valeurs relatives : ♣ = 1, ♧ = 2, ♤ = 4.

a = 7, b = 8, c = 10, d = 9, e = 8.

59. e. Valeurs relatives : ✶ = 1, ✧ = 2, ✪ = 3.

a = 13, b = 14, c = 14, d = 14, e = 15.

60. a. Valeurs relatives : ◆ = 1, ■ = 3, ❖ = 4.

a = 22, b = 19, c = 21, d = 21, e = 19.

Corrigé 2 – Tests graphiques

1. C. *Logique mixte : déplacement et transformation.* Le carré descend sa diagonale en alternant les couleurs noir et gris.

2. D. *Déplacement.* Le carré noir monte sa diagonale et le carré gris suit sa rangée vers la gauche.

3. D. *Transformation.* Les figures comptent à chaque fois un côté de moins.

4. B. *Transformation.* Les gâteaux comptent toujours deux portions de plus.

5. A. *Logique mixte.* La figure supérieure s'allonge vers la droite et la figure inférieure se déplace vers la droite. Leur progression est identique.

6. E. *Déplacement.* Les horloges progressent à chaque fois d'1 h 30. Il est d'abord 3 h 30 puis 5 h puis 6 h 30. Si l'on ajoute encore 1 h 30, il est 8 h.

7. B. *Logique mixte.* Les trois symboles ont des comportements différents : le carré est immobile et il alterne entre noir et rayé, le triangle tourne sur lui-même de 45° dans le sens horaire et il ne change pas de couleur, le rond alterne haut et bas sans changer d'aspect.

8. C. *Déplacement.* Dans cette série, le nombre de carrés noircis est trop important pour distinguer clairement le mouvement de chacun. Il ne s'agit donc pas d'un déplacement de ces carrés mais d'une rotation de l'ensemble de la figure de 90° dans le sens horaire.

9. B. *Déplacement.*

Dans cette série, une barre verticale en 2e colonne cache certains mouvements de 3 carrés : un carré noir en 1re colonne qui descend sa diagonale, un carré noir en 4e colonne qui descend sa colonne et un carré gris en 2e colonne (caché par la barre noire) qui descend sa diagonale et précède donc le 1er carré noir. Arrivé à la fin de sa diagonale, ce carré gris en recommence une autre.

10. B. *Superposition simple.* Nous constatons, en colonne, qu'il s'agit d'une addition graphique : éléments de la 1re figure + éléments de la 2e figure = 3e figure. Il faut donc additionner 2 + 3 carrés soit 5 carrés.

11. C. *Superposition avec modification.* En suivant les rangées horizontales, on supprime les éléments communs aux 2 premières figures pour obtenir la 3e. Pour la dernière rangée, il faut surtout de l'observation.

12. **F.** *Superposition avec modification*. En suivant les rangées horizontales, on inverse les couleurs des 2 premières figures pour obtenir la 3e figure. Ainsi sur la 3e rangée horizontale, la réponse comportera un carré blanc en bas à gauche et trois carrés noirs.

13. **b.** La forme d'origine se vide sans autre changement.

14. **b.** Dans la matrice, l'étoile est réduite et change de couleur et le rond est agrandi et change de couleur ; c'est toujours la figure blanche qui est au-dessus. Dans la série à compléter, l'ovale devient donc petit et blanc, le carré grand et noir, et c'est toujours la figure noire qui est au-dessus.

15. **a.** La forme d'origine est doublée ; l'une des figures obtenues est la rotation de la figure d'origine à 90° à l'inverse du sens horaire et l'autre à 180°. Enfin, les deux figures ne se cachent pas l'une l'autre.

16. **d.** Dans la matrice, les grands carrés subissent une rotation de 90° dans le sens inverse des aiguilles d'une montre et les petits carrés tournent de 90° dans le sens horaire.

17. **e.** Il s'agit toujours de la même figure, mais elle est inversée (effet miroir) en e.

18. **b.** Toutes les figures comptent 3 segments croisés, 2 noirs et 1 gris. Mais le segment gris est placé en dessous dans toutes les figures sauf en b.

19. **b.** Toutes les figures sont composées de 2 éléments ; l'un est un rond ou une ellipse, l'autre un quadrilatère, sauf en b. où c'est un hexagone. Les couleurs et les superpositions n'étaient pas discriminantes.

20. **d.** Il s'agit toujours de la même figure, proposée en rotation dans le sens inverse des aiguilles d'une montre. En d. la figure est légèrement différente.

21. **a.** Chaque carré est rayé horizontalement quand le nombre qu'il contient est pair et verticalement quand ce nombre est impair.

22. **c.** Chaque encadré contient 7 ou 8 arcs de cercle (8 en a. et d.) et 3 arcs sécants. Mais en c. un arc est sécant avec deux autres.

23. **e**. Les lettres majuscules désignent les formes (B pour triangle, L pour pentagone, S pour la figure arrondie). Les minuscules désignent ces mêmes formes après une rotation de 180°. La figure s n'est cependant pas différente de S quand elle fait un demi-tour. Les chiffres symbolisent les couleurs (3 pour le noir et 4 pour le gris).

24. **d.** Les chiffres indiquent le type de hachures (5 pour vertical, 2 pour horizontal, 7 pour les deux). Le R à l'endroit indique que la flèche est noire et, à l'envers, il indique que la flèche est grise. Enfin, l'apostrophe indique que la flèche est pointée vers la gauche. Si elle est absente, la flèche est pointée vers la droite.

25. **d.** Les lettres majuscules représentent les formes (L pour le podium, B pour le sablier, T pour les 4 petits ronds). Les minuscules ont chacune leur signification : u signifie que la figure est noire, s qu'elle tourne d'un quart de tour dans le sens horaire par rapport à la figure sans s et a désigne une symétrie ou inversion exacte.

Corrigé 3 – Tests verbaux

1. **a.** Association des contraires.

2. **e.** Association d'un mot et de son synonyme en langue familière.

3. **d.** Association d'élément de même nature (des vents puis des montagnes).

4. **b.** Association des contraires.

5. **b.** Association du métier à son produit. Huisserie : ouverture d'une maison.

6. **c.** Dans le célèbre jeu de mains, la feuille bat la pierre (en la recouvrant) et les ciseaux battent la feuille (en la coupant).

7. **b.** Seul nom qui désigne une personne de sexe féminin.

8. **b.** Seul mot qui ne désigne pas une des familles des cartes.

9. **d.** Seul nom qui ne désigne pas le nom d'une division du temps mais donne une appellation générale (tout comme *jour* ou *mois*).

10. **c.** Légume parmi des fruits.

11. **a.** Principe général parmi des éléments qui permettent la locomotion (le déplacement).

12. **d.** Le golf n'est pas un sport collectif.

13. **b.** C'est le seul qui ne peut être qu'un prénom.

14. **b.** Seul mot qui ne prend qu'un seul *-p* (apercevoir).

15. **b.** Seul mot où la syllabe initiale n'est pas répétée.

16. **d.** Seul mot masculin (un cerne) parmi des mots féminins.

17. **d.** La proposition a. est fausse car elle impliquerait que certains chats ne sont pas des animaux. La b. est fausse car il peut y avoir d'autres êtres rusés. La c. est fausse car ce n'est pas affirmé. La e. est fausse puisque tous les chats sont des animaux.

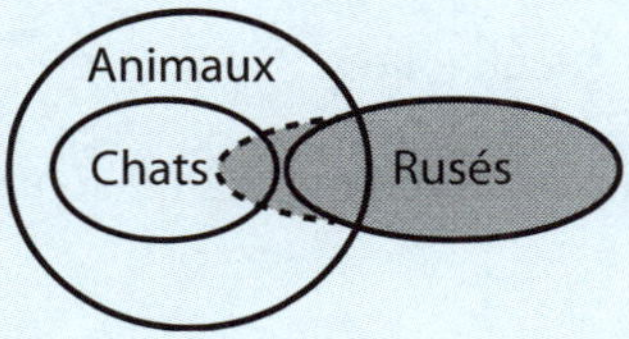

Tests psychotechniques

18. **c, e.** Les propositions a. et b. sont fausses car elles ne sont pas nécessaires (il peut l'être ou ne pas l'être). La c. est vraie mais pas la d. car s'il est pharmacien, il est allergique. La e. est vraie de toute façon.

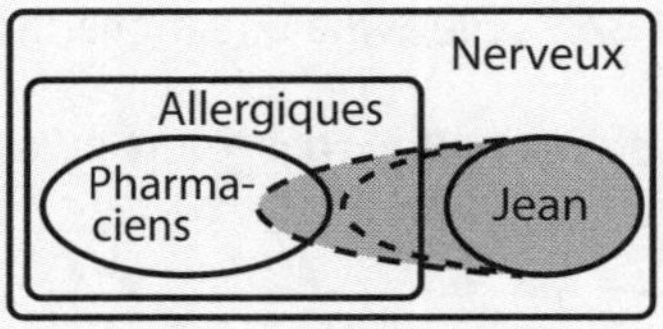

19. **b, d, e.** La proposition a. est fausse car il est possible que certains artistes ne soient pas d'une de ces trois catégories. La c. est fausse car tous les peintres danseurs sont des artistes. La d. est possible donc elle ne peut être éliminée. Et il en est de même pour la E.

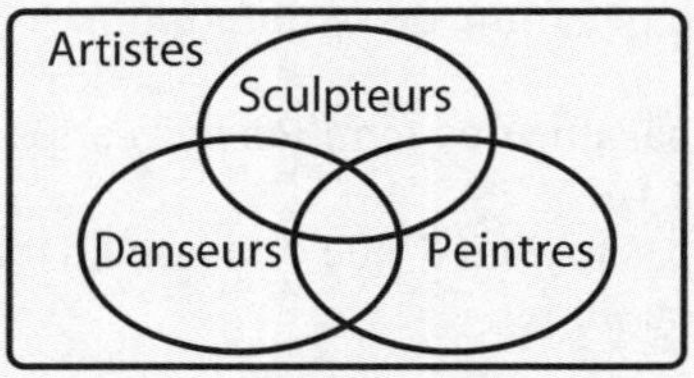

20. **b.** La proposition a. est fausse car elle est contradictoire avec la 1re phrase de l'intitulé. La c. également. La d. est fausse (*cf.* la croix).

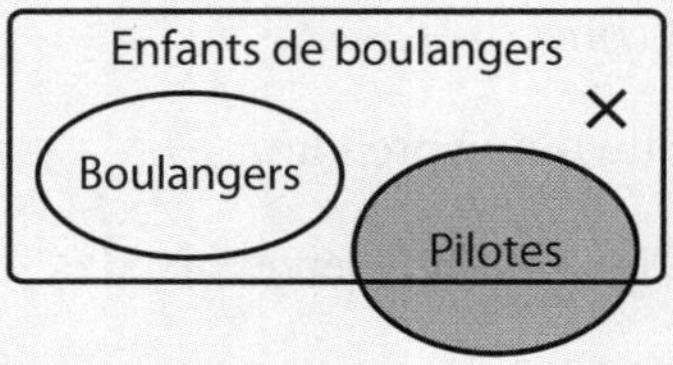

Corrigé 4 – Tests d'attention

1. **c.** Procédez bien par ligne pour cette question et la suivante.

2. **c.**

3. **c.** On compte 4 fois « on » et aucun « no ».

4. **d.** En colonne 1 (3e et 5e figures), en colonne 2 (2e figure), en colonne 3 (5e figure) et en colonne 4 (2e figure).

Corrigé 5 – Tests d'organisation et de créativité

1. Le frère est commun aux cinq sœurs. Au total, la famille est composée de 8 personnes : le couple, 5 filles et un fils.

2. Il faut couper d'abord le gâteau en quatre en deux coups de couteau puis une troisième fois horizontalement.

3. Il va utiliser 19 fois le numéro 9 : 9, 19, 29, 39, 49, 59, 69, 79, 89, 99 et 90, 91, 92, 93, 94, 95, 96, 97, 98.

4. Il y a 5 cartes, 3 As et 2 Rois et 2 carreaux, 2 cœurs et 1 trèfle.

   La 3e phrase de l'énoncé précise que le jeu comporte un As de trèfle. La 1re phrase indique que les Rois sont de couleurs différentes, il y a donc 1 Roi de cœur et 1 Roi de carreau et par déduction, 1 As de cœur et 1 As de carreau.

   Finalement, les cinq cartes sont : As de trèfle, As de carreau, As de cœur, Roi de cœur et Roi de carreau.

   Sachant que les 2 Rois sont à côté l'un de l'autre, que 2 carreaux ne se côtoient pas et que l'As de carreau est à côté d'un roi, on peut en déduire les 3 positions suivantes :

As de carreau Roi de cœur Roi de carreau

   Il reste l'As de trèfle et l'As de cœur à positionner. Sachant que l'As de trèfle est juste entre un cœur et un roi, la solution est la suivante :

As de carreau Roi de cœur Roi de carreau As de trèfle As de cœur

5. Ton prénom.

6. Il faut 2 minutes au train pour traverser le tunnel : une minute pour y rentrer complètement et une minute pour en sortir complètement.

7. Cette situation est plus complexe que celle de la semaine dernière.

8. L'ordre chronologique est le suivant : 2 – 4 – 7 – 9 – 1 – 6 – 3 – 5 – 8 – 10.

Épreuve d'admission n° 5

Épreuves physiques

1 Déroulement des épreuves

1 Conditions générales

a. Conditions d'aptitude physique

Les candidats aux concours de gardien de la paix de la Police nationale doivent être reconnus aptes à cet emploi, après examen médical auprès d'un médecin de la Police nationale constatant que les intéressés ne sont atteints d'aucune maladie ou infirmité, ou que les maladies ou infirmités constatées ne sont pas incompatibles avec l'exercice des fonctions.

En outre, ils doivent :

- avoir, après correction éventuelle, une acuité visuelle de quinze dixièmes pour les deux yeux avec un minimum de cinq dixièmes pour un œil, la puissance des verres correcteurs ou lentilles ayant un maximum de trois dioptries pour atteindre cette limite de quinze dixièmes ;
- être médicalement aptes à un service actif de jour comme de nuit ;
- être aptes au port et à l'usage des armes.

L'examen médical comporte obligatoirement un dépistage de l'usage de produits illicites dont le résultat doit être négatif. La décision d'aptitude ou d'inaptitude physique est notifiée par l'autorité administrative compétente après avis du médecin inspecteur régional de la Police nationale.

b. Épreuves d'exercices physiques

Tout candidat devra être en possession d'un certificat médical d'aptitude délivré par un médecin de son choix ou, à défaut, signer une décharge personnelle qui lui sera fournie par le service organisateur au moment des épreuves.

Important

La note finale attribuée au candidat est la moyenne des notes obtenues au parcours d'habileté motrice et au test d'endurance cardio-respiratoire. Toute note inférieure à 07/20 à l'un ou l'autre est éliminatoire.

2 Première épreuve : parcours d'habileté motrice

Le parcours comprend 10 ateliers.

Une démonstration est faite par un moniteur devant les candidats, auxquels il sera ensuite laissé la possibilité d'utiliser le parcours lors du temps consacré à l'échauffement. Le parcours doit s'effectuer dans l'ordre prévu des ateliers. Tout atelier doit être tenté. Un atelier oublié est signalé immédiatement par le moniteur, pour être effectué. Tout atelier doit être réalisé conformément aux consignes et leur non-respect entraîne la répétition de l'exercice. En cas de réalisation incomplète ou incorrecte d'un atelier, il est attribué une pénalité forfaitaire de temps, s'ajoutant au temps total réalisé.

Tout atelier non tenté ou tout abandon en cours d'épreuve entraîne la note de zéro à l'ensemble du parcours.

Indépendamment des pénalités définies à l'atelier j, les candidats n'ayant pas respecté le trajet matérialisé par les plots seront pénalisés de 5 sec par plot non contourné.

Remarque

Les dixièmes de secondes ne sont pas pris en compte dans le temps réalisé par le candidat, la performance sera arrondie à la seconde inférieure.

Départ sur instruction du moniteur

a. Port d'un sac lesté (hors chronométrage)

Poids du sac : 40 kg pour les hommes, 25 kg pour les femmes.

Le candidat saisit le sac par les poignées et le porte devant lui tout en le maintenant contre son abdomen, sur une distance de 20 m.

L'atelier est terminé une fois que le candidat a franchi l'arrivée avec le sac sans l'avoir posé. Si le sac est posé, le candidat devra recommencer à le porter sur la totalité du trajet, dans une limite de 3 tentatives.

Le temps mis pour effectuer cet atelier n'est pas comptabilisé dans le temps total du parcours d'habileté motrice, mais est limité à trois minutes.

En cas de non-respect de ces modalités, une pénalité forfaitaire d'un point est soustraite à la note obtenue au parcours.

Le chronomètre du parcours d'habileté motrice est déclenché 15 secondes après le port du sac lesté.

b. Flexions extensions (« pompes »)

Elles doivent être réalisées en position allongée, les bras perpendiculaires au sol, le corps bien aligné (tête, tronc, jambes), les jambes tendues, les pieds joints. Le candidat descend le corps vers le sol en fléchissant les coudes jusqu'à ce que son buste vienne toucher le plot en mousse. Il tend de nouveau les bras, complètement, coudes verrouillés.

5 mouvements pour les hommes, 3 mouvements pour les femmes.

Les mouvements correctement réalisés sont validés à haute voix par le moniteur.

Une pénalité de 10 secondes est attribuée au candidat qui n'a pas réalisé cet atelier.

c. Franchissement de haies

Franchissement de trois haies d'une hauteur de 71 cm pour les hommes et de 61 cm pour les femmes, espacées de 4 mètres.

Une pénalité de 10 secondes est attribuée au candidat qui n'a pas franchi les trois haies. Le renversement des haies n'entraîne pas de pénalité.

d. Passage en équilibre sur poutre

Passage debout sur une poutre de 5 m de longueur, placée à 1 m de hauteur.

La montée sur la poutre se fait à l'aide d'un appui intermédiaire (marche). La montée et la sortie de la poutre se font entre les balises.

Une pénalité de 10 secondes est attribuée au candidat qui n'a pas réalisé cet atelier.

e. Multibonds dans cerceaux

Progression par bonds successifs, un pied dans chaque cerceau posé sur le sol.

Diamètre des cerceaux : 65 cm.

Une pénalité de 10 secondes est attribuée au candidat qui n'a pas réalisé cet atelier.

f. Appuis alternés

5 appuis sur la jambe gauche et 5 appuis sur la jambe droite à effectuer en alternance un pied sur le sol et un pied sur le banc.

Hauteur du banc : 46 cm.

Une pénalité de 10 secondes est attribuée au candidat qui n'a pas réalisé cet atelier.

g. Franchissement de barrières

Franchissement de deux chevaux en mousse de 1,20 m de hauteur, 1,50 m de largeur et espacés de 2,20 m. L'ensemble du corps doit passer au-dessus du cheval et entre les repères matérialisés par des tiges.

Une pénalité de 10 secondes est attribuée au candidat qui n'a pas réalisé cet atelier.

h. Échelle horizontale

Au choix du candidat : progression, sans appui au sol, sous une échelle horizontale, ou suspension de 20 secondes.

Hauteur : 2,30 m ; longueur : 4 m ; largeur : 70 cm ; distance entre les barreaux : 0,50 m.

- **Progression :** saisir le premier barreau marqué et avancer jusqu'au barreau matérialisé à 3,50 m pour les hommes et 2 m pour les femmes. Ce dernier doit être saisi à deux mains.

Une pénalité de 20 secondes est attribuée au candidat qui n'a pas réalisé cet atelier.

- **Suspension :** le candidat doit rester suspendu par les mains durant 20 secondes.

Si le temps de suspension n'est pas réalisé, une pénalité de 30 secondes est attribuée au candidat.

i. Ramper

Ramper sous un dispositif formant un tunnel.

Hauteur : 0,50 m ; largeur : 1,20 m ; distance totale : 3 m.

Une pénalité de 10 secondes est attribuée au candidat qui n'a pas réalisé cet atelier.

j. Course en slalom

Course entre des cônes, sur une distance de 45 m. Les cônes doivent être contournés alternativement par la droite et par la gauche, le premier étant contourné en le laissant sur la gauche du candidat.

Une pénalité de 5 secondes est attribuée par plot non contourné.

Arrivée

Le chronomètre s'arrête lorsque le candidat franchit la ligne d'arrivée.

Barème du parcours d'habileté motrice hommes/femmes*

Temps en min.	Note sur 20		Temps en min.	Note sur 20		Temps en min.	Note sur 20		Temps en min.	Note sur 20	
	H	F		H	F		H	F		H	F
00:50	20	20	01:10	11,5	14,5	01:30	8,5	10	01:50	3,5	6,5
00:51	19,5	20	01:11	11,5	14	01:31	8,5	10	01:51	3	6
00:52	19	19,5	01:12	11	13,5	01:32	8	10	01:52	2,5	6
00:53	18,5	19,5	01:13	11	13,5	01:33	8	9,5	01:53	2	5,5
00:54	18	19	01:14	10,5	13	01:34	7,5	9,5	01:54	2	5,5
00:55	17,5	19	01:15	10,5	13	01:35	7,5	9,5	01:55	1,5	5
00:56	17	18,5	01:16	10,5	12,5	01:36	7	9,5	01:56	1	4,5
00:57	16,5	18	01:17	10,5	12	01:37	7	9,5	01:57	0,5	4
00:58	16	18	01:18	10	12	01:38	6,5	9	01:58	0	4
00:59	15,5	17,5	01:19	10	11,5	01:39	6,5	9	01:59		3,5
01:00	15	17,5	01:20	10	11,5	01:40	6,5	9	02:00		3
01:01	14,5	17	01:21	10	11,5	01:41	6	9	02:01		2,5
01:02	14	16,5	01:22	10	11	01:42	6	8,5	02:02		2
01:03	13,5	16,5	01:23	9,5	11	01:43	5,5	8,5	02:03		2
01:04	13	16	01:24	9,5	10,5	01:44	5,5	8	02:04		1,5
01:05	13	16	01:25	9,5	10,5	01:45	5,5	8	02:05		1
01:06	12,5	15,5	01:26	9,5	10,5	01:46	5	7,5	02:06		0,5
01:07	12	15	01:27	9	10,5	01:47	4,5	7,5	02:07		0
01:08	12	15	01:28	9	10	01:48	4	7			
01:09	11,5	14,5	01:29	8,5	10	01:49	4	7			

* Barème correspondant aux performances d'un candidat âgé, au 1er janvier de l'année en cours, de moins de 30 ans. Il est ajouté : 1 point aux candidats âgés de 30 à 40 ans et 2 points aux candidats âgés de plus de 40 ans.

Schéma du parcours d'habileté motrice

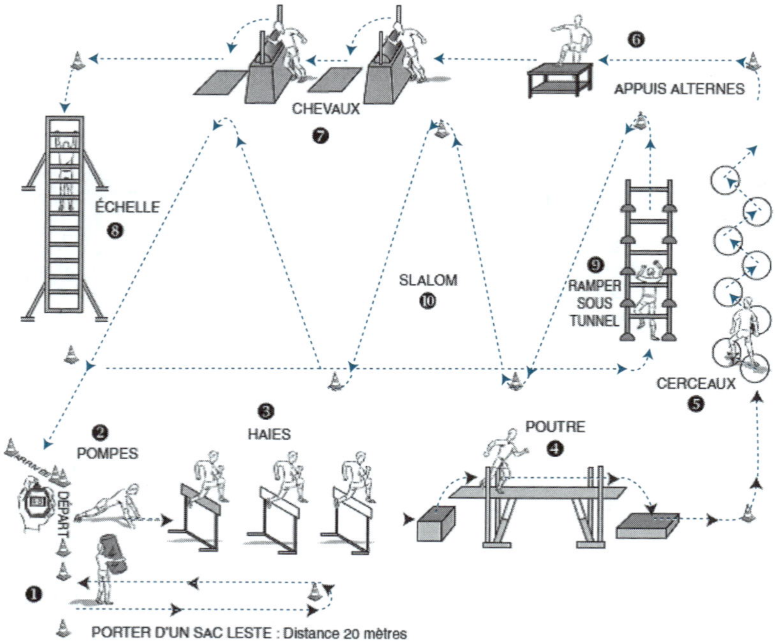

3 Deuxième épreuve : test d'endurance cardio-respiratoire

Le test consiste à accomplir des allers retours sur une distance de 20 m, à une vitesse progressivement accélérée.

Une bande sonore règle la vitesse en émettant des sons à intervalles réguliers et annonce la progression du candidat en termes de paliers et de fractions de paliers exprimées en temps (*exemple* : palier 4 ; palier 7 - 45 secondes).

Il s'agit pour le candidat d'atteindre le palier ou la fraction de palier la plus élevée possible.

L'épreuve commence lentement, à 8 km/h. Au départ, le candidat dispose de deux minutes pour calquer sa vitesse de course sur les signaux sonores. À chaque signal sonore, il doit ajuster sa course pour se retrouver à une des extrémités du tracé des vingt mètres.

À chaque extrémité, il doit bloquer un de ses pieds immédiatement derrière la ligne pour amorcer son retour. Les virages en courbe ne sont pas admis.

Deux mètres maximum de retard sont admis à la condition de pouvoir soit maintenir le retard, soit le combler lors des intervalles suivants. Si le retard s'accroît et devient peu à peu égal ou supérieur à deux mètres sans possibilité de le combler, le candidat arrête l'épreuve. Le dernier palier ou fraction de palier est alors retenu.

Remarque

Le candidat qui glisse ou tombe pendant le test est autorisé à le poursuivre, mais l'incident n'entraîne pas l'interruption de la bande sonore.

Barème test d'endurance cardio-respiratoire*

Note Femme	Performance réalisée	Note Homme
0	**palier 1**	0
0	**palier 1 - 15 s**	0
0	**palier 1 - 30 s**	0
0	**palier 1 - 45 s**	0
0	**palier 2**	0
0	**palier 2 - 15 s**	0
0	**palier 2 - 30 s**	0
1	**palier 2 - 45 s**	0
2	**palier 3**	0
3	**palier 3 - 15 s**	0
4	**palier 3 - 30 s**	0
5	**palier 3 - 45 s**	0
6	**palier 4**	0
7	**palier 4 - 15 s**	0
7,5	**palier 4 - 30 s**	0
8	**palier 4 - 45 s**	0
8,5	**palier 5**	1
9	**palier 5 - 15 s**	2
9,5	**palier 5 - 30 s**	3
10	**palier 5 - 45 s**	4
10	**palier 6**	5
10,5	**palier 6 - 15 s**	6
10,5	**palier 6 - 30 s**	7
11	**palier 6 - 45 s**	8
11	**palier 7**	8,5
11,5	**palier 7 - 15 s**	9
12	**palier 7- 30 s**	9,5
12,5	**palier 7 - 45 s**	10
13	**palier 8**	10
13,5	**palier 8 - 15 s**	10,5
14	**palier 8 - 30 s**	11
14,5	**palier 8 - 45 s**	11
15	**palier 9**	11
15,5	**palier 9 - 15 s**	11,5
16	**palier 9 - 30 s**	11,5
16,5	**palier 9 - 45 s**	12
17	**palier 10**	12
17,5	**palier 10 - 15 s**	12,5
18	**palier 10 - 30 s**	12,5
19	**palier 10 - 45 s**	13
20	**palier 11**	13,5
20	**palier 11 - 15 s**	14
20	**palier 11 - 30 s**	14,5
20	**palier 11 - 45 s**	15
20	**palier 12**	15,5
20	**palier 12 - 15 s**	16
20	**palier 12 - 30 s**	16,5
20	**palier 12 - 45 s**	17
20	**palier 13**	17,5
20	**palier 13 - 15 s**	18
20	**palier 13 - 30 s**	18,5
20	**palier 13 - 45 s**	19
20	**palier 14**	20

* Barème correspondant aux performances d'un candidat âgé, au 1er janvier de l'année du concours, de moins de 30 ans. Il est ajouté : 1 point aux candidats âgés de 30 à 40 ans, et 2 points aux candidats âgés de plus de 40 ans.

2 Préparation aux épreuves physiques

Les épreuves physiques du concours de gardien de la paix sont complexes : un parcours d'habileté motrice et un test d'endurance cardio-respiratoire qui impliquent différents efforts et donc différentes manières de s'entraîner. Chacune d'elles demande au candidat de maîtriser son corps tant du point de vue musculaire que cardio-respiratoire. Pour vous préparer à ce concours, il va donc vous falloir apprendre à connaître votre corps, ses capacités ainsi que ses limites. En effet, sans une connaissance parfaite de votre corps, aucune performance stable et maîtrisée n'est possible.

Que vous soyez sportif aguerri, excellent dans telle ou telle discipline ou simple joggeur du dimanche, il est capital que vous vous prépariez de manière adéquate, tant sur la régularité que sur le long terme.

Important

En d'autres termes, quelle que soit votre condition physique actuelle, c'est seulement grâce à une préparation anticipée, construite et progressive que vous pourrez réussir les épreuves sportives sans encombre.

1 Quelques conseils pour bien commencer

a. Tenue adaptée

- **Chaussures :** peut-être pensez-vous que n'importe quelle paire de basket fera l'affaire pour vos entraînements, mais il n'en est rien. Chaque personne a sa propre façon de courir, sa propre forme de pied, etc. Une paire de chaussures adaptée vous permettra d'adopter une bonne posture lorsque vous courrez. N'hésitez donc pas à aller dans un magasin de sport pour vous faire conseiller. Pensez à amener une paire de chaussures usagées : l'usure et la forme de celles-ci permettront au vendeur de mieux vous conseiller.
- **Short/pantalon et t-shirt :** en plus de votre propre confort, pour une bonne évaluation notamment de l'atelier de pompes du parcours d'habileté (verrouillage des coudes et contact du buste avec le plot et bon alignement tête-tronc-jambes), il est indispensable que vous portiez une tenue adaptée : T-shirt suffisamment près du corps et pantalon de survêtement pas trop large.

b. Bonne hygiène de vie

Une bonne hygiène de vie est indispensable si vous espérez avoir un rendement maximal de votre entraînement. Ne serait-il pas dommage de gâcher vos performances en gardant quelques mauvaises habitudes qu'il serait simple d'abandonner ? Sans attendre les effets bénéfiques de votre entraînement, adoptez une hygiène qui vous permettra d'éliminer les graisses avec des repas moins abondants, mais plus nombreux, moins riches en sucres, en sel, avec plus de légumes verts. Aussi, l'hygiène de vie ne concerne pas que l'alimentation, mais repose sur un ensemble de mesures destinées à préserver la santé. Veillez donc à dormir à heures régulières et moins tardivement, évitez l'alcool et la cigarette, buvez plus d'eau, etc.

Remarque

Attention, ces règles ne doivent pas être vécues comme des contraintes, mais doivent être librement choisies afin de ne pas vivre votre période de préparation à l'épreuve comme un calvaire.

c. S'équiper pour mieux évaluer vos performances et votre progression

Afin d'évaluer au mieux votre progression au fil des séances d'entraînement, quelques outils pourront se montrer très utiles. Dans votre poche, autour du cou ou attachés à votre poignet, ils seront vos meilleurs compagnons.

- **Le « carnet de bord » :** outil indispensable pour suivre votre progression, établir de nouveaux objectifs et rechercher la performance. Dans ce carnet, vous y noterez la distance que vous avez parcourue, sur quel type de terrain (route, sentier, forêt, etc.) et votre temps.
- **Le chronomètre :** il vous permettra de savoir combien de temps aura duré votre entraînement, combien de temps vous avez couru.
- **Le cardiofréquencemètre :** il n'est pas indispensable, mais s'avère utile pour mesurer l'intensité de l'effort et votre progression.

2 Organisation de l'entraînement

a. Durée de la préparation

S'il est préférable de tabler sur une période de 4 mois, une préparation physique bien programmée permet d'obtenir de bons résultats dès 3 mois à raison de 3 séances par semaine. Pendant cette période, il s'agit pour vous de bien ancrer vos entraînements dans vos habitudes de vie et de respecter rigoureusement ce rythme afin de voir vos efforts récompensés par de bonnes améliorations. Les éléments que nous allons vous proposer correspondent à des modèles de base qu'il va falloir vous approprier pour vous forger un programme d'entraînement adapté à vos capacités, évoluant avec l'amélioration de vos aptitudes. C'est en choisissant le modèle qui vous correspond le plus et en en augmentant progressivement la difficulté que vous allez vous construire un véritable programme d'entraînement visant toujours une optimisation de vos performances.

b. Échauffement

S'ils peuvent être vécus comme ennuyants ou inutiles, les échauffements représentent un élément incontournable de tout entraînement. Ils permettent à votre organisme de mieux se préparer à l'effort d'un point de vue musculaire, articulaire et cardio-respiratoire, mais permettent aussi d'améliorer la coordination et la préparation mentale.

À retenir

Si vous êtes bien échauffé, votre performance sera améliorée.

Voici donc un échauffement type :

- **Footing :** pendant un temps de minimum 10-15 minutes, faire un footing (c'est-à-dire à un rythme vous permettant de discuter).
- **Montée de genoux :** sur 2 séries de 20 mètres ou plus, courir à petites foulées en montant les genoux au niveau de la taille avec des appuis dynamiques.

- **Talon-fesse :** mêmes séries pendant lesquelles vos talons viennent toucher vos fesses.
- **Foulées bondissantes :** toujours 2 séries de 20 mètres où il s'agit de courir à un rythme lent en faisant de longues foulées sautées.
- **Accélérations :** sur deux séries de 75-100 mètres, non pas sprinter, mais courir à une vitesse proche de votre vitesse maximale.

Remarque

- Après chaque première série, parcourir la même distance en trottinant, puis enchaîner avec la seconde.
- Vous pourrez compléter ces échauffements par des échauffements des épaules, des coudes, du cou/nuque, etc.

c. Entraînement physique aérobie

Nous allons à présent vous proposer un programme d'entraînement progressif permettant de développer étape par étape les capacités cardio-respiratoires. Ce programme se base sur différents types d'efforts : les efforts continus et les efforts intermittents. Il s'agit d'une part de courir sur des temps longs et sans interruption (de 30 à 45 minutes) et d'autre part de réaliser une succession d'efforts entrecoupés de phases de course à faible intensité ou de repos plus ou moins longs.

Important

Bien qu'il vous impartisse de vous approprier les différentes méthodes du programme que nous vous proposons, nous vous conseillons de suivre les étapes qui le constituent, car ce n'est qu'en travaillant méthodiquement, des bases jusqu'au spécifique, que vous pourrez développer vos capacités aérobies de manière efficiente.

L'endurance fondamentale

Les épreuves sportives de ce concours demandent au candidat d'être capable de maintenir une performance optimale sur des intensités qui varient (différents ateliers) et qui augmentent progressivement (test d'endurance). Avant d'aborder cette capacité à maintenir un effort à des intensités variées, il convient avant toute chose de travailler la base, à savoir l'endurance fondamentale. Occulter cette étape, c'est se heurter à une incapacité à progresser convenablement.

L'endurance fondamentale, c'est l'allure à laquelle le coureur est en totale aisance respiratoire, c'est-à-dire celle où il est capable de courir sans difficulté en tenant une discussion. Dès qu'elle devient difficile, c'est que l'on court trop vite et qu'il faut ralentir. Si vous possédez un cardiofréquencemètre, vous êtes en endurance fondamentale en dessous de 75 % de votre fréquence cardiaque maximale (FCM).

Pour calculer votre FCM : après un bon échauffement, réalisez un effort de 4 à 6 minutes avec pour objectif de finir épuisé. Il s'agit de courir en augmentant progressivement la vitesse pour permettre au corps de s'adapter pour enfin réaliser un sprint final dans lequel vous « donnerez tout ». La fréquence cardiaque relevée à l'issue de cet effort détermine votre FCM.

Dans un premier temps, il est possible qu'à cette allure vous ne preniez pas de plaisir à courir ou que vous ressentiez une certaine frustration, car il est vrai qu'à une telle vitesse on peut avoir la sensation de se freiner. Cependant, au fil des entraînements, pour une même fréquence cardiaque (ou pour une même capacité à pouvoir parler en courant, si vous ne possédez pas de cardiofréquencemètre), vous serez capable d'augmenter votre vitesse, ce qui vous permettra de prendre plus de plaisir. Cela prouvera surtout que vous aurez progressé.

- **Principaux bénéfices de l'entraînement de l'endurance fondamentale**
  - **Amélioration de la circulation sanguine** : meilleure utilisation du réseau capillaire sanguin permettant une meilleure irrigation des muscles, donc un meilleur apport en oxygène et donc en énergie.
  - **L'utilisation des lipides est favorisée :** les réserves de glycogène s'épuisent moins rapidement.
  - **Augmentation du volume du cœur** permettant, comme nous venons de le voir, une baisse de la fréquence cardiaque pour un même effort.
  - **Augmentation du nombre de mitochondries** (organites essentiels dans les processus énergétiques cellulaires) améliorant la capacité à produire de l'énergie.
- **Durée d'entraînement en endurance fondamentale**

Pendant deux à trois semaines, à raison de deux à trois séances par semaine, seule l'endurance fondamentale est travaillée. Pour les débutants ou ceux reprenant le sport après une certaine période, 30 à 45 minutes y seront allouées. Pour les personnes ayant un meilleur niveau, l'entraînement peut être étendu jusqu'à une heure ou plus. Durant ces deux à trois semaines de préparation, vous permettez à votre organisme de se réadapter à l'activité physique et à l'entraînement plus spécifique qui suivra. Passées ces deux à trois semaines et jusqu'à la fin de votre préparation, une séance d'endurance fondamentale par semaine devra être réalisée.

Travail longue durée et introduction du travail en fractionné

À présent, votre corps est dans de bonnes dispositions pour affronter des efforts plus intenses. Il s'agit donc à présent d'intégrer dans des séances en endurance fondamentale (que nous nommerons ici « course à faible allure ») des changements d'allures, qui vont demander à votre organisme de s'adapter continuellement. Cet entraînement consiste à alterner des allures de faible intensité avec des allures plus rapides à la suite et d'y intégrer progressivement des phases de sprint.

Proposition de programme d'entraînement sur 5 semaines

FA : course à faible allure ; IM : course à intensité modérée

Semaine 1	20' FA/3' IM/3' FA/3' IM/3' FA/3' IM/3'FA
Semaine 2	20' FA/4' IM/4' FA/4' IM/4' FA/4' IM/4' FA
Semaine 3	20' FA/5' IM/4' FA/5' IM/4' FA/5' IM/20" sprint/5' marche
Semaine 4	15' FA/5' IM/10" sprint/3' FA/5' IM/10" sprint/3' FA/5' IM/20" sprint/5' marche
Semaine 5	15' FA/6' IM/10" sprint/3' FA/6' IM/10" sprint/3' FA/5' IM/sprinter le plus longtemps possible/5' marche
Semaine 6	10' FA/8' IM/10" sprint/3' FA/8" IM/10" sprint/3' FA/8' IM/sprinter le plus longtemps possible/5' marche

Méthode des efforts intermittents (calcul VMA)

À ce stade, vous êtes capable de varier les efforts et de conserver une performance stable. La suite de l'entraînement consiste maintenant à vous préparer de manière encore plus spécifique aux épreuves. Nous allons donc appréhender un type d'entraînement qui va vous permettre d'être encore plus rapide et endurant tant d'un point de vue cardio-respiratoire que musculaire : la méthode des efforts intermittents qui consiste en une succession d'efforts et de repos.

> Dans ce qui va suivre, nous allons parler du terme **VMA** signifiant **Vitesse Maximale Aérobie**. Sans entrer dans les détails techniques, ce terme correspond à la vitesse à partir de laquelle une personne consomme le maximum d'oxygène. Connaître sa VMA est indispensable afin de planifier son entraînement. Elle est également une bonne indication sur le potentiel présent et futur du coureur. Pour la connaître, trouvez un parcours plat duquel vous connaissez exactement la longueur (piste d'athlétisme, terrain de football, de tennis, etc.). Courez sur un temps précis de 6 minutes à la fin desquelles vous devez être au maximum de vos capacités. La distance que vous avez parcourue vous permet alors de connaître votre VMA : distance parcourue (en m)/100 = VMA (en km/h). Par exemple, si vous courez 1 500 m, votre VMA est de 15 km/h.

Méthode des efforts intermittents de longue durée : le temps de travail équivaut au temps de repos. Il s'agit de réaliser 5 à 7 répétitions de 3 à 4 min chacune au cours desquelles l'intensité ne doit pas diminuer. Vous courrez à une vitesse égale à votre VMA ou jusqu'à 10 % supérieurs. Le temps de récupération doit être rigoureusement le même que le temps que vous avez couru : la récupération étant l'élément fondamental de cette méthode. La récupération entre les séries est active, c'est-à-dire qu'après l'effort, il ne faut pas s'arrêter, mais poursuivre par de la marche voire du footing à petites foulées. Veillez bien à respecter scrupuleusement ce dernier point.

Méthode des efforts intermittents de moyenne durée : le temps de travail est inférieur ou égal au temps de repos. Selon votre niveau, il s'agit de réaliser au minimum 8 répétitions de 1 min chacune au cours desquelles l'intensité ne diminue pas. Vous courrez à une VMA de 110 à 120 %. Le temps de récupération peut varier de 1 à 2 min et est actif.

Méthode des efforts intermittents de courte durée : le temps de travail est inférieur au temps de repos. Encore une fois, selon le niveau, il s'agit de réaliser 10 à 20 répétitions de 10 secondes ou 12 à 15 répétitions de 15 secondes au cours desquelles l'intensité ne diminue pas. Vous courrez à une VMA de 120 à 140 %. Le temps de récupération peut varier de 1 min 30 à 2 min et est actif.

Le 30-30 : le temps de travail est égal au temps de récupération. Ici, il s'agit de réaliser une succession de séries comprenant 30 secondes de course à 110-115 % de la VMA suivies de 30 secondes de récupération passive voire semi-active. Le nombre de séries sera déterminé par votre capacité à maintenir l'effort à la même intensité. Selon le niveau, de 12 à 20 répétitions. On peut faciliter l'exercice en découpant la séance en deux parties avec une pause de 2 à 3 min. Par exemple, 6 séries de 30-30 suivies d'une récupération de 3 min, puis à nouveau 6 séries de 30-30.

d. Renforcement musculaire

Compte tenu de l'effort à fournir pour l'ensemble des épreuves, une bonne préparation musculaire est nécessaire. Cette préparation ne requiert que très peu de matériel et peut très largement se faire chez vous : un tapis de sol, une barre de tractions, une bouteille d'eau et vous êtes parés.

Les différents ateliers sollicitent toutes les chaînes musculaires de votre corps, donc lors de vos séances de renforcement, il va falloir toutes les travailler. 2 à 3 séances par semaines sont conseillées.

Voici quelques exemples d'exercices :

- Sur le dos, bras croisés, décoller légèrement les épaules du sol, puis lever les jambes. Les genoux juste en dessous du bassin, plier les jambes pour qu'elles soient parallèles au sol (comme si l'on était assis sur une chaise). En essayant de conserver cuisses et genoux stables, effectuer des flexions/extensions. Faire 5 séries de 10 répétitions et à la dixième bloquer quelques secondes. Récupérer 15 secondes entre chaque série.
- Sur le dos, placer une main derrière la tête et tendre l'autre derrière soi. Jambes pliées et pieds à plat sur le sol, poser une cheville au-dessus de votre genou. La jambe venant se poser est celle en diagonale du bras tendu. En position, effectuer des abdominaux en venant pointer votre main libre sur le côté opposé sans décoller les lombaires du sol. Faire 5 séries de 10 répétitions avec 15 secondes de repos. Alterner les côtés.
- Sur le ventre, placer les mains sous le menton. Lever simultanément les jambes (tendues) et les épaules et bloquer dans cette position 15 secondes. Réaliser 5 séries de 15 secondes avec 10 secondes de récupération. Selon le niveau, 4 à 5 séries de 8 à 15 pompes avec 1 min 30 de repos. Varier l'inclinaison, la vitesse de montée/descente, l'écartement entre les mains.
- Sur une barre de traction, effectuer 4 à 5 séries d'autant de tractions possibles avec un temps de récupération variant de 1 min à 1 min 30. Varier les positions (paumes vers l'intérieur ou vers l'extérieur, passer la barre derrière la nuque, etc.).
- Maintenir une position de gainage ventral 20 secondes, faire une pause de 10 secondes allongé sur le ventre, puis poser une cheville sur l'autre et maintenir à nouveau un gainage ventral dans cette position. Faire une pause et changer de jambe. 3 à 6 séries de 20 secondes. Varier en verrouillant les bras en position de pompe.
- Réaliser 4 à 6 séries de pompes soit en pyramidal (nombre de pompes par série qui augmente progressivement) soit en continu (même nombre de pompes par série). Il vous revient de déterminer le nombre de répétitions, cela étant très individuel, mais gardez en tête que sur la dernière série vous devez vous arrêter quand vous n'êtes plus capable de poursuivre l'effort.

e. Conseils supplémentaires

Vous disposez à présent d'un modèle d'entraînement complet pour vous préparer aux épreuves physiques, mais afin de l'optimiser ou de casser la monotonie, vous pouvez y ajouter certains éléments.

- **Récréer les conditions de l'examen :** certains ateliers du parcours sont facilement reproduisibles (montée de genoux, slaloms, ramper), de même pour l'épreuve d'endurance cardio-respiratoire. Les parcours de santé disposent souvent d'ateliers pouvant aussi être utiles pour vous préparer.
- **Varier les activités :** en complément, pour mêler renforcement musculaire et endurance, il peut s'avérer utile de changer d'activité physique. Pensez à de la natation, au vélo ou au squash par exemple.
- **Varier les terrains :** on court différemment sur le plat, en campagne ou en montagne, ce qui fait travailler différemment les chaînes musculaires ainsi que l'endurance. Une bonne formule de préparation est le « fartlek ». Ce sont des parcours tout-terrain en nature avec plats, côtes, descentes, sols divers, permettant de travailler tous les rythmes.
- **S'étirer :** n'oubliez pas de vous étirer après chaque séance, que vous ayez couru ou fait du renforcement musculaire. De la nuque aux chevilles, en passant par toutes les chaînes musculaires, comptez entre 10 et 20 minutes d'étirements.

- **Se reposer :** n'en faites pas plus que ce que nous vous proposons. Afin d'éviter le syndrome du surentraînement (qui entraîne une baisse de la motivation, des performances et peut être à l'origine de blessures), veillez bien à régulièrement vous impartir des jours de repos dans votre programme d'entraînement.

3 À l'approche de l'épreuve

a. Veille de l'épreuve

Dès la fin de l'après-midi, il faut se préparer intelligemment à l'épreuve du lendemain. Voici les points clés à respecter :

- **Arrêtez les boissons excitantes ou à base de caféine dès 16 h.** Passé cette heure, vous vous exposez au risque de ne pas trouver le sommeil le soir.
- **Faites un petit footing,** cela vous permettra d'évacuer le stress et améliorera la qualité de votre sommeil. Ne vous adonnez surtout pas à un effort intense, autant vous éviter une blessure à ce moment ! Faites le vers 17 h pour en tirer tous les bénéfices.
- **Dînez équilibré.** Le repas du soir a des incidences sur votre nuit et votre forme du lendemain. Privilégiez les sucres lents qui vous restitueront une bonne énergie le lendemain matin. Évitez de manger trop lourd ou de sauter un repas.
- **Dormez suffisamment.** Le sommeil est affaire personnelle. Si 6 heures peuvent suffire pour certains, d'autres auront besoin de 9 heures. Dormez donc suffisamment, autant d'heures que vous savez en avoir besoin.

b. Jour de l'épreuve

Le matin de l'épreuve, pensez à vous lever suffisamment tôt. Le corps et le cerveau ont besoin de temps pour être dans leur forme optimale. Dans l'idéal, levez vous deux heures avant l'heure du rendez-vous, cela vous permettra de commencer la journée sans le stress du retard, de ne pas petit-déjeuner à la va-vite et tout simplement permettre à votre corps de s'éveiller progressivement.

La veille, vous aurez pensé à préparer votre sac de sport dans lequel figureront un short, un t-shirt, une bouteille d'eau, des barres énergétiques, et des vêtements de rechange. Vous pouvez, si vous le souhaitez, y ajouter du chauffant musculaire.

Pour vous rendre sur les lieux, si vous n'êtes pas trop éloignés et que les conditions météorologiques le permettent, vous pouvez y aller en footing, ce qui est idéal pour chauffer les muscles et vous préparer un tant soit peu à l'épreuve.

c. Juste avant l'épreuve

Vous disposerez d'au moins 15 minutes pour vous échauffer. Ici, la meilleure méthode pour bien se préparer est la vôtre. En effet, préparez-vous comme vous l'avez toujours fait lors de vos entraînements précédents : faites votre propre routine, celle qui a fonctionné jusqu'ici. Ne commettez pas l'erreur de regarder ce que font les autres et de vouloir faire la même chose. Vous avez votre propre manière de faire, restez-en là. Gardez bien en tête que l'objectif est de mettre le corps dans de bonnes dispositions, donc arrêtez-vous avant de ressentir de la fatigue.

Vous voilà prêt, bonne chance !

Épreuve d'admission nº 6

Entretien avec le jury

1 Déroulement de l'épreuve

Cette épreuve d'une durée de 25 minutes, dont 5 minutes de présentation, est dotée d'un coefficient de 5 : le plus important du concours. La note attribuée varie de 0 à 20. Une note inférieure à 05/20 est éliminatoire. Seuls les candidats ayant validé les épreuves sportives passent devant le jury d'admission.

Au titre du concours externe, un entretien de recrutement avec le jury permet d'évaluer l'aptitude et la motivation du candidat à occuper les fonctions de gardien de la paix, d'apprécier sa personnalité, ses qualités de réflexion ainsi que ses connaissances.

Le jury dispose comme aides à la décision :

- des résultats des tests psychotechniques passés par le candidat le jour même ;
- du curriculum vitæ détaillé, remis par le candidat au service organisateur du concours à l'attention des membres du jury. Ce curriculum vitæ devra faire apparaître les compétences acquises lors du parcours scolaire et extrascolaire et développer les raisons de ce choix professionnel.

Au titre des deux concours internes, l'entretien avec le jury s'appuie sur un dossier de reconnaissance des acquis de l'expérience professionnelle préalablement déposé par le candidat auprès du service organisateur du concours à une date fixée par l'arrêté d'ouverture du concours. Le dossier est transmis au jury par le service organisateur.

Ce dossier a pour objet de mettre en évidence les acquis de l'expérience professionnelle du candidat ainsi que ses motivations à devenir gardien de la paix.

Pour l'épreuve orale d'entretien, le jury du concours peut se constituer en groupes d'examinateurs.

Chaque groupe d'examinateurs comprend 3 personnes :

- un fonctionnaire du corps de conception et de direction ou du corps de commandement de la Police nationale ;
- un fonctionnaire du corps d'encadrement et d'application de la Police nationale ayant le grade de major ou de brigadier chef ;
- un psychologue.

Le psychologue est chargé, entre autres, de présenter le profil psychologique de chaque candidat, défini à partir de ses résultats aux tests psychotechniques.

Il est essentiel pour le candidat de bien se préparer à cette épreuve afin de saisir l'opportunité de convaincre le jury de l'adéquation de son profil avec l'exercice de la fonction de gardien de la paix.

Pour mettre toutes les chances de son côté, le candidat devra accorder beaucoup d'attention à l'élaboration de son curriculum vitæ, pièce maîtresse de l'entretien (concours externe) ou du dossier professionnel transmis par le service organisateur du concours (concours internes).

De plus, réussir cette épreuve nécessite d'appréhender les attentes du jury, de mettre en avant les atouts de sa candidature, et de soigner le fond ainsi que la forme de son discours.

2 Élaboration du curriculum vitæ ou du dossier professionnel

Le curriculum vitæ (CV) (concours externe) ou le dossier professionnel (concours internes) sont des documents très utiles au jury. Ils donnent une première image du candidat avant même qu'il n'entre dans la salle d'entretien. Ils peuvent servir de guide lors des échanges. Ils restent après que le candidat soit parti et le jury peut être amené à les réexaminer au moment du choix et du classement des candidats.

Pour toutes ces raisons, le candidat doit prendre tout le temps nécessaire pour préparer soigneusement son CV ou le dossier professionnel. Il est le résultat d'un travail de réflexion. Vous trouverez ci-après méthodes et conseils pour aboutir à leur élaboration.

1 Le travail de réflexion préalable

Le CV que vous allez remettre à l'accueil, le jour unique d'admission, n'a pas vocation à contenir toutes les informations qui vous concernent, mais seulement celles attendues par le jury, notamment les compétences que vous avez acquises et les raisons de votre choix professionnel.

Avant même de vous lancer dans son élaboration, posez-vous quelques questions auxquelles vous répondrez par écrit.

- Quels sont mes qualités et mes défauts ?
- Décrivez une situation dans laquelle est mise en avant chacune de vos qualités et chacun de vos défauts.
- Que pensent vos proches de vous ? N'hésitez pas à les solliciter (membres de votre famille et amis) pour le savoir.
- Quelles responsabilités avez-vous exercées ? Dans quelles circonstances ?
- À quel moment précis avez-vous envisagé de devenir gardien de la paix ? Qu'est-ce qui a déterminé ce choix ? Quelles sont vos attentes concernant cette profession ?
- Listez diplômes obtenus et formations suivies et identifiez les connaissances acquises et les compétences développées, éventuellement transférables à l'exercice d'un métier orienté vers la sécurité et la prévention.
- Déterminez les aptitudes développées au cours de vos stages, expériences professionnelles ou bénévoles qui pourraient être mises en œuvre par un gardien de la paix.
- Identifiez vos centres d'intérêt. Réfléchissez, pour chacun d'entre eux, sur ce qui vous plaît dans ces activités et ce qu'elles vous apportent.
- Quelles sont les langues étrangères maîtrisées ? Les outils et matériels utilisés ?
- Avez-vous une (ou plusieurs) expérience(s) en matière d'encadrement de personnes ?
- Qu'est-ce qui est important à vos yeux ? Quelles sont vos priorités ?
- Vous envisagez un changement de métier. Expliquez pourquoi.

Remarque

Cette phase préparatoire est indispensable. Elle permet de faire un bilan personnel et professionnel avant de rédiger un CV synthétisant les informations qui retiendront l'attention des membres du jury.

2 Les rubriques du CV (concours externe)

Le CV doit permettre de repérer le profil du candidat en quelques coups d'œil.

Il est succinct, sur une page A4.

Il s'articule autour de rubriques clés :

- état civil et coordonnées ;
- un titre et/ou une phrase de motivation ;
- motivations ;
- formations ;
- parcours professionnel ;
- activités personnelles.

a. L'état civil et les coordonnées

On trouve dans cette rubrique :

- nom et prénom ;
- âge (plutôt que la date de naissance) ;
- adresse, coordonnées téléphoniques et éventuelle adresse e-mail ;
- situation familiale ;
- éventuellement une photographie.

b. Le profil

Il s'agit, le plus souvent, d'un paragraphe ou d'une phrase d'accroche qui présente le profil du candidat et ses aspirations.

c. Les compétences

Cette rubrique permet de répertorier les éléments suivants :

- diplômes obtenus, mentions éventuelles ;
- stages de formation professionnelle, compétences acquises ;
- maîtrise de certains outils (logiciels), de langues étrangères.

d. Le parcours professionnel

De manière précise et concise, de façon chronologique et par thèmes, cette rubrique présente :

- les emplois occupés, leur durée, les principales missions réalisées, les compétences acquises ;
- les réalisations dans le cadre de stages, de travaux d'étude ou d'activités bénévoles.

En cas d'expériences multiples ou variées, faites des choix pour mettre en exergue celles qui paraissent les plus adaptées pour démontrer des qualités et compétences transposables à l'exercice de la profession de gardien de la paix.

Exemple de curriculum vitæ

Cédric MARTIN
24 ans – Vie maritale
6, rue de la Liberté
86 000 POITIERS
06.07.08.09.10
c.martin86@gmail.com

Mon profil : secouriste expérimenté et professionnel de l'aide à la personne. Je souhaite désormais m'engager dans un métier au service de l'intérêt général, de la protection des biens et des personnes.

Mes compétences acquises par la formation		
Connaissances/Compétences acquises	**Année**	**Diplôme(s)/Formation(s) suivie(s)**
Intervenir dans des situations d'urgence Utiliser du matériel de secours Travailler en équipe Maîtriser son stress	2024	Premiers Secours en Équipe Niveau 2
Connaissances en droit, économie et gestion et sciences humaines et sociales Saisie de documents sur logiciels de traitement de texte	2024	DEUG AES (Administration économique et sociale) – Mention Assez Bien
Analyser un risque potentiel Prendre des mesures préventives Effectuer des gestes pour préserver la santé d'une victime Prévenir les secours	2022	Prévention et Secours de Niveau 1
Connaissances générales sur les problématiques économiques et sociales du monde contemporain Sensibilisation aux questions d'actualité	2022	Baccalauréat ES (Économique et social) – Mention Assez Bien

Mon parcours professionnel		
Compétences développées	**Période**	**Expérience(s)/Stage(s)/ Activité(s)**
Travail de nuit Interventions à la demande (angoisse, chute, malaise) Mise en sécurité et surveillance des biens et des locaux	Depuis sept. 2024	Veilleur de nuit dans une résidence séniors
Secouriste lors de manifestations ou de concerts Sens des responsabilités	Depuis 2022	Bénévole – Croix Rouge Française
Travail physique, avec des horaires décalés Vie en collectivité	Étés 2021 et 2022	Cueillette des melons

Mes activités personnelles
• Pratique du tir à l'arc depuis l'âge de 15 ans • Course à pied • Lecteur de romans policiers • Permis B, voiture personnelle

e. Les activités personnelles

Cette rubrique contient des informations qui permettront au jury de mieux vous connaître. L'objectif est d'y faire figurer des éléments qui attireront leur attention :

- centres d'intérêt, loisirs ;
- participation à des activités associatives, à des projets ;
- permis détenus ;
- autres informations utiles.

Le CV, une fois rédigé, peut servir de base à votre présentation devant le jury. Il s'agit de présenter un « CV parlé » qui met en avant, de façon dynamique, la cohérence de votre parcours, votre motivation et les atouts de votre candidature. Entraînez-vous autant que nécessaire pour maîtriser son contenu sans avoir besoin, en définitive, du support papier.

3 Le dossier professionnel (concours internes)

L'échange avec le jury des candidats des concours internes s'appuie sur un dossier professionnel préalablement déposé par le candidat auprès du service organisateur du concours à une date fixée par l'arrêté d'ouverture du concours.

Ce dossier a pour objet de mettre en évidence les acquis de l'expérience professionnelle du candidat durant son activité de policier adjoint ou bien de cadet de la République, option Police nationale, aux fonctionnaires et agents de l'État, des collectivités territoriales, des établissements publics (1er concours interne) ou de volontaire dans les armées servant dans la Gendarmerie nationale, titulaire du diplôme de gendarme adjoint (2e concours interne).

À noter

Le ministère de l'Intérieur a mis en ligne un guide d'aide à la constitution du dossier professionnel (www.devenirpolicier.fr). C'est un document utile et précieux.

Le dossier professionnel est constitué de tableaux à renseigner sur votre parcours de formation et votre expérience professionnelle.

Compléter le dossier nécessite plusieurs étapes :

1. Lire attentivement l'ensemble des documents constitutifs du dossier type afin de comprendre la démarche de ce dossier.
2. Rassembler les éléments et les informations nécessaires à la constitution de votre dossier :

- les éléments permettant d'établir avec précision le parcours professionnel dans la fonction publique hospitalière, dans l'armée ou dans une organisation internationale intergouvernementale (1er concours interne), ou dans la Police nationale ou la Gendarmerie nationale (2e concours interne) ;
- le cas échéant, les pièces justificatives de votre cursus scolaire, de votre formation professionnelle et de votre activité professionnelle ;
- éventuellement, les pièces justificatives liées à votre activité professionnelle antérieure à votre contrat de PA ou de GAV, qu'elle soit salariée, non salariée, ou bénévole (une seule expérience marquante est demandée).

3. Prendre connaissance des missions et des fonctions occupées par les gardiens de la paix de la Police nationale.

4. Identifier vos compétences, aptitudes et connaissances à mettre en correspondance avec celles attendues.

5. Remplir les documents du dossier avec soin, en respectant les formats proposés.

   Le dossier comporte :

   - une déclaration sur l'honneur ;
   - votre cursus scolaire / formation professionnelle ;
   - votre expérience professionnelle ;
   - les acquis de votre expérience professionnelle ;
   - le récit d'une expérience, marquante vécue (2e concours interne) ;
   - le visa de votre autorité hiérarchique.

Vous devrez systématiquement inscrire en bas de chaque page de votre dossier professionnel vos nom et prénom.

6. Vous devrez impérativement remettre ce dossier au service organisateur (SGAMI/SGAP), le jour des épreuves.

Votre cursus scolaire/formation professionnelle

Votre scolarité générale à partir du DNB – vos études professionnelles et/ou technologiques et/ou universitaires.

Année	Établissement (DEPT)	Classe suivie/ spécialité	Diplômes(s) obtenu(s)/ option

Vos autres formations (formations professionnelles civiles et militaires, stages, congés de formation, etc.) : indiquez systématiquement pour chacune d'entre elles la durée exacte de la formation suivie.

Période	Durée	Organisme de formation	Spécialité	Intitulé : de la formation – du titre obtenu
Du ….. au ……				
Du ….. au ……				
Du ….. au ……				
Du ….. au ……				

Votre expérience professionnelle

Listez vos différentes activités depuis votre entrée au sein du ministère de l'Intérieur. Présentez dans le tableau ci-dessous, en commençant par l'expérience la plus récente, tous les emplois que vous avez tenus.			
Période	**Durée**	**Nom du service de police ou de gendarmerie**	**Votre mission/emploi**
Du ..... au			
Du ..... au			
Du ..... au			

Avez-vous eu une autre expérience professionnelle dans le secteur privé ou public ? ▢ *oui* ▢ *non* *Si oui, citez un emploi marquant :*			
Période	**Durée**	**Nom de la société ou de l'administration**	**Quel est votre emploi ?**
Du ..... au			

Le dossier comprend également un texte à rédiger qui s'apparente à une lettre de motivation.

Attention

Les candidats devront se positionner, en début de dossier, sur un recrutement à affectation régionale ou nationale :

- Les candidats choisissant le concours à affectation régionale en Île-de-France sont recrutés pour une durée de 8 ans à compter de leur nomination en tant que stagiaire. La fidélisation des fonctionnaires en Île-de-France est accompagnée de mesures indemnitaires et sociales.
- Les candidats choisissant le concours à affectation nationale sont recrutés pour une durée de 5 ans à compter de leur nomination en tant que stagiaire. L'affectation nationale comprend tout le territoire, y compris l'Île-de-France.

Les acquis de votre expérience professionnelle

Présentez les éléments qui constituent, selon vous, les acquis de votre expérience et vos atouts ainsi que votre motivation pour devenir gardien de la paix.

« *… Les gardiens de la paix peuvent être chargés de missions opérationnelles d'enquêtes d'information et de surveillance, conformément aux attributions de leur service d'emploi, ainsi que d'actions de formation. Ils veillent à l'application de la loi et s'acquittent, dans le cadre des missions qui leur sont confiées par leur service d'emploi, des attributions qui leur sont conférées par le Code de procédure pénale en matière d'exercice de la mission de police judiciaire* ». (Extrait du règlement général d'emploi de la Police nationale)

Vous devez obligatoirement renseigner cette partie de façon manuscrite (25 lignes maximum)

....

....

....

....

....

....

....

....

....

....

....

....

....

....

....

....

....

....

....

....

....

....

....

....

L'encadré suivant figure uniquement dans le dossier professionnel des candidats du 2e concours interne :

Citez une expérience marquante dans le cadre de votre emploi de PA, de GAV ou d'ex-cadet

Vous devez obligatoirement renseigner cette partie de façon manuscrite (10 lignes maximum)

....

....

....

....

....

....

....

....

....

....

....

Dans votre récit, mettez en avant des éléments précis et concrets. Choisissez une expérience qui donne une image positive de vous et qui met en exergue les atouts de votre candidature. Pour cela, partez de la liste des compétences du gardien de la paix. Pour chacune des compétences que vous pensez posséder, décrivez une réalisation professionnelle montrant que vous possédez bien cette compétence.

Finalement, retenez celle avec laquelle vous vous sentez le plus à l'aise, car il existe une forte probabilité que le jury revienne sur votre récit lors de l'oral d'admission.

À noter

Si la situation met en scène un travail d'équipe, optez pour le « nous » plutôt que le « je ».

Le dossier professionnel est à remplir avec le plus grand soin, car il va influer sur les échanges avec le jury lors de l'oral d'admission.

Il est renseigné de façon manuscrite en prenant garde à la lisibilité du contenu. Donnez des réponses claires et précises malgré parfois le peu d'espace dans les différentes rubriques du document.

Il est important de le photocopier avant de le joindre à son dossier d'inscription. Il doit servir au candidat de « guide » pour sa présentation, de façon à montrer de la cohérence entre son écrit et son exposé.

Il comprend une attestation sur l'honneur dans laquelle vous vous engagez sur la véracité des informations fournies ainsi qu'un visa de votre autorité hiérarchique.

3 Entretien de recrutement

L'entretien entre le jury et le candidat s'organise en deux temps :

- le candidat se présente (5 minutes) ;
- le jury questionne le candidat (20 minutes).

1 Présentation

Pour réussir l'entretien de recrutement, il est indispensable pour les candidats de se préparer à l'exercice de la présentation. Ils doivent saisir cette opportunité pour mettre en avant leur candidature en donnant quelques informations qui peuvent faire la différence avec les autres postulants. L'objectif est de susciter l'intérêt des membres du jury.

Le candidat dispose de 5 minutes en moyenne pour se présenter. Afin de faciliter la compréhension des examinateurs et donner une bonne image de lui, il est recommandé d'opter pour un discours très structuré.

Pour vous aider, nous vous proposons ci-après un « canevas type » d'une présentation lors d'une épreuve orale. N'oubliez-pas que la plupart des candidats ont sensiblement le même profil. Cherchez à vous différencier positivement.

Étapes	Contenus
Saluez les examinateurs	Si vous n'avez pas eu l'opportunité de le faire au moment de votre entrée dans la salle d'examen, saluez vos interlocuteurs : « *Bonjour Madame, Monsieur* » en fonction de la composition du jury. Si vous maîtrisez les grades, vous pouvez saluer chaque personne en fonction de son grade.
Présentez-vous	« *Je m'appelle*……. (Prénom, Nom). *J'ai…..ans* (Âge). *J'habite*……. (Ville) ».
Précisez votre situation actuelle Développez vos propos notamment pour les candidats des 2 concours internes	« *Je suis actuellement*………………………………. » (À préciser)
Présentez vos centres d'intérêt ou/ et un projet scolaire ou extrascolaire en lien avec votre orientation professionnelle	« J*e suis passionné(e) de*…………………….. » « *J'ai participé à un projet*………………….. » « *Je suis investi(e) dans une association/activité*………….. » (Précisez et cherchez à vous distinguer positivement)

Étapes	Contenus
Exprimez brièvement votre motivation	« *Je souhaite devenir gardien de la paix......... afin.........* ». « *En effet, j'ai le projet........................* » (Soyez précis et honnête)
Annoncez la fin de votre présentation	« J'ai terminé ma présentation. Je suis prêt(e) à répondre à vos questions ».

La présentation doit être préparée tout d'abord à l'écrit. Le candidat doit éviter les formules trop communes du type « *Je veux devenir gardien de la paix depuis que je suis tout petit* » qui auront tendance à agacer le jury. Elles traduisent une réflexion trop superficielle. L'argumentation doit être plus développée, plus construite pour retenir l'attention de l'examinateur.

Attention au choix des mots et des tournures de phrases. L'expression doit être simple sans être familière. Elle doit refléter une bonne maîtrise de la langue française.

La présentation est maîtrisée (pas d'hésitations) **sans être pour autant récitée**. Pour cela, le candidat devra s'entraîner seul ou devant des membres de son entourage jusqu'à ce qu'il soit en mesure de tenir un discours qui semble spontané et naturel.

Après un travail de préparation sérieux, le candidat sera à l'aise pour décliner sa présentation, prenant soin de marquer, à l'aide de la ponctuation et de l'intonation, les éléments susceptibles de retenir l'attention de l'officier.

2 Entretien de motivation

Le candidat est questionné, de manière assez soutenue, pendant une vingtaine de minutes. Le questionnement concerne :

La culture générale

Exemples de questions posées

- « Qu'est-ce que le plan Vigipirate ? »
- « Donnez le nom du ministre de l'Intérieur. »
- « Qu'est-ce que le Conseil constitutionnel ? »
- « Quelles sont les cinq plus grandes villes de France ? »

La connaissance de la Police nationale

Exemples de questions posées

- « Décrivez le travail du gardien de la paix. »
- « Quelles sont les principales missions de la Police nationale ? »
- « Décrivez la formation de gardien de la paix. »
- « Que représente pour vous la notion de secret professionnel ? »
- « Quel est l'armement du gardien de la paix ? »

Les motivations et le projet professionnel du candidat

Exemples de questions posées

- « Pourquoi voulez-vous devenir gardien de la paix ? »
- « Quel est votre projet professionnel ? »
- « Pourquoi devrions-nous retenir votre candidature ? »
- « Comment pensez-vous concilier vie professionnelle et vie privée ? »
- « Que ferez-vous si vous ne réussissez pas ce concours ? »

Son parcours personnel et professionnel

Exemples de questions posées

- « Quelles études avez-vous suivies ? »
- « Quelles sont vos expériences professionnelles ? »
- « Quelle est votre situation familiale ? »
- « Quels étaient vos résultats au Baccalauréat ? »

Sa personnalité

Exemples de questions posées

- « Quels sont vos centres d'intérêt ? »
- « Quels sont vos qualités et vos défauts ? »
- « Que disent vos proches de vous ? »
- « Quelle est la valeur la plus importante à vos yeux ? »
- « Comment gérez-vous la pression ? »
- « Quel est le fait d'actualité de ces 5 derniers jours qui a retenu votre attention et pourquoi ? »
- « Aimez-vous prendre des risques ? »

Ces listes de questions ne sont, bien entendu, pas exhaustives. Elles montrent néanmoins que le jury cherche à évaluer à la fois les connaissances, les aptitudes et la personnalité des candidats.

L'entretien de recrutement se poursuit parfois par une phase de mise en situation. Vous êtes interrogé(e) sur votre comportement, votre attitude dans des situations auxquelles le gardien de la paix peut être confronté.

Exemples de mise en situation

- *« Vous n'êtes pas en service et vous constatez qu'un adolescent se fait racketter à la sortie d'un établissement scolaire. Que faites-vous ? »*
- *« Un membre de votre famille est interpellé pour vol. Quelle est votre réaction ? »*
- *« Les parents d'un jeune fugueur que vous avez localisé vous offrent une bouteille de champagne. Que faites-vous ? »*
- *« Un contrevenant vous insulte. Comment réagissez-vous ? »*

L'entretien de recrutement est un exercice difficile qui nécessite d'une part, de savoir ce que l'on attend de vous et d'autre part, de s'y préparer spécifiquement sur le fond et sur la forme.

3 Les attentes du jury

Le jury portera une grande attention aux éléments suivants :

- une bonne connaissance de la police, acquise par des lectures spécifiques, par des échanges avec des professionnels, par la participation à des actions d'information sur les métiers de la police ou à des portes ouvertes dans les centres de formation ;
- l'expérience acquise au cours des études ou d'activités salariées ou bénévoles, telles que la réalisation d'un projet d'intérêt général, les responsabilités assumées dans le cadre des différents emplois occupés, la formation aux premiers secours civiques, l'engagement associatif dans le domaine éducatif, social ;
- les représentations que le candidat a du métier (tâches du gardien de la paix, contraintes du métier, etc.) et la réalité de son projet professionnel ;
- ses aptitudes à la communication et sa personnalité.

Les examinateurs attendent du candidat de l'authenticité. Les réponses données aux questions posées doivent être argumentées, posées et nuancées.

L'entretien de recrutement est un exercice qui ne laisse aucune place à l'improvisation. La clé du succès est une solide préparation.

La grille d'évaluation est semblable pour les trois concours Gardien de la Paix. Elle ne diffère que pour les critères d'appréciation de motivations et de l'intérêt de la fonction. Elle intègre l'expérience acquise (1er concours interne) et l'expérience en tant que policier adjoint, de gendarme volontaire adjoint ou de cadet de la République (2e concours interne). Elle est commune aux membres du jury. Les trois examinateurs s'accordent pour décider d'une notation (note A et E) de chaque candidat selon qu'il répond à tout ou partie des critères de sélection sur cinq thématiques distinctes.

Le tableau ci-après présente des indicateurs qui peuvent sous-tendre l'appréciation du jury :

Thème	Exemples d'indicateurs
Motivations et intérêt pour la fonction	• Cohérence du parcours professionnel • Connaissances sur le métier et de la formation initiale • Projet professionnel • Qualité du CV et/ou du dossier professionnel • Avis • …
Aptitudes relationnelles	• Résultats aux tests de personnalité • Expériences de projets collectifs • Aptitude relationnelle au cours de l'échange • Présentation du candidat • Qualité de l'expression • …

Thème	Exemples d'indicateurs
Responsabilité	• Résultats aux tests de personnalité • Casier judiciaire • Attitude face au jury • Propos du candidat quand il relate une situation impliquant un rapport à l'autorité • Centres d'intérêt • …
Réflexion et discernement	• Résultats aux tests de personnalité • Qualité de l'argumentation • Suivi de l'actualité et intérêt pour les sujets sociétaux • Savoir faire preuve de recul, prendre en compte tous les éléments utiles à la décision • …
Adaptation générale aux situations	• Résultats aux tests de personnalité • Expériences de situations difficiles • Discours du candidat qui relate une situation impliquant une prise de décision de sa part • Attitude lors de l'entretien • …

À la fin de l'échange, le jury peut vous demander si vous avez des questions à poser ou si vous avez quelque chose à ajouter.

Saisissez toujours cette opportunité pour signaler un point fort qui vous concerne et que vous n'avez pas eu l'occasion d'évoquer au cours de la discussion ou faites une intervention en précisant pourquoi vous espérez voir votre candidature retenue.

N'oubliez pas de remercier les examinateurs de leur attention et de les saluer avant de quitter la pièce.

Après le départ du candidat, les examinateurs remplissent et signent la feuille de notation.

CONCOURS EXTERNE / FEUILLE DE NOTATION DE L'ÉPREUVE D'ENTRETIEN GARDIEN DE LA PAIX

SGAMI/SGAP de : ....

Nom et prénom du candidat : ....

Concours du : ....

Date de naissance : ....

Le jury entoure pour chacun des thèmes ci-dessus l'***appréciation*** qui convient ***(A à E)***, *signifiant que tous les* ***thèmes*** *ont été explorés.*	
A = *candidat qui remplit complètement les critères* **B** = *candidat qui remplit suffisamment les critères* **C** = *candidat qui remplit partiellement les critères* **D** = *candidat qui remplit insuffisamment les critères* **E** = *candidat qui ne remplit pas du tout les critères*	
Motivations et intérêt pour la fonction • Parcours et expériences (scolaire, professionnelle, universitaire, sportive, culturelle...). • Circonstances personnelles liées à ce parcours • Représentation du métier, démarches entreprises autour de l'activité policière • Projet d'évolution personnelle	A B C D E
Aptitudes relationnelles • Aptitude à la vie de groupe • Souplesse relationnelle • Intérêt pour autrui • Présentation et expression	A B C D E
Responsabilité • Relation à l'autorité • Rapport aux lois, honnêteté, probité, adhésion aux normes • Citoyenneté, civisme • Responsabilité et goût de l'effort	A B C D E
Réflexion et discernement • Réflexion et capacité d'analyse des situations • Ouverture d'esprit • Intérêt pour l'actualité, les problèmes de société • Discernement, bon sens • Circonspection	A B C D E
Adaptation générale aux situations • Confiance en soi, capacité à prendre des décisions • Stabilité émotionnelle • Tolérance à la frustration • Adaptabilité aux situations difficiles	A B C D E

Signification de la note pour chaque membre de l'atelier d'entretien				
Note < 5	5 à 8	9 à 11	12 à 15	Note > 15
Contre-indiqué	Insatisfaisant	Moyen	Satisfaisant	Excellent
E	D	C	B	A

Nom de l'examinateur	Signature de l'examinateur
Examinateur 1 (Président)	
Examinateur 2	
Examinateur 3 (Psychologue)	

- Toute note finale inférieure à 05/20 est éliminatoire
- En cas de contre-indication ou de non-adaptation au poste, il sera attribué une note éliminatoire.

Note finale / 20	**/ 20**

4 Les conseils pour réussir l'entretien de recrutement

La préparation de l'entretien de recrutement est comparable à celle que vous consacrerez à la réussite des autres épreuves du concours.

Elle implique notamment une bonne culture générale et une bonne maîtrise de ce que sont la police et le métier de gardien de la paix. Pour cela, le candidat doit mettre en œuvre, dans les mois et les semaines qui précèdent le concours, un processus d'acquisition et de consolidation de ses connaissances.

Ce travail est nécessaire mais pas suffisant. Une préparation matérielle, technique et psychologique est également indispensable.

a. La préparation matérielle

Bien entendu, vous prendrez soin de vous présenter à l'épreuve avec tous les documents nécessaires (votre convocation, plusieurs exemplaires de votre curriculum vitæ, votre pièce d'identité), dans une tenue adaptée et sans oublier d'apporter une montre afin de gérer, si nécessaire, vos temps de parole.

La pièce déterminante de cette épreuve est le curriculum vitæ pour le concours externe et le dossier professionnel pour les concours internes : il est le support de la discussion.

b. La préparation technique

Outre une parfaite connaissance de la police et une bonne culture générale, vous devez réaliser pendant la phase préparatoire un travail d'analyse sur votre parcours, vos expériences, vos motivations, votre projet et votre propre personne.

Vos aptitudes

Réfléchissez et déterminez vos principales habilités et aptitudes. Pour chacune d'entre elles, précisez comment vous les avez acquises et donnez un ou deux exemple(s) de situation dans lesquelles vous les avez mises en œuvre.

Pour vous aider, votre travail peut prendre la forme d'un tableau à renseigner.

Habilité/ Aptitude	Mode d'acquisition	Mise en œuvre de cette Habilité/Aptitude
Exemple : travail en équipe	En tant que footballeur, au sein de l'équipe de ma commune	Projets scolaires réalisés à plusieurs
Exemple : animation	Formation au Brevet d'aptitude aux fonctions d'animateur (BAFA)	Expérience dans l'encadrement de groupes de jeunes dans le centre aéré de ma commune ; co-animation de réunions d'information pour présenter le fonctionnement de l'épicerie sociale au sein de laquelle je suis bénévole

Ce travail vous permettra d'avoir un bilan de vos acquis, de vos compétences tant personnelles que professionnelles.

Vos occupations

De votre enfance à aujourd'hui, listez toutes vos activités sportives, culturelles (voyages, lecture, etc.) et artistiques (musique, dessin, etc.), vos loisirs (jardinage, cinéma, etc.) ainsi que vos engagements de tout ordre (associatifs, familiaux, professionnels, sociaux, etc.).

À l'aide d'un tableau de synthèse, récapitulez pour chacune de ces occupations les qualités développées transposables à l'exercice de la fonction de gardien de la paix.

Vos motivations

Indiquez par écrit tout ce qui vous attire dans la profession de gardien de la paix.

> **Exemples de sources de motivation**
> - Le statut de fonctionnaire et de policier.
> - Les possibilités d'évolution.
> - La discipline.
> - Le sens du service public.
> - Le rôle dans la protection des biens et des personnes.

Pour chacune de vos sources de motivation identifiées, assurez-vous que votre vision des choses est réaliste. En outre, expliquez pourquoi ce serait, pour vous, des motifs de satisfaction personnelle.

Ce travail vous permettra d'anticiper une partie des questions du jury.

Votre projet professionnel

Là encore, il s'agit de rendre compte par écrit, de l'ensemble des étapes de votre projet de devenir gardien de la paix :

- l'origine de votre choix professionnel ;
- les différentes recherches conduites sur le métier ;
- les expériences professionnelles et personnelles, les réalisations qui ont conforté votre choix ;
- le déroulement de carrière que vous envisagez.

Vous pouvez étendre ce travail d'introspection à d'autres domaines : vos qualités/défauts, vos valeurs.

Mieux vous vous connaîtrez, plus vous serez à l'aise pour répondre aux questions du jury.

Dans votre bilan, ne cherchez pas à cacher vos échecs et les difficultés rencontrées. Préparez-vous à devoir vous expliquer sur ces points. Répondez brièvement. Montrez que vous savez analyser ces situations avec discernement et que vous avez su en tirer des enseignements.

c. La préparation psychologique

Lors de l'échange, vous devrez faire preuve de courtoisie, de sang-froid face à certaines questions plus déroutantes, de pertinence et de cohérence dans vos réponses.

A contrario, une émotivité incontrôlée (signes de nervosité excessifs, voix « cassée »), un manque d'écoute (le candidat coupe la parole ou répond à côté de la question posée), une certaine agressivité dans le ton et dans la gestuelle, une tendance prononcée à répondre « je ne sais pas » ou à éluder certaines questions amèneraient le jury à s'interroger sur la fragilité de votre personnalité, incompatible avec l'emploi de gardien de la paix.

Remarque

Une préparation sérieuse vous permettra de savoir ce qui fait de vous un candidat intéressant, autrement dit de connaître vos atouts. Vous gagnerez ainsi en assurance et votre objectif sera de vous mettre en valeur le plus possible dans votre présentation et vos réponses aux questions posées, afin de valoriser votre candidature.

Restez positif. L'oral d'admission représente l'étape déterminante pour intégrer la formation de gardien de la paix.

Parler de soi, défendre sa candidature en mettant en avant ses points forts ne sont pas des attitudes naturelles. Si nécessaire, n'hésitez pas à mettre en scène, avec des proches, ce type de situation afin de vous confronter à vos difficultés. Leurs commentaires, sur le fond et la forme de votre discours, vous permettront de progresser. Ne cherchez pas à « survendre » votre candidature. Les examinateurs ne seront pas dupes. Faites preuve de sincérité.

d. Les conseils de forme

La présentation du candidat

Le candidat au concours de gardien de la paix devra porter le plus grand soin à sa présentation :

- les hommes porteront veste et cravate et seront rasés de près et coiffés court ;
- les femmes choisiront un tailleur strict, mettront peu de bijoux et de maquillage ;
- les uns et les autres devront éviter tout signe de différenciation visible : tatouage, piercing.

Le respect des règles de savoir être

Les examinateurs seront sensibles au respect de règles de politesse : saluer le jury par la formule appropriée « Bonjour Messieurs, Mesdames, Monsieur et Madame ». Si les examinateurs sont en uniforme, et que vous maîtrisez les grades, vous pouvez saluer chaque personne en fonction de son grade.

- Asseyez-vous seulement après que le jury vous y ait invité.
- Soyez attentif à ne pas couper la parole à vos interlocuteurs.
- À la fin de l'épreuve, saluez à nouveau chacun des examinateurs.

La clarté des propos

Une préparation méthodique va vous permettre de proposer une présentation structurée.

La difficulté majeure est de passer de quelques mots écrits sur votre CV/dossier professionnel à un discours relativement fluide. Vous y parviendrez à force d'entraînement en respectant au plus près les conditions de l'épreuve.

- Ne parlez ni trop vite, ni trop lentement et un peu plus fort que la normale.
- Évitez les abréviations et les sigles.
- Adoptez le vocabulaire adapté, précis. Faites des phrases courtes.
- Prenez le temps de réfléchir entre chaque idée de manière à faire des phrases bien construites.

- Évitez les interjections (euh), les tics verbaux (alors, bon, etc.) et des mots trop familiers (cool, super, etc.).
- Donnez du rythme à votre discours en jouant sur le débit et le ton utilisés. Vous gagnerez en conviction et maintiendrez l'attention de votre auditoire.

Le comportement

Votre attitude et vos gestes peuvent en apprendre beaucoup aux membres du jury.

Dès le début de l'épreuve, prenez le temps de vous asseoir correctement, avancez votre chaise pour vous positionner bien droit et posez les mains sur la table. Dans cette position, vos mains seront libres de s'exprimer, donnant une dynamique à votre discours.

En revanche, évitez tout geste de contact (se gratter l'oreille, etc.), tout « jeu » avec un crayon ou tout autre objet. Ne « gesticulez » pas sur votre chaise. Ce sont des signes de nervosité qui traduisent votre difficulté à maîtriser votre stress.

Regardez chacun de vos interlocuteurs à tour de rôle. Vous pourrez ainsi capter leurs réactions et adapter si nécessaire votre discours. Si, par exemple, vous percevez une incompréhension d'un des examinateurs, vous pourrez reformuler votre propos.

Le croisement des jambes et surtout des bras, la mèche de cheveux devant les yeux, sont à proscrire. Ils traduisent un refus du dialogue ou une envie de repli sur soi.

Si vous êtes timide ou émotif, multipliez avant le concours les occasions de prises de parole en public et les simulations d'entretien avec différentes personnes de votre entourage.

Soyez convaincu(e) de vos atouts pour réussir et prenez du recul par rapport aux attentes du jury. L'objectif n'est pas de vous mettre en difficulté mais bien de savoir si vous avez le profil recherché.

Souriez pour montrer votre satisfaction d'être présent(e) devant le jury pour défendre votre candidature.

Connaissances professionnelles

Environnement et cadre d'intervention

1 Déontologie, accueil du public et assistance aux victimes

1 Déontologie

a. Mise en perspective

Fixé par décret du 18 mars 1986, le Code de déontologie de la Police nationale est depuis le décret 2013-1113 du 4 décembre 2013 intégré dans la partie réglementaire du Code de la sécurité intérieure aux articles R. 434-1 à R. 434-33 et il s'applique également depuis cette date à la Gendarmerie nationale. Cette science des droits et des devoirs s'adosse à la Déclaration des Droits de l'Homme et du Citoyen, à la constitution de la Ve République et à la loi.

b. Devoirs des fonctionnaires de police

Le policier est au service de la sécurité de tous ses concitoyens à qui il doit le respect. Il est tenu d'intervenir d'initiative pour protéger les personnes et les biens. Le policier doit toujours limiter l'usage de la force comme étant strictement nécessaire. Soumis au secret professionnel, il doit faire preuve de discrétion.

Art. 11 du C.P.P. et 226-13 du C.P.

La procédure au cours de l'enquête et de l'instruction est secrète. Toute personne qui concourt à cette procédure est tenue au secret professionnel.

La révélation d'une information à caractère secret par une personne qui en est dépositaire soit par état ou par profession, soit en raison d'une fonction ou d'une mission temporaire, est punie d'un an d'emprisonnement et de 15 000 euros d'amende.

Le policier dispose d'une protection juridique dans l'exercice de ses fonctions, également appelée protection fonctionnelle.

c. Fonctionnaires de police, autorités de commandement et de contrôle

Les autorités de commandement donnent des ordres aux fonctionnaires de police par la voie hiérarchique (les officiers). Les policiers sont tenus d'exécuter ces ordres avec loyauté sauf si ceux-ci sont illégaux.

Les policiers sont soumis au contrôle hiérarchique et au contrôle de l'IGPN (Inspection générale de la Police nationale).

d. Défenseur des droits

Le défenseur des droits, autorité constitutionnelle indépendante, est notamment chargé de veiller au respect de la déontologie par les personnes exerçant des activités de sécurité sur le territoire national. Il peut se saisir d'initiative ou être saisi par un tiers, victime ou ayant droit. Il est nommé par le président de la République pour une période de six ans non renouvelable. Madame Claire Hédon, la Défenseure des droits actuelle, est en poste depuis le 22 juillet 2020.

2 Charte d'accueil du public et d'assistance aux victimes

a. Charte d'accueil et référentiel Marianne

Dans le cadre du renouvellement des engagements de la « Charte Marianne » mise en œuvre depuis 2005, la démarche « Service Publics + » est déployée aujourd'hui sur l'ensemble du territoire dans l'objectif de faire progresser de manière concrète la qualité du service rendu dans tous les services publics et développer au sein des administrations une culture de la relation à l'usager. Elle comporte neuf nouveaux engagements autour de trois axes : des services publics plus proches, plus efficaces et plus simples.

b. Charte d'accueil et comportement

La charte d'accueil et d'assistance aux victimes est commune à la Police nationale et à la Gendarmerie nationale. Elle est affichée dans tous les commissariats et doit être connue de tous les fonctionnaires de police. Elle vise à améliorer l'accueil de l'ensemble des usagers et en particulier ceux qui sont victimes d'infractions pénales. L'accueil est entendu au sens large et témoigne de l'importance de l'écoute et de l'attention portées au bureau, sur la voie publique, en intervention, etc.

Articles de la charte d'accueil du public et d'assistance aux victimes :

Article 1 : « L'accueil constitue une priorité majeure de la Police nationale et de la Gendarmerie nationale. [...] »

Article 4 : « Les victimes d'infractions pénales bénéficient d'un accueil privilégié. [...] »

- **Idée maîtresse :**

Le comportement du policier fait l'objet d'une attention soutenue et d'un contrôle par le Défenseur des droits. Son exemplarité constitue un élément fondamental de la condition du fonctionnaire de police.

- **Notions clefs :**
  - Déontologie de la Police et de la Gendarmerie nationales.
  - Défenseur des droits.
  - Charte d'accueil et d'assistance aux victimes.
- **Références :**
  - Site Internet du défenseur des droits.
  - Code de la sécurité intérieure, art. R. 434-1 à R. 434-33.

2 Code de déontologie de la Police nationale

Rendez-vous sur le site Légifrance pour consulter les articles R. 434-1 à R. 434-13 concernant les dispositions générales, l'autorité et la protection ainsi que les devoirs du policier.

Relation avec la population et respect des libertés

Art. R. 434-14 – Le policier ou le gendarme est au service de la population. Sa relation avec celle-ci est empreinte de courtoisie et requiert l'usage du vouvoiement. Respectueux de la dignité des personnes, il veille à se comporter en toute circonstance d'une manière exemplaire, propre à inspirer en retour respect et considération.

Art. R. 434-15 – Le policier ou le gendarme exerce ses fonctions en uniforme. Il peut être dérogé à ce principe selon les règles propres à chaque force. Sauf exception justifiée par le service auquel il appartient ou la nature des missions qui lui sont confiées, il se conforme aux prescriptions relatives à son identification individuelle.

Art. R. 434-16 – Lorsque la loi l'autorise à procéder à un contrôle d'identité, le policier ou le gendarme ne se fonde sur aucune caractéristique physique ou aucun signe distinctif pour déterminer les personnes à contrôler, sauf s'il dispose d'un signalement précis motivant le contrôle. Le contrôle d'identité se déroule sans qu'il soit porté atteinte à la dignité de la personne qui en fait l'objet. La palpation de sécurité est exclusivement une mesure de sûreté. Elle ne revêt pas un caractère systématique. Elle est réservée aux cas dans lesquels elle apparaît nécessaire à la garantie de la sécurité du policier ou du gendarme qui l'accomplit ou de celle d'autrui. Elle a pour finalité de vérifier que la personne contrôlée n'est pas porteuse d'un objet dangereux pour elle-même ou pour autrui. Chaque fois que les circonstances le permettent, la palpation de sécurité est pratiquée à l'abri du regard du public.

Art. R. 434-17 – Toute personne appréhendée est placée sous la protection des policiers ou des gendarmes et préservée de toute forme de violence et de tout traitement inhumain ou dégradant. Nul ne peut être intégralement dévêtu, hors le cas et dans les conditions prévus par l'article 63-7 du Code de procédure pénale visant la recherche des preuves d'un crime ou d'un délit. Le policier ou le gendarme ayant la garde d'une personne appréhendée est attentif à son état physique et psychologique et prend toutes les mesures possibles pour préserver la vie, la santé et la dignité de cette personne. L'utilisation du port des menottes ou des entraves n'est justifiée que lorsque la personne appréhendée est considérée soit comme dangereuse pour autrui ou pour elle-même, soit comme susceptible de tenter de s'enfuir.

Art. R. 434-18 – Le policier ou le gendarme emploie la force dans le cadre fixé par la loi, seulement lorsque c'est nécessaire, et de façon proportionnée au but à atteindre ou à la gravité de la menace, selon le cas. Il ne fait usage des armes qu'en cas d'absolue nécessité et dans le cadre des dispositions législatives applicables à son propre statut.

Art. R. 434-19 – Lorsque les circonstances le requièrent, le policier ou le gendarme, même lorsqu'il n'est pas en service, intervient de sa propre initiative, avec les moyens dont il dispose, notamment pour porter assistance aux personnes en danger.

Art. R. 434-20 – Sans se départir de son impartialité, le policier ou le gendarme accorde une attention particulière aux victimes et veille à la qualité de leur prise en charge tout au long de la procédure les concernant. Il garantit la confidentialité de leurs propos et déclarations.

Art. R. 434-21 – Sans préjudice des exigences liées à l'accomplissement de sa mission, le policier ou le gendarme respecte et préserve la vie privée des personnes, notamment lors d'enquêtes administratives ou judiciaires. À ce titre, il se conforme aux dispositions législatives et réglementaires qui régissent la création et l'utilisation des traitements de données à caractère personnel. Il alimente et consulte les fichiers auxquels il a accès dans le strict respect des finalités et des règles propres à chacun d'entre eux, telles qu'elles sont définies par les textes les régissant, et qu'il est tenu de connaître.

Art. R. 434-22 – À l'occasion de la recherche des renseignements nécessaires à ses missions, le policier ou le gendarme peut avoir recours à des informateurs. Dans ce cas, il est tenu d'appliquer les règles d'exécution du service définies en la matière pour chacune des deux forces.

Dispositions propres à la Police nationale

Art. R. 434-23 – La Police nationale et la Gendarmerie nationale sont soumises au contrôle des autorités désignées par la loi et par les conventions internationales. Dans l'exercice de leurs missions judiciaires, la Police nationale et la Gendarmerie nationale sont soumises au contrôle de l'autorité judiciaire conformément aux dispositions du Code de procédure pénale.

Art. R. 434-24 – La Police nationale et la Gendarmerie nationale sont soumises au contrôle du Défenseur des droits conformément au rôle que lui confère l'article 71-1 de la Constitution. L'exercice par le Défenseur des droits de ce contrôle peut le conduire à saisir l'autorité chargée d'engager les poursuites disciplinaires des faits portés à sa connaissance qui lui paraissent de nature à justifier une sanction. Lorsqu'il y est invité par le Défenseur des droits, le policier ou le gendarme lui communique les informations et pièces que celui-ci juge utiles à l'exercice de sa mission. Il défère à ses convocations et peut à cette occasion être assisté de la personne de son choix.

Art. R. 434-25 – L'autorité investie du pouvoir hiérarchique contrôle l'action de ses subordonnés. Le policier ou le gendarme est également soumis au contrôle d'une ou de plusieurs inspections générales compétentes à l'égard du service auquel il appartient. Sans préjudice des règles propres à la procédure disciplinaire et des droits dont le policier ou le gendarme bénéficie en cas de mise en cause personnelle, il facilite en toute circonstance le déroulement des opérations de contrôle et d'inspection auxquelles il est soumis.

Art. R. 434-26 – Les policiers et gendarmes de tous grades auxquels s'applique le présent code de déontologie en sont dépositaires. Ils veillent à titre individuel et collectif à son respect.

Art. R. 434-27 – Tout manquement du policier ou du gendarme aux règles et principes définis par le présent code de déontologie l'expose à une sanction disciplinaire en application des règles propres à son statut, indépendamment des sanctions pénales encourues le cas échéant.

Art. R. 434-28 – La fonction de policier comporte des devoirs et implique des risques et des sujétions qui méritent le respect et la considération de tous. Gardien de la paix, éventuellement au péril de sa vie, le policier honore la mémoire de ceux qui ont péri dans l'exercice de missions de sécurité intérieure, victimes de leur devoir.

Art. R. 434-29 – Le policier est tenu à l'obligation de neutralité. Il s'abstient, dans l'exercice de ses fonctions, de toute expression ou manifestation de ses convictions religieuses, politiques ou philosophiques. Lorsqu'il n'est pas en service, il s'exprime librement dans les limites imposées par le devoir de réserve et par la loyauté à l'égard des institutions de la République. Dans les mêmes limites, les représentants du personnel bénéficient, dans le cadre de leur mandat, d'une plus grande liberté d'expression.

Art. R. 434-30 – Le policier est disponible à tout moment pour les nécessités du service.

3 Organisation de la Police nationale

1 Origines

La mission de police est très ancienne. Les origines et références historiques sont nombreuses et variées tout au long de l'histoire de France.

La loi 66-492 du 9 juillet 1966 est essentielle car elle dote les personnels de la sûreté nationale et de la préfecture de police de Paris d'une seule et même institution : la Police nationale.

Depuis le 1er mai 2012, les principaux textes relatifs aux missions et à l'organisation de la Police nationale sont regroupés au sein du Code de la sécurité intérieure.

2 Principales missions

Selon l'article R. 434-2 du Code de la sécurité intérieure, la Police nationale a « pour mission d'assurer la défense des institutions et des intérêts nationaux, le respect des lois, le maintien de la paix et de l'ordre publics, la protection des personnes et des biens ».

Trois grandes missions prioritaires donc :

- assurer la sécurité des personnes, des biens et des institutions ;
- maîtriser les flux migratoires et lutter contre l'immigration illégale ;
- lutter contre la criminalité organisée, la grande délinquance et la drogue.

3 Organisation

a. La DGPN

Au même titre que la DGGN (Direction générale de la Gendarmerie nationale), la DGSCGC (Direction générale de la sécurité civile et de la gestion des crises) et que la DGSI (Direction générale de la Sécurité intérieure), la DGPN (Direction générale de la Police nationale) est une des directions du ministère de l'Intérieur. Elle a en charge de diriger la Police nationale, à l'exception de la préfecture de police de Paris (*cf.* partie dédiée à la préfecture de police de Paris ci-après).

Le directeur général dispose de plusieurs structures qui lui sont directement rattachées : le RAID (Recherche, assistance, intervention, dissuasion), l'UCLAT (Unité de coordination de la lutte anti-terroriste), le DCI-IT (Détachement central interministériel d'intervention technique), la DGSI (Direction générale de la Sécurité intérieure), le CIPN (Centre d'information de la Police nationale), le SICoP (Service d'Information et de Communication de la Police nationale), la MILAD (Mission de lutte anti-drogue), la DAV (Délégation aux victimes), l'UCSTC (Unité de coordination de la sécurité dans les transports en commun), l'UCGE (Unité de coordination des grands évènements), l'UCFM (Unité de coordination des forces mobiles), le SAELSI (Service de l'achat, des équipements et de la logistique de la sécurité intérieure), le ST(SI)^2 (Service des technologies et des systèmes d'information de la sécurité intérieure).

b. Les directions centrales et services

La Police nationale se structure autour de directions centrales et de services dédiés à des missions plus spécifiques et placées sous la tutelle de la DGPN :

- la Direction des ressources et des compétences de la Police nationale : DRCPN ;
- l'Inspection générale de la Police nationale : IGPN ;
- la Direction nationale de la Police judiciaire : DNPJ ;
- la Direction nationale de la Sécurité publique : DNSP ;
- la Direction nationale de la police aux frontières : DNPAF ;
- la Direction centrale des compagnies républicaines de sécurité : DCCRS ;
- la Direction centrale du recrutement et de la formation de la Police nationale : DCRFPN ;
- la Direction de la coopération internationale de sécurité : DCIS ;
- le Service de la protection : SDLP ;
- le Service national de police scientifique : SNPS.

La plupart des directions centrales disposent d'antennes régionales et départementales.

c. La préfecture de police

La préfecture de police a en charge la sécurité des personnes et des biens ainsi que la sécurité civile pour l'agglomération parisienne, c'est-à-dire Paris et les départements limitrophes, dits de la petite couronne (Hauts-de-Seine, Seine-Saint-Denis et Val-de-Marne). Elle assure également les charges propres à une préfecture en matière de délivrance de titres administratifs ou de protection de l'environnement.

Le préfet de police relève directement de l'autorité du ministre de l'Intérieur.

Les missions de police de la préfecture de police sont organisées autour d'un certain nombre de directions et de services dont :

- la Direction de la police judiciaire : DRPJ ;
- la Direction du renseignement : DRPP ;
- la Direction de la sécurité de proximité de l'agglomération parisienne : DSPAP ;
- la Direction de l'ordre public et de la circulation : DOPC ;
- la Direction des transports et de la protection du public : DTPP ;
- la Brigade des sapeurs-pompiers : BSPP.

- **Idée maîtresse :**

Pour remplir ses trois missions prioritaires, la Police nationale a adopté une organisation cohérente au sein de laquelle les directions et services s'inscrivent dans une approche complémentaire à l'échelon départemental et national.

- **Notions clefs :**
  - Les trois missions prioritaires.
  - L'articulation des directions centrales.
  - La place particulière de la préfecture de police de Paris.

4 Infractions et responsabilité pénale

1 L'infraction et sa classification tripartite

a. Définitions et principes

Une infraction correspond à une **action ou une omission imputable à un auteur et sanctionnée par une loi pénale**. En France, le Code pénal est la référence de la loi pénale.

Une infraction suppose la réunion de trois critères constitutifs :

- un **élément légal** (la violation de la loi pénale) ;
- un **élément matériel** (un fait matériel, un acte ou une omission) ;
- un **élément moral** (une faute, un niveau de conscience suffisant).

L'infraction pénale est régie par trois principes généraux :

- pas d'infraction sans loi pénale (art. 111-3 du C.P.) ;
- interprétation stricte de la loi pénale (art. 111-4 du C.P.) ;
- non-rétroactivité de la loi pénale (art. 112-1 du C.P.).

Important

Le droit pénal (art. 121-3 du C.P.) distingue les infractions intentionnelles et non intentionnelles (imprudence, mise en danger).

La faute intentionnelle : l'intention ne définit pas la conscience ou la volonté de l'auteur d'accomplir un acte illicite.

La faute non-intentionnelle : pour assurer une meilleure protection de l'ordre public, la loi pénale réprime également l'imprudence, la négligence et le manquement à une obligation de prudence ou de sécurité prévue par les textes et ayant un lien de causalité directe ou indirecte avec le dommage.

En matière contraventionnelle, la faute est présumée. Ainsi, il suffit de constater la violation de la prescription réglementaire pour que l'auteur de l'infraction soit punissable. Par exemple, un conducteur qui grille un feu de signalisation lorsqu'il est au rouge fixe. Qu'il ait vu ou non le feu rouge, le fait matériel a été commis. L'individu est punissable et peut donc faire l'objet d'une verbalisation. Cependant, la responsabilité de l'auteur peut être dégagée s'il peut prouver la force majeure l'ayant entraîné à commettre cette infraction, par exemple s'il a grillé le feu rouge fixe afin de laisser passer un véhicule de secours.

b. Classification tripartite

L'article 111-1 du Code pénal précise que « les infractions pénales sont classées, suivant leur gravité, en *crimes*, *délits* et *contraventions* ». La gravité d'une infraction se mesure à la peine que la loi prévoit pour la réprimer. Pour connaître la nature d'une infraction pénale, il faut donc analyser le fait incriminé à la lumière des articles du Code pénal qui le répriment et l'échelle des peines qui lui sont applicables.

Classification des infractions pénales

	Contravention (Classe 1 à 4)	Contravention (5e classe)	Délit	Crime
Juridiction	Tribunal de police Magistrat à titre temporaire	Tribunal de police Président du T.P.	Tribunal correctionnel	Cour d'assises et Cour criminelle départementale
Type de peine	Amende	Amende	Emprisonnement et/ou amende	Réclusion criminelle et/ou amende
Maximum	750 €	1 500 € 3 000 € si récidive légale	10 ans	À temps jusqu'à 30 ans ou perpétuité, ou à temps jusqu'à 20 ans pour les CDD

S'agissant des auteurs de crimes passibles de peines de quinze ou de vingt ans de réclusion criminelle, ils sont désormais jugés par des Cours criminelles départementales : ces juridictions sont composées de cinq magistrats professionnels et ne comportent plus de jurés citoyens comme c'est le cas dans les cours d'assises classiques.

2 La responsabilité pénale de l'auteur

a. Conditions de mise en œuvre

« Nul n'est responsable pénalement que de son propre fait. » (art. 121-1 du C.P.)

La responsabilité pénale est l'obligation, pour l'auteur d'une infraction pénale, de répondre de ses propres faits devant une autorité judiciaire. Elle repose sur l'élément moral de l'infraction, c'est-à-dire l'acte positif (commission) ou négatif (omission) qui constitue une faute. L'auteur d'une infraction est celui qui commet ou tente de commettre le fait incriminé, ou encore facilite sa réalisation.

Toutes les personnes morales (entreprises, associations, collectivités locales) à l'exclusion de l'État, peuvent voir leur responsabilité pénale engagée.

b. Causes d'exclusion de la responsabilité pénale

L'auteur peut être déclaré irresponsable pénalement pour des causes tenant à lui-même telles que le trouble psychique, l'erreur ou la contrainte ou pour des faits extérieurs justificatifs tels que l'ordre de la loi, la légitime défense ou l'état de nécessité.

Longtemps gérée par l'ordonnance du 2 février 1945, l'enfance délinquante, qui fait l'objet d'un traitement particulier qui intègre des notions d'atténuation ou d'exemption de la responsabilité pénale en fonction de l'âge du mineur, est aujourd'hui et depuis le 30 septembre 2021, abordée dans le Code de justice pénale des mineurs qui instaure une présomption d'irresponsabilité pénale des mineurs de moins de treize ans et une césure du procès qui prévoit un délai entre la déclaration de culpabilité et le prononcé d'une éventuelle sanction. Il est donc important de préciser qu'un enfant de moins de treize ans ne fera jamais l'objet d'un placement en garde à vue.

Cas particulier des immunités

L'immunité au sens pénal peut être définie comme l'exclusion de responsabilité de l'auteur vis-à-vis de certaines infractions pénales : on parle d'immunité politique, familiale ou diplomatique.

- **Idée maîtresse :**

Les infractions pénales classées en crimes, délits, contraventions constituent des fautes pour lesquelles l'individu pénalement responsable doit rendre compte devant une autorité judiciaire spécifique.

- **Notions clefs :**
  - Code pénal.
  - Contravention, délit, crime.
  - Élément moral, matériel, légal.
  - Responsabilité pénale.
- **Références :**
  - Code pénal, Titre I.
  - Ordonnance du 2 février 1945 et à terme Code de justice pénale des mineurs.

5 Autorités de police judiciaire

1 La police judiciaire

a. Définition

La police judiciaire est chargée de (art. 14 du Code de procédure pénale) :

- constater les infractions pénales ;
- d'en rassembler les preuves ;
- d'en rechercher les auteurs.

b. Acteurs

Elle est exercée par :

- des officiers de police judiciaire (OPJ, art. 16 du C.P.P.) ;
- des agents de police judiciaire (APJ, art. 20 du C.P.P.) ;
- des agents de police judiciaire adjoints (APJA, art. 21 du C.P.P.) ;
- des agents chargés par la loi de fonctions de police judiciaire (art. 22 et suivants du C.P.P.).

La mission de police judiciaire est assurée essentiellement par la police et la gendarmerie.

2 Le procureur de la République

a. Directeur de la police judiciaire

Le procureur de la République (appelé aussi le Parquet) est un magistrat placé près le tribunal judiciaire qui **dirige la police judiciaire**.

En tant que directeur de la police judiciaire :

- il procède ou fait procéder à tous les actes nécessaires à la recherche et la poursuite des auteurs d'infractions à la loi pénale ;
- il dirige l'activité des OPJ, APJ et APJA ;
- il contrôle les mesures de garde à vue et inspecte les locaux ;
- il signale les fautes des OPJ, APJ et APJA au procureur général.

b. Ministère public

Le procureur de la République représente en personne, ou par le biais d'un de ses substituts, le ministère public lors du procès pénal, c'est-à-dire qu'il exerce l'action publique au nom de la société. S'agissant des contraventions de la 1re à la 4e classe, les fonctions d'officier du ministère public (OMP) sont généralement exercées par un commissaire de police, un commandant ou un capitaine de police.

En tant que ministère public :

- il apprécie l'opportunité des poursuites ;
- il convoque l'auteur présumé et cite des témoins à l'audience ;
- il requiert l'application de la loi devant la juridiction de jugement ;
- il exerce, le cas échéant, les voies de recours.

3 Le juge d'instruction

a. Saisine

Le juge d'instruction est un magistrat du tribunal judiciaire. Le juge d'instruction est saisi par le procureur de la République qui requière l'ouverture d'une « information judiciaire » ou par une victime qui se constitue partie civile.

b. Compétences

Le juge d'instruction procède aux interrogatoires des personnes contre lesquelles des indices ont été recueillis, entend les témoins, désigne des experts, ordonne des perquisitions, des saisies, des écoutes téléphoniques, etc.

Le juge d'instruction peut ordonner aux services de police ou de gendarmerie de procéder à des actes d'enquête sous sa direction au moyen d'une commission rogatoire.

4 Les principales enquêtes

On distingue quatre types d'enquêtes associés au procès pénal : on parle de cadres juridiques.

	Enquête préliminaire	Enquête de flagrance	Commission rogatoire	Découverte de cadavre
Délai	Jusqu'à 6 mois environ	8 jours + 8 jours sur autorisation du procureur	Délai d'exécution fixé par le magistrat instructeur	Délai nécessaire à connaître les causes du décès
Directeur d'enquête	OPJ ou APJ	OPJ	OPJ	OPJ
Références textuelles	Art. 75 et suivants du C.P.P.	Art. 53 et suivants du C.P.P.	Art. 81, 151 et suivants du C.P.P.	Art. 74 du C.P.P.

- **Idée maîtresse**

La police judiciaire dirigée par des magistrats est encadrée par une répartition des pouvoirs et des procédures qui visent l'équité, l'impartialité et la défense des droits de la personne dans le traitement d'une infraction pénale.

- **Notions clefs**
  - Police judiciaire.
  - Juge d'instruction.
  - OPJ, APJ, APJA.
  - Enquête préliminaire.
  - Procureur de la République.
  - Enquête de flagrance.
  - Ministère public.
  - Commission rogatoire.
- **Références**
  - Code de procédure pénale.
  - Fiches de droit penal.

6 Juridictions de jugement

1 Le tribunal de police pour les contraventions des 4 premières classes

Nature d'infraction	Contravention des 4 premières classes.
Procédure	Une seule phase : le jugement.
Prescription	Droit commun : 1 an.
Compétence	Lieu où l'infraction a été commise ou constatée, lieu de la résidence de l'individu mis en cause.
Composition	Juge unique, un greffier : le ministère public est représenté par un commissaire de police, un commandant ou un capitaine de police.
Point particulier	Généralement un magistrat à titre temporaire.

2 Le tribunal de police pour les contraventions de 5e classe

Nature d'infraction	Contravention de 5e classe.
Procédure	Une seule phase : le jugement.
Prescription	Droit commun : 1 an.
Compétence	Lieu où l'infraction a été commise ou constatée, lieu de la résidence de l'individu mis en cause.
Composition	Juge assisté d'un greffier. Le ministère public est représenté par l'officier du ministère public (OMP).
Point particulier	Le tribunal de police se trouve généralement dans les locaux du tribunal judiciaire ou tribunal de proximité.

3 Le tribunal correctionnel

Nature d'infraction	Délits.
Procédure	Une seule phase : le jugement.
Prescription	Droit commun : 6 ans.
Compétence	Lieu de l'infraction ou du domicile du prévenu ou du lieu d'interpellation du mis en cause.
Composition	Un président et deux juges, un greffier, le procureur de la République ou un de ses substituts.
Point particulier	Juge unique pour certains délits.

4 La cour d'assises

Nature d'infraction	Crimes.
Procédure	Deux phases : l'instruction et le jugement.
Prescription	Droit commun : 20 ans.
Compétence	Lieu où l'infraction a été commise ou constatée, lieu de résidence de l'accusé.
Composition	Président assisté de 2 assesseurs et de 6 jurés, un greffier, le ministère public est représenté par un avocat général ou procureur de la République.
Point particulier	Pour être juré, il faut être français, avoir plus de 23 ans, savoir lire et écrire, jouir de ses droits politiques, ne pas se trouver dans un cas d'incompatibilité (c'est le cas des militaires de la gendarmerie, des fonctionnaires de police et de l'administration pénitentiaire).

Rappel

Les auteurs de crimes passibles de peines de quinze ou de vingt ans de réclusions criminelles sont jugés par des Cours Criminelles Départementales : ces juridictions sont composées de cinq magistrats professionnels et ne comportent plus de jurés citoyens comme dans une cour d'assises.

Précision : depuis le 1er janvier 2020, et consécutivement à la loi de programmation de la justice promulguée le 23 mars 2019, les tribunaux d'instance et tribunaux de grande instance ont fusionné pour former des « tribunaux judiciaires ». Cette réforme qui à une incidence au niveau de la justice civile, n'entraîne pas de modification quant aux juridictions pénales.

- **Références**
  - Code de procédure pénale.
  - Code pénal.

7 Infractions les plus courantes

1 Le vol

Définition

« Le vol est la soustraction frauduleuse de la chose d'autrui. » (art. 311-1 du C.P.)

a. Éléments constitutifs

Élément légal : délit prévu par l'article 311-1 du Code pénal et réprimé de 3 ans d'emprisonnement et 45 000 € d'amende par l'article 311-3 du Code pénal.

Élément matériel : soustraction frauduleuse d'un bien appartenant à autrui.

Élément moral : intention coupable, retirer un bien appartenant à autrui contre son gré.

b. Points particuliers

- Il existe de nombreuses circonstances aggravantes : vol avec arme, vol en réunion, vol commis par une personne dépositaire de l'autorité publique, etc. (art. 311-4 à 311-11 du C.P.).
- Le vol entre ascendants ou descendants et entre conjoints n'est pas poursuivi (art. 311-12 du C.P.).

2 La filouterie

Définition

La filouterie dénommée également délit de grivèlerie, s'apparente à l'escroquerie.

« C'est le fait par une personne qui sait être dans l'impossibilité absolue de payer ou qui est déterminée à ne pas payer de se faire servir des boissons ou des aliments [...] ; de se faire attribuer et d'occuper effectivement une ou plusieurs chambres dans un établissement louant des chambres [...] ; de se faire servir des carburants ou lubrifiants dont elle fait remplir tout ou partie des réservoirs d'un véhicule par des professionnels de la distribution ; de se faire transporter en taxi [...]. » (art. 313-5 du C.P.)

a. Éléments constitutifs

- **Élément légal :** délit prévu et réprimé par l'article 313-5 du Code pénal de six mois d'emprisonnement et de 7 500 € d'amende.
- **Élément matériel :** se faire servir ou utiliser le service, et se savoir dans l'impossibilité de payer ou être déterminé à ne pas payer.
- **Élément moral :** intention coupable, détermination (intention volontaire) à ne pas payer.

b. Point particulier

La filouterie ne concerne pas les transports en commun (voyageur sans billet).

3 Les destructions, dégradations, ou détérioration d'un bien appartenant à autrui

Définition

« La destruction, la dégradation ou la détérioration d'un bien appartenant à autrui est punie de deux ans d'emprisonnement et de 30 000 euros d'amende. » (art. 322-1 du C.P.)

a. Éléments constitutifs

- **Élément légal :** délit prévu et réprimé par l'article 322-1 du Code pénal de 2 ans d'emprisonnement et 30 000 € d'amende.
- **Élément matériel :**
  - destruction, dégradation ou détérioration importante ;
  - concerne un objet mobilier ou un bien immobilier ;
  - cause un préjudice à tiers.
- **Élément moral :** intention coupable, volonté de détruire ou détériorer.

b. Points particuliers

- Il existe plusieurs circonstances aggravantes notamment liées à la nature de l'acte infractionnel (incendie, explosion, etc.).
- La destruction, la dégradation ou la détérioration d'un bien appartenant à autrui dont il n'a résulté qu'un dommage léger constitue une contravention de 5e classe (art. R. 635. al. 1 du C.P.).

4 L'entrave à la libre circulation dans les parties communes des immeubles d'habitation

Définition

Le fait d'occuper en réunion les espaces communs ou les toits des immeubles d'habitation en entravant délibérément l'accès ou la libre circulation des personnes ou en empêchant le bon fonctionnement des dispositifs de sûreté constitue un délit.

a. Éléments constitutifs

- **Élément légal :** délit prévu et réprimé par l'article L. 272-4 du Code de la sécurité intérieure, d'une peine de deux mois d'emprisonnement et de 3 750 euros d'amende. L'action publique (autrement dit les poursuites), peut être éteinte par le versement d'une amende forfaitaire de 200 euros, mais lorsque cette infraction est accompagnée de voies de fait ou de menaces, de quelque nature que ce soit, elle est punie de six mois d'emprisonnement et de 7 500 euros d'amende.

- **Élément matériel :** voies de fait, menaces ou entrave délibérée, en réunion.
- **Élément moral :** intention coupable : volonté de nuire.

b. Point particulier

Ce délit peut être relevé en l'absence de toute autre infraction connexe ou demande d'intervention préalable du bailleur.

5 La diffamation

Définition

Le fait d'alléguer ou d'imputer un fait portant atteinte à l'honneur ou à la considération de la personne constitue un délit.

a. Éléments constitutifs

- **Élément légal :** délit prévu et réprimé par la loi sur la liberté de la presse du 29 juillet 1881 (art. 23, 29, 32 et 42) de 45 000 € d'amende.
- **Élément matériel :**
  - allégation d'un fait déterminé ;
  - contre l'honneur ou la considération ;
  - de mauvaise foi ;
  - visant une personne déterminée, publique.
- **Élément moral :** intention coupable, volonté de nuire.

b. Point particulier

Les diffamations et injures non publiques constituent des contraventions.

6 La mise en danger d'autrui

Définition

Le fait d'exposer directement autrui à un risque immédiat de mort ou de blessures, de nature à entraîner une mutilation ou une infirmité permanente, par la violation manifestement délibérée d'une obligation particulière de sécurité ou de prudence imposée par la loi ou le règlement constitue un délit.

a. Éléments constitutifs

- **Élément légal :** délit prévu et réprimé par l'article 223-1 du Code pénal, d'une peine d'un an d'emprisonnement et de 15 000 € d'amende.
- **Élément matériel :**
  - violation d'une obligation de sécurité ou de prudence ;
  - risque immédiat de mort ou de blessures graves ;
  - manifestement délibérée.
- **Élément moral :** faute délibérée, délit non intentionnel.

b. Points particuliers

Ne pas confondre le caractère volontaire de l'acte et la dimension intentionnelle d'une infraction qui suppose la recherche d'un effet.

7 L'ivresse publique manifeste

Définition

Le fait de se trouver en état d'ivresse manifeste dans les rues, chemins, places, cafés, cabarets ou autres lieux publics, puni de l'amende prévue pour les contraventions de la 2e classe.

a. Éléments constitutifs

- **Élément légal :** contravention prévue et réprimée par l'article R. 3353-1 du Code de la santé publique.
- **Élément matériel :**
  - ivresse publique, c'est-à-dire dans un lieu public ;
  - ivresse notable et certaine (haleine, propos incohérents, etc.).
- **Élément moral :** faute délibérée.

b. Points particuliers

Le placement en chambre de sûreté à l'occasion d'une ivresse publique et manifeste (IPM) n'est pas une mesure de garde à vue. Il s'effectue au commissariat de police sous la responsabilité de l'officier de police. Dans son procès-verbal, le gardien de la paix mentionne la prise en charge de l'individu en infraction et non son interpellation, ainsi que les caractéristiques de l'ivresse : l'haleine alcoolisée, les yeux vitreux, l'élocution bégayante ou la tenue de propos incohérents, la perte d'équilibre. Enfin, avant son placement en cellule de dégrisement, le (ou la) mis(e) en cause doit faire l'objet d'un examen médical attestant de sa capacité à vivre une mesure de dégrisement au sein des locaux de Police prévus à cet effet. À l'issue de l'examen, le médecin délivre un certificat de non-hospitalisation (CNH) ou de non-admission (CNA) aux policiers en charge de l'intéressé(e). Ce document est joint au procès-verbal rédigé par les forces de l'ordre ayant géré l'intervention.

8 Les violences volontaires

a. Éléments constitutifs

- **Élément légal :** contraventions (art. R. 624-1 et R. 625-1 du Code pénal), délits (art. 222-9 et 222-11 à 222-13 du Code pénal) et crimes (art. 222-7, 222-8, 222-10 et 222-14 du Code pénal).
- **Élément matériel** : les coups portés, des voies de faits (brutalités légères et aussi des comportements sans aucun contact physique provoquant un choc psychologique ou une émotion vive, art. 222-14-3 du Code pénal).
- **Élément moral** : intention de l'auteur de vouloir porter atteinte à l'intégrité de la victime. La volonté porte sur l'acte et non sur le dommage qui en résulte.

b. Points particuliers

Les violences volontaires aux personnes sont des infractions dont la spécificité est qu'elles peuvent constituer soit des contraventions, soit des délits, soit des crimes.

C'est l'incapacité totale de travail (I.T.T.) qui va conditionner généralement la catégorie de l'infraction. L'I.T.T. est déterminée par un docteur de médecine relativement à la gravité des dommages occasionnés à la victime et précisés dans un certificat médical descriptif des blessures ou du traumatisme.

- Si l'I.T.T. est nulle, l'infraction est une contravention de 4e classe prévue et réprimée par l'article R. 624-1 du Code pénal de 750 € d'amende au maximum.
- Si l'I.T.T. est comprise entre un et huit jours au maximum, l'infraction devient une contravention de 5e classe prévue et réprimée par l'article R. 625-1 du Code pénal de 1 500 € d'amende au maximum, pouvant être portée à 3 000 euros d'amende en cas de récidive.
- Si les violences contraventionnelles ont été commises avec une ou plusieurs circonstances aggravantes (comptabilisées jusqu'à trois maximum), elles deviennent délictuelles et sont ciblées par l'article 222-13 du Code pénal.
- S'agissant des violences dont l'I.T.T. est supérieure à huit jours, elles constituent des délits prévus aux articles 222-11 et 222-12, il s'agit de violences aggravées.
- Certaines violences volontaires constituent des crimes, notamment celles ayant entraîné la mort sans intention de la donner (art. 222-7 et 222-8 du Code pénal) ou celles aggravées par au moins une circonstance et ayant entraîné une mutilation ou infirmité permanente (art. 222-10 du Code pénal).
- S'agissant des violences intra-familiales, alors qu'un mineur assiste aux faits et que ceux-ci sont commis par le conjoint de la victime, la sanction est encore aggravée.
- Il est utile de préciser qu'une attention toute particulière est requise lors des interventions de police dans ce domaine et, pour rappel, il n'est pas nécessaire que la victime dépose une plainte pour que des poursuites soient engagées à l'encontre de l'auteur des violences. Le Parquet peut en effet s'autosaisir de l'affaire sans dépôt de plainte de la victime.

- **Notions clefs**
  - Vol.
  - Filouterie.
  - Entrave à la libre circulation dans les parties communes des immeubles d'habitation.
  - Destructions, dégradations.
  - Diffamation.
  - Mise en danger d'autrui.
  - Ivresse publique manifeste.
  - Violences volontaires.
- **Références**
  - Code de procédure pénale.
  - Code pénal.
  - Code de la santé publique.
  - Code de la sécurité intérieure.

8 Fichiers de police

1 L'accès aux fichiers

L'accès aux fichiers informatisés permet au fonctionnaire de police de disposer d'un renseignement indispensable à la réussite de sa mission. Celui-ci est strictement réglementé, les abus sont prévus et réprimés par la loi (articles 226-16 à 226-24 du Code pénal).

Il s'effectue par le portail sécurisé CHEOPS-NG (circulation hiérarchisée des enregistrements opérationnels de la police sécurisés – nouvelle génération) en fonction des droits d'accès de l'utilisateur.

2 Les principaux fichiers de police

a. Le traitement des antécédents judiciaires (exemple : STIC)

Le fichier TAJ (traitement des antécédents judiciaire) est un fichier commun à la Police et à la Gendarmerie nationales. Il remplace le fichier STIC (système de traitement des infractions constatées) pour la Police nationale et JUDEX pour la gendarmerie. Ce fichier est utilisé dans le cadre des enquêtes judiciaires et des enquêtes administratives. Il a pour but de fournir aux enquêteurs une aide à l'enquête judiciaire, afin de faciliter la constatation des infractions, le rassemblement des preuves et la recherche de leurs auteurs.

Comme le STIC, il peut être alimenté par le biais du logiciel de rédaction de procédures (LRP).

b. Les véhicules volés et les personnes recherchées

Le fichier des objets et véhicules signalés (FOVeS) et le fichier des personnes recherchées (FPR) constituent des moyens de signalement et de recoupement pour les fonctionnaires de police. Ils sont l'un et l'autre connectés au système d'information Schengen (SIS).

c. Les auteurs d'infractions sexuelles

Le fichier d'information judiciaire des auteurs d'infractions sexuelles a pour objet de prévenir la récidive des auteurs d'infractions sexuelles ou violentes déjà condamnés. Les personnes inscrites au FIJAISV doivent déclarer leur adresse une fois par an et leur changement de résidence dans les quinze jours qui suivent un déménagement.

d. Les empreintes génétiques et digitales

Le système automatisé des empreintes digitales (SAED) et le fichier national automatisé des empreintes génétiques (FNAEG) sont des fichiers d'identification d'auteurs de crimes et de délits. Ils permettent notamment de vérifier l'identité des personnes mises en cause dans une enquête pénale.

e. Le fichier judiciaire national automatisé des auteurs d'infractions terroristes (FIJAIT)

Il recense les personnes majeures ou mineures condamnées (ou même mises en examen) pour certaines infractions terroristes. Il sert à prévenir le renouvellement de ces infractions et à faciliter l'identification de leurs auteurs.

f. Les immatriculations de véhicules et les permis de conduire

Le système d'immatriculation des véhicules (SIV) est un traitement automatisé de gestion de toutes les pièces administratives liées à la mise en circulation des véhicules à moteur. Il intègre les données relatives au propriétaire du véhicule, les données relatives au véhicule lui-même, les données relatives à l'identification des professionnels du commerce des automobiles.

Le système national des permis de conduire (SNPC) rassemble, quant à lui, toutes les informations relatives aux permis de conduire, toutes les décisions administratives de retrait, suspension, annulation ou restriction du permis de conduire, tous les procès-verbaux des infractions entraînant retrait de points, les modifications du nombre de points affectant un permis de conduire.

3 La diffusion des avis de recherche

Le service central de documentation criminelle appartient à la Direction nationale de la police judiciaire (voir organisation de la Police nationale). Il participe directement au recueil, à la conservation et à la mise à disposition de renseignements de police judiciaire, ainsi qu'à la diffusion d'avis de recherche des personnes en fuite ou en danger.

4 La Commission nationale de l'informatique et des libertés (CNIL)

Créée par la loi n° 78-17 du 6 janvier 1978, relative à l'informatique, aux fichiers et aux libertés, la CNIL a pour but de protéger les droits des usagers en garantissant un regard sur les contenus des fichiers informatisés. Elle remplit différentes missions :

- recenser tous les fichiers existant en France et veiller à ce que seules les informations autorisées par la loi y figurent ;
- exercer une mission de contrôle afin que soient respectés le droit à la protection de la vie privée, l'exercice des libertés et le fonctionnement des institutions démocratiques ;
- procéder à un contrôle spontané et se saisir elle-même d'un sujet ou agir à la suite de plaintes portées à sa connaissance.

- **Idée maîtresse**

Les fichiers de police constituent des outils essentiels à la manifestation de la vérité lors des contrôles et enquêtes diligentés par les fonctionnaires de police. Les consultations sont strictement encadrées par les lois et règlements.

- **Notions clefs**
  - CHEOPS-NG.
  - STIC/TAJ.
  - Avis de recherche.
- **Références**
  - Code de déontologie.
  - Code de la sécurité intérieure.
  - www.cnil.fr

9 Contrôle d'identité et droit d'arrestation

1 Le contrôle d'identité

Définition et base légales

Le contrôle d'identité consiste à inviter une personne à justifier de son identité par tout moyen.

L'article 78-2, alinéa 1 du Code de procédure pénale précise que les OPJ et sous la responsabilité de ceux-ci, les APJ et certains APJA, sont habilités à procéder à des contrôles d'identité.

a. Différents types de contrôle

On distingue plusieurs types de contrôles d'identité : les contrôles de police judiciaire, les contrôles de police administrative, les contrôles ordonnés par le procureur de la République, les contrôles de l'espace Schengen.

Les **contrôles de police judiciaire** permettent de demander la justification de son identité à toute personne :

- soupçonnée d'avoir commis ou tenté de commettre une infraction ;
- soupçonnée de se préparer à commettre un crime ou un délit ;
- susceptible de fournir des renseignements utiles lors d'une enquête ;
- qui a violé les obligations et interdictions auxquelles elle est soumise dans le cadre d'un contrôle judiciaire, d'une mesure d'assignation à résidence avec surveillance électronique, d'une peine ou d'une mesure suivie par le juge de l'application des peines ;
- recherchée par l'autorité judiciaire.

Les **contrôles de police administrative** permettent de contrôler l'identité pour prévenir une atteinte à l'ordre public ou à la sécurité des personnes et des biens.

Les **contrôles ordonnés par le procureur de la République** imposent une réquisition écrite de celui-ci. Ils se déroulent dans les lieux et pour une période de temps déterminés par le magistrat.

Les **contrôles de l'espace Schengen** sont possibles dans les zones situées à moins de 20 km de la frontière entre la France et l'un des pays signataires de la convention et dans les ports, aéroports et gares ouverts au trafic international.

b. Modalités pratiques du contrôle d'identité

Une carte nationale d'identité, un passeport, un permis de conduire, un permis de chasse ou de pêche sont des documents valables lors d'un contrôle.

Une identité complète se compose du nom, du prénom, de la date et du lieu de naissance, de la filiation, de l'adresse complète, du numéro de téléphone, de la situation de famille et de la profession.

Cas particuliers

Si la personne contrôlée n'est pas en mesure de justifier de son identité, l'APJA rend compte à l'OPJ qui peut alors prendre une mesure de vérification d'identité (art. 78.3 et 78.5 du C.P.P.).

2 Le droit d'arrestation

Définition

Touchant aux fondements des droits de l'homme, le droit d'arrestation dans l'exercice de la police judiciaire est très strictement encadré.

a. Droit d'arrestation dans le cadre d'enquêtes judiciaires

Enquête préliminaire : aucun moyen coercitif n'est prévu dans ce cadre juridique.

Enquête de flagrance : toute personne a qualité pour appréhender l'auteur d'un crime ou d'un délit flagrant puni d'une peine d'emprisonnement et de le conduire devant l'officier de police judiciaire le plus proche (art. 73 du C.P.P.).

Commission rogatoire : seul l'OPJ peut disposer d'un droit d'arrestation.

b. Droit d'arrestation dans le cadre de mandats de justice

Le mandat est un acte judiciaire par lequel un magistrat donne des ordres relatifs aux personnes qu'il désire voir comparaître, faire arrêter ou détenir provisoirement.

Les différents mandats

Mandat de recherche	Art. 122 al. 2, C.P.P.	Rechercher et placer en garde à vue.
Mandat d'arrêt	Art. 122 al. 3 et 6, C.P.P.	Rechercher et conduire dans une maison d'arrêt.
Mandat d'amener	Art. 122 al. 3 et 5, C.P.P.	Amener immédiatement devant le magistrat mandant.
Mandat de dépôt	Art. 122 al. 8, C.P.P.	Déposer au directeur de la maison d'arrêt.

Pour mémoire, il existe également un mandat de comparution (art. 122, al. 4 du C.P.P.) qui met en demeure le mis en cause de se présenter devant le magistrat mandant à un rendez-vous précis.

- **Notions clefs**
  - Contrôle d'identité et vérification d'identité.
  - Les mandats judiciaires.
  - Les enquêtes judiciaires.
- **Références**
  - Code de procédure pénale.
  - Code pénal.

10 Légitime défense

1 La légitime défense des personnes

« N'est pas pénalement responsable la personne qui, devant une atteinte injustifiée envers elle-même ou autrui, accomplit, dans le même temps, un acte commandé par la nécessité de la légitime défense d'elle-même ou d'autrui, sauf s'il y a disproportion entre les moyens de défense employés et la gravité de l'atteinte. » (art. 122-5 alinéa 1 du C.P.)

Ainsi, l'acte d'agression doit être dirigé contre soi-même ou autrui, être actuel et injuste. Le cadre légal de la légitime défense est associé aux notions de nécessité, de simultanéité et de proportionnalité.

Atteinte (dirigée contre moi-même ou autrui)	Acte de défense
Actuelle (se déroule maintenant).	**Proportionné** (par rapport à la gravité de l'atteinte).
Injustifiée (interdit par la loi).	**Simultané** (dans le même temps que l'atteinte et non avant – acte prémédité – ou après – acte de vengeance).
Réelle (il ne s'agit pas d'une menace mais bien d'un acte physique envers moi ou autrui).	**Nécessaire** (je n'ai pas d'autres solutions que me défendre, je ne peux ni fuir ni me soustraire à l'atteinte).

2 La légitime défense des biens

« N'est pas pénalement responsable la personne qui pour interrompre l'exécution d'un crime ou d'un délit contre un bien, accomplit un acte de défense, autre qu'un homicide volontaire, lorsque cet acte est strictement nécessaire au but poursuivi dès lors que les moyens employés sont proportionnés à la gravité de l'infraction. » (art. 122-4 alinéa 2 du C.P.)

Plus restrictif que le cas précédent, le cadre légal de la légitime défense des biens précise que l'agression doit constituer un crime ou un délit (*cf.* fiche 4, p. 203) et que l'acte de défense, qui ne peut constituer un homicide volontaire, doit être **proportionné à la gravité de l'infraction** et non à celle du préjudice financier.

3 Les cas privilégiés

« Est présumé avoir agi en état de légitime défense celui qui accomplit l'acte :

1° Pour repousser de nuit l'entrée par effraction, violence ou ruse dans un lieu habité ;

2° Pour se défendre contre les auteurs de vols ou de pillages exécutés avec violences. »

(art. 122-6 du C.P.)

Si l'atteinte s'arrête, l'acte de défense doit s'interrompre. **La légitime défense génère l'irresponsabilité pénale et civile** (*cf.* fiche 4, p. 203).

4 Les règles d'usage des armes

La vague des attentats qui a frappé la France ces dernières années a nécessité d'adapter notre législation en ce qui concerne l'usage des armes par les forces de sécurité. Sans instituer une sorte de « présomption de légitime défense » pour les policiers nationaux ou les gendarmes, la loi 2017-258 du 28 février 2017 a inséré dans le Code de la sécurité intérieure un article L. 435-1 ainsi libellé :

« Dans l'exercice de leurs fonctions et revêtus de leur uniforme ou des insignes extérieurs et apparents de leur qualité, les agents de la Police nationale et les militaires de la Gendarmerie nationale peuvent, outre les cas mentionnés à l'article L. 219-1, faire usage de leurs armes en cas d'absolue nécessité et de manière strictement proportionnée :

1° Lorsque des atteintes à la vie ou à l'intégrité physique sont portées contre eux ou contre autrui ou lorsque des personnes armées menacent leur vie ou leur intégrité physique ou celle d'autrui ;

2° Lorsque, après deux sommations faites à haute voix, ils ne peuvent défendre autrement les lieux qu'ils occupent ou les personnes qui leur sont confiées ;

3° Lorsque, immédiatement après deux sommations adressées à haute voix, ils ne peuvent contraindre à s'arrêter, autrement que par l'usage des armes, des personnes qui cherchent à échapper à leur garde ou à leurs investigations et qui sont susceptibles de perpétrer, dans leur fuite, des atteintes à leur vie ou à leur intégrité physique ou à celles d'autrui ;

4° Lorsqu'ils ne peuvent immobiliser, autrement que par l'usage des armes, des véhicules, embarcations ou autres moyens de transports, dont les conducteurs n'obtempèrent pas à l'ordre d'arrêt et dont les occupants sont susceptibles de perpétrer dans leur fuite, des atteintes à leur vie ou à leur intégrité physique ou à celles d'autrui ;

5° Dans le but exclusif d'empêcher la réitération, dans un temps rapproché, d'un ou plusieurs meurtres ou tentatives de meurtre venant d'être commis, lorsqu'ils ont des raisons réelles et objectives d'estimer que cette réitération est probable au regard des informations dont ils disposent au moment où ils font usage de leurs armes. »

- **Idée maîtresse**

La légitime défense prévue à l'article 122-5 du Code pénal, génère l'irresponsabilité pénale et civile de l'auteur.

- **Notions clefs**

Légitime défense, Nécessité, simultanéité, proportionnalité

- **Références**

Code pénal, Titre I

11 Lutte contre l'insécurité routière

1 Cadre général

Définition

La lutte contre l'insécurité routière a pour objectif de réduire significativement le nombre de blessés et de tués sur les routes.

Fondements juridiques

Le **Code de la route** est l'ensemble des lois et règlements relatifs à l'utilisation des voies publiques par les usagers.

Rôle des APJA

Les APJA peuvent verbaliser les contraventions de la 1re à la 4e classe selon la procédure de l'amende forfaitaire (procédure simplifiée qui permet à l'auteur d'une infraction d'éviter des poursuites par le paiement d'une somme fixe).

2 Domaines d'action

Prévention

Il s'agit de **renseigner**, **rassurer**, **aider ou secourir** les usagers de la route. Elle se fonde sur une présence visible des forces de l'ordre sur les itinéraires les plus fréquentés lors des périodes de circulation intense et une adaptation permanente du service aux zones et créneaux horaires les plus accidentogènes.

Prévention éducative

Elle se traduit par la participation de la gendarmerie et de la police à des conférences dans les écoles, entreprises, associations ou clubs, par la mise en œuvre de pistes de sécurité routière auprès du grand public.

Répression

Essentielle dans la lutte contre l'insécurité routière, la répression est adaptée aux circonstances et conduite avec fermeté et discernement. Elle vise en priorité les infractions les plus accidentogènes.

- **Idée maîtresse**

La lutte contre l'insécurité routière constitue une priorité nationale.

- **Notions clefs**
  - Le Code de la route.
  - La procédure de l'amende forfaitaire.
  - Les déclinaisons de la prévention.
  - Les dispositifs statiques et mobiles.
- **Référence**

Code de la route.

12 Contrôle d'un véhicule

1 Le permis de conduire

Définition

« Nul ne peut conduire un véhicule ou un ensemble de véhicules [...] s'il n'est titulaire de la catégorie correspondante du permis de conduire en état de validité et s'il ne respecte les restrictions d'usage mentionnées sur ce titre. » (art. R. 221-1-1 du C.R.)

C'est l'article R. 221-4 du Code de la route qui fixe les différentes catégories de permis de conduire autorisant la conduite des véhicules selon leur catégorie, précisée à l'article R. 311-1 du Code de la route. Quant à l'âge requis pour l'obtention de ces permis, il faut se référer à l'article R. 221-5 du Code de la route.

Dans le tableau synthétique ci-dessous retrouvez les catégories de permis de conduire par rapport aux types de véhicules et les sous-catégories en fonction de la puissance des véhicules, du poids total en charge ou roulant, ou encore du nombre de passagers et de l'attelage d'une remorque de plus ou moins 750 kilogrammes.

Catégories A	Deux roues	AM A1 A2 A
Catégories B	Véhicules légers	B B1 B2
Catégories C	Poids lourds – transports de marchandises	C C1 CE C1 E
Catégories D	Transports collectifs de personnes	D D1 D1 E DE

Un tableau plus exhaustif peut être consulté en ligne sur le site www.dunod.com.

Points de contrôle

La conformité de la catégorie du permis au véhicule conduit, les éléments d'identité (photographie, signature), l'authenticité du document (contrôle des éléments de sécurité), les restrictions éventuelles et les vérifications au fichier national des permis de conduire, appelé système national des permis de conduire (SNPC), font partie des points à vérifier lors d'un contrôle.

2 Le certificat d'immatriculation

Définition

« Tout propriétaire d'un véhicule à moteur, d'une remorque dont le poids total autorisé en charge est supérieur à 500 kilogrammes [...] doit faire une demande de certificat d'immatriculation en justifiant de son identité et de son domicile. » (art. R. 322-1 du Code de la route)

Points de contrôle

L'authenticité du document, la conformité des caractéristiques du véhicule (numéro d'immatriculation, typologie), le contrôle technique (voir point 3), le changement de propriétaire (1 mois de délai), l'adresse (1 mois de délai) et la consultation du fichier FOVES (fichier des objets et véhicules volés) font partie des points à vérifier lors d'un contrôle.

3 Le contrôle technique

Définition

« Tout propriétaire d'un véhicule [...] n'est autorisé à le mettre ou le maintenir en circulation qu'après un contrôle technique ayant vérifié qu'il est en bon état de marche et en état satisfaisant d'entretien. » (art. R. 323-1 du Code de la route)

Contrôle technique initial et périodique

Type de véhicule	Contrôle technique initial	Contrôle technique périodique
Voiture particulière et camionnette	4 ans	2 ans
Transport de marchandises PTAC > 3,5 t	1 an	1 an
Transport en commun	Dès la mise en circulation	6 mois
Cas particulier des taxi et ambulances	1 an	1 an

S'agissant des camionnettes, elles doivent faire l'objet dans le délai d'un an après chaque contrôle technique, d'un contrôle technique complémentaire portant sur le contrôle des émissions polluantes.

4 L'attestation d'assurance

Définition

« Toute personne physique ou toute personne morale autre que l'État, dont la responsabilité civile peut être engagée en raison de dommages subis par des tiers résultant d'atteintes aux personnes ou aux biens dans la réalisation desquels un véhicule est impliqué, doit, pour faire circuler celui-ci, être couverte par une assurance garantissant cette responsabilité [...] » (art. L. 211-1 du Code des assurances).

Points de contrôle

Le timbre carré apposé sur le véhicule ou la carte verte doivent permettre de vérifier la période de validité (qui s'étend 1 mois après la date d'expiration), le numéro d'immatriculation du véhicule, l'adresse de l'assuré. La validité d'une attestation provisoire ne peut dépasser un mois.

Remarque

Depuis la parution du décret du 8 décembre 2023 portant sur la simplification des modalités de preuve et de contrôle de l'assurance de responsabilité civile automobile obligatoire, l'attestation d'assurance d'un véhicule ne doit plus être apposée sur le pare-brise. Cependant, en cas de contrôle, le conducteur doit pouvoir présenter une attestation d'assurance dématérialisée en cours de validité.

5 La plaque d'immatriculation

Définition

« Tout véhicule à moteur doit être muni de deux plaques d'immatriculation portant le numéro assigné au véhicule et fixées en évidence de manière inamovible à l'avant et à l'arrière du véhicule. » (art. R. 317-8 du Code de la route)

Cas particuliers : motocyclette (1 plaque), remorque PTAC > 750 kg (1 plaque), remorque PTAC < 750 kg (plaque identique au véhicule tracteur).

Points de contrôle

La lisibilité de la plaque et sa fixation font partie des points à vérifier lors d'un contrôle.

6 Les équipements d'éclairage et de signalisation

La nuit ou le jour, lorsque la visibilité est insuffisante, tout conducteur d'un véhicule doit faire usage des feux dont le véhicule doit *être équipé*. La présence, la conformité et le bon usage des équipements d'éclairage et de signalisation font partie des points susceptibles d'être vérifiés lors d'un contrôle.

- **Idée maîtresse**

Les contrôles relatifs à l'identification du conducteur et à la conformité du véhicule participent directement à la sécurisation des flux routiers.

- **Notions clefs**
  - Catégories de permis de conduire.
  - Certificat d'immatriculation.
  - Contrôle technique.
  - Attestation d'assurance.
- **Référence**

Code de la route.

13 Constatation des contraventions au Code de la route

1 La procédure de l'amende forfaitaire à paiement différé

a. L'amende forfaitaire

L'amende forfaitaire ne concerne que les contraventions des quatre premières classes.

Cette procédure n'est pas applicable aux :

- mineurs de 13 ans au plus ;
- contraventions lorsque la récidive constitue un délit (art. 529 du C.P.P.).

b. Les modalités de paiement

Les amendes forfaitaires peuvent être réglées de deux façons différentes :

- immédiatement auprès de l'agent (en espèces, par chèque) ;
- auprès du centre d'encaissement des amendes de Rennes (CEA) dans un délai maximal de quarante-cinq jours après la constatation de l'infraction (par timbre-amende, chèque ou télépaiement automatisé).

c. Les formulaires

Intégré au carnet de timbre-amendes, chaque formulaire se compose de trois feuillets.

Type de feuillet	Caractéristiques	Destination
Volet 1 : carte de paiement	Modalités de paiement	Contrevenant
Volet 2 : avis de contravention	Information du contrevenant	Contrevenant
Volet 3 : procès-verbal de contravention	Suivi des amendes	Souche

Doivent figurer sur le formulaire :

- l'immatriculation et le type du véhicule ;
- le lieu, la date et l'heure de l'infraction ;
- le cas et le libellé de l'infraction relevée en précisant l'article de référence ;
- les références de l'agent ;
- l'identité du contrevenant.

On distingue le carnet *tout usage* de couleur rose, du carnet *vitesse* de couleur jaune et du carnet *stationnement* de couleur verte. Aujourd'hui, le procès-verbal électronique supplante en partie cette procédure afin de faciliter le travail des fonctionnaires sur la voie publique et de dématérialiser l'amende.

2 Le rapport d'infraction

Dans les cas pour lesquels l'APJA ne peut, pour des raisons diverses, relever l'infraction constatée par la procédure de l'amende forfaitaire, il rédige un rapport d'infraction à son chef hiérarchique.

Cet écrit se structure généralement selon le canevas suivant :

- un préambule rappelant l'identité et la fonction de l'agent ;
- une description des constatations ;
- les mesures prises ;
- les infractions constituées (nature et libellé, qualification, références) ;
- une clôture.

a. Les constatations

Elles doivent établir de façon claire, précise et concise les circonstances de l'infraction relevée : véhicules concernés, état des lieux (et modification éventuelle), personnes présentes, renseignements recueillis.

b. Les mesures prises

Il s'agit des premières mesures prises telles que les dispositions pour alerter et secourir ainsi que les identités relevées (témoins, victimes, auteurs présumés).

3 La procédure d'immobilisation

Définition et base légale

L'immobilisation est l'obligation faite au conducteur ou au propriétaire d'un véhicule de le maintenir sur place ou à proximité du lieu de constatation de l'infraction, en respectant les règles de stationnement.

« Les véhicules dont la circulation ou le stationnement [...] compromettent la sécurité, la tranquillité ou l'hygiène publique, l'esthétique des sites et des paysages classés, [...] peuvent être immobilisés [...] » (art. L.325-1 du Code de la route).

Un véhicule peut ainsi être immobilisé en cas de circulation dans les espaces naturels, en cas d'entrave à la circulation, en cas de non-respect des contrôles techniques ou des règles de conformité des plaques d'immatriculation, lorsque le véhicule représente un danger du fait de son mauvais état, s'il est anormalement bruyant ou polluant, pour usage de feux et avertisseurs sonores spéciaux irréguliers.

Dans les cas précités, un APJ ou un APJA peut prescrire l'immobilisation d'un véhicule.

a. Les modalités pratiques

La fiche d'immobilisation se compose de 3 exemplaires. Le feuillet no1 est remis avec le certificat d'immatriculation ou les pièces administratives relatives à la mise en circulation du véhicule à l'OPJ territorialement compétent. Le feuillet no2 est envoyé avec la procédure à l'officier du ministère public. Le feuillet no3 est remis au contrevenant.

La fiche d'immobilisation précise les date, heure et lieu de l'immobilisation, l'infraction qui l'a motivée, les éléments d'identification du véhicule et de la carte grise, les nom et adresse du contrevenant, les noms, qualités et affectations des agents qui la rédigent, et précise la résidence de l'OPJ territorialement compétent.

b. La levée d'une immobilisation

Définition

« L'immobilisation ne peut être maintenue après que la circonstance qui l'a motivée a cessé. » (art. R. 325-11 du C.R.)

Elle est levée par l'agent qui l'a prescrite s'il est encore présent lors de la cessation de l'infraction ou par l'OPJ territorialement compétent saisi dès que le conducteur justifie de la cessation de l'infraction.

L'officier de police judiciaire restitue au conducteur le certificat d'immatriculation ou les pièces administratives relatives à la mise en circulation du véhicule et transmet à l'autorité judiciaire une copie de cette fiche comportant mention de la levée de la mesure.

4 Le montant des amendes forfaitaires

Classe de contravention	Amende forfaitaire	Amende forfaitaire minorée	Amende forfaitaire majorée
1re classe (hors stationnement)	11 €	*Non applicable*	33 €
1re classe (stationnement)	17 €	*Non applicable*	33 €
2e classe	35 €	22 €	75 €
3e classe	68 €	45 €	180 €
4e classe	135 €	90 €	375 €

Depuis le 1er janvier 2018, le forfait post-stationnement est une redevance forfaitaire de stationnement : il remplace l'amende pour infraction au stationnement payant. Chaque commune fixe le montant du forfait qui peut varier suivant les rues et suivant la durée maximale de stationnement.

5 Les exemples de contraventions au Code de la route

Description de l'infraction	Références	Classe de la contravention	Perte de points
Infraction à l'arrêt ou au stationnement	Code de la route, art. R. 417-1 à R. 417-6	2	–
Conduite sans port de la ceinture de sécurité	Code de la route, art. R. 412-1	4	3 pts

Description de l'infraction	Références	Classe de la contravention	Perte de points
Non-respect de l'arrêt imposé par un STOP	Code de la route, art. R. 411-25 et R. 415-6	4	4 pts
Non-respect de l'arrêt au feu rouge	Code de la route, art. R. 412-30	4	4 pts
Dépassement de véhicule par la droite	Code de la route, art. R. 414-6	4	3 pts
Usage d'un téléphone tenu en main par conducteur d'un véhicule en circulation	Code de la route, art. R. 412-6-1	4	3 pts
Changement de direction sans avertissement préalable	Code de la route, art. R. 412-10	2	3 pts

- **Idée maîtresse**

Les procédures d'amende forfaitaire et d'immobilisation répondent à un formalisme rigoureux et sont restreintes à des cas particuliers d'infractions.

- **Notions clefs**
  - Formulaires de l'amende forfaitaire.
  - Les modalités de l'immobilisation.
  - La structure du rapport d'infraction.
- **Référence**

Code de la route.

14 Alcool au volant

1 Taux d'alcool et répression

a. Base légale

« Même en l'absence de tout signe d'ivresse manifeste, le fait de conduire un véhicule sous l'empire d'un état alcoolique constitue un **délit pour un taux supérieur à 0,40 mg d'alcool pur par litre d'air expiré** ou une **contravention de quatrième classe pour un taux compris entre 0,25 mg et 0,39 mg d'alcool pur par litre d'air expiré**. Ce taux est réduit à 0,1 mg d'alcool pur par litre expiré pour les conducteurs de transport en commun ainsi que le conducteur titulaire d'un permis soumis au délai probatoire ou en situation d'apprentissage. » (art. L. 234-1 et R. 234-1 du Code de la route).

b. Modalités de dépistage

Le dépistage à l'aide d'un éthylotest est effectué **de façon systématique** :

- en cas d'accident corporel de la circulation (même si le conducteur n'est pas responsable) ;
- en cas d'infraction au Code de la route punie d'une peine de suspension du permis ;
- en cas de réquisition du procureur de la République ;
- sur ordre d'un OPJ.

Il est effectué **d'initiative** :

- lorsqu'un conducteur est impliqué dans un accident matériel de la circulation ;
- lorsque le conducteur a commis une infraction à la vitesse ou au non-port de la ceinture de sécurité.
- également, sans toutefois être obligatoire, en cas de toute autre infraction au Code de la route.

c. Procédures

Les procédures d'alcoolémie sont traitées par un OPJ qui peut se faire assister. Elles imposent une vérification par éthylomètre et doivent permettre au conducteur un 2e souffle (le taux le plus bas est toujours retenu).

- **Contravention** (taux entre 0,25 et 0,39 mg d'alcool pur par litre d'air expiré) :
  - relever l'infraction par amende forfaitaire ;
  - immobiliser le véhicule, laisser repartir le conducteur.
- **Délit** (taux supérieur ou égal à 0,4 mg d'alcool pur par litre d'air expiré) :
  - immobiliser le véhicule et rédiger l'avis de rétention du permis de conduire ;
  - poursuite de la procédure par l'OPJ ou l'APJ.

2 Moyens de dépistage et de vérification

a. Éthylotests

Pour le dépistage de l'alcoolémie par l'air expiré, deux types d'éthylotest sont utilisés :

- les appareils de catégorie A, les *alcootests à usage unique*, qui, par réaction chimique, verdissent en présence de vapeurs d'alcool ;
- les appareils de la catégorie B, les *éthylotests électroniques* qui utilisent une cellule électrico-chimique réutilisable.

Si le test est positif (l'appareil affiche P et un voyant rouge s'allume sans taux apparent) l'infraction ne peut être relevée que si le taux a été vérifié par éthylomètre ou, à défaut, par prélèvement sanguin.

b. Éthylomètre

Alors que l'éthylotest donne un indice sur la présence d'alcool dans l'air expiré l'éthylomètre mesure l'alcoolémie, c'est-à-dire la concentration d'alcool dans l'air expiré, et permet de confirmer un taux.

Mis en œuvre au sein d'une unité ou à bord d'un véhicule de service, chaque appareil est étalonné avec précision et fait l'objet d'un entretien périodique annuel consigné dans un carnet de bord.

c. Point particulier

Le taux légal peut s'exprimer en grammes d'alcool par litre de sang ou en milligrammes d'alcool par litre d'air expiré.

- **Idée maîtresse**

L'alcool au volant multiplie fortement les risques d'accident de la circulation, il peut être dépisté systématiquement ou d'initiative en fonction de règles précises.

- **Notions clefs**
  - Le dépistage d'alcoolémie.
  - La vérification d'alcoolémie.
- **Référence**

Code de la route.

15 Vitesse

1 Répression

Base légale

Le contrôle de vitesse réprime, par l'emploi du cinémomètre, le dépassement par les usagers de la route de la limitation de vitesse légale.

Infraction	Article de référence	Type d'amende & retrait de points
Excès de vitesse inférieur à 20 km/h (avec limitation supérieure à 50 km/h)	R. 413-14 du C.R. I. alinéa 1	Amende de 3e classe 1 point
Excès de vitesse inférieur à 20 km/h (avec limitation inférieure ou égale à 50 km/h)	R. 413-14 du C.R. I. alinéa 2	Amende de 4e classe 1 point
Excès de vitesse égal ou supérieur à 20 km/h et inférieur à 30 km/h	R. 413-14 du C.R. II.	Amende de 4e classe 2 points
Excès de vitesse égal ou supérieur à 30 km/h et inférieur à 40 km/h	R. 413-14 du C.R. II.	Amende de 4e classe 3 points
Excès de vitesse égal ou supérieur à 40 km/h et inférieur à 50 km/h	R. 413-14 du C.R. II.	Amende de 4e classe 4 points
Excès de vitesse supérieur à 50 km/h	R. 413-14-1 du C.R.	Amende de 5e classe 6 points

Les agents de police judiciaire adjoints peuvent constater par procès-verbal les contraventions aux dispositions du Code de la route (art. 21 du C.P.P. et art. R. 310-1 du C.R.).

Pour les contraventions de 5e classe relative à la vitesse, les APJA peuvent constater une infraction mais ils transmettent le rapport à leur supérieur hiérarchique.

2 Moyens de contrôle

a. Définition

Le cinémomètre est un instrument de mesure permettant d'estimer la vitesse d'un véhicule automobile. Pour les contrôles avec interception, la Police nationale met en œuvre des radars de type doppler et des dispositifs laser.

La marge d'erreur de l'appareil est déduite de la vitesse relevée, c'est la vitesse retenue qui est utilisée pour constater une infraction.

b. Mise en œuvre

Le choix du lieu, de la date, de l'heure du contrôle vitesse est guidé par :

- les risques d'accidents graves (agglomération et hors agglomération) ;
- le nombre d'accidents (sur l'axe et à proximité) ;
- le nombre de dépassements de vitesse (statistiques ou rapportés) ;
- la fréquence des contrôles dans l'espace-temps considéré afin de suggérer une omniprésence possible quels que soient le lieu et l'heure.

Le dispositif de contrôle de vitesse se compose d'un élément de contrôle situé en amont d'un élément d'interception à qui il transmet par radio les éléments relatifs à l'infraction constatée (type de véhicule, couleur, point particulier, numéro d'immatriculation). L'élément d'interception est positionné, quant à lui, dans un lieu permettant le stationnement en sécurité des véhicules contrôlés.

Le contrôle peut également s'effectuer au lieu d'interception en cas d'usage de dispositifs laser.

La vitesse peut aussi être contrôlée par les radars fixes ou des voitures radars.

- **Idée maîtresse**

La nécessaire discrétion de la mise en place d'un contrôle vitesse s'intègre avant tout dans une logique de lutte contre l'insécurité routière.

- **Notions clefs**
  - Les typologies des infractions à la vitesse.
  - L'utilisation des cinémomètres.
  - L'esprit du contrôle de vitesse.
- **Référence**

Code de la route.

16 Intervention sur un accident de la circulation

1 L'intervention

a. Finalités

L'intervention de la gendarmerie ou de la police a pour finalité de :

- prévenir un sur-accident ;
- secourir les victimes ;
- protéger les personnes et les biens ;
- renseigner ;
- enquêter.

b. Moyens nécessaires

L'intervention est déterminée par des **moyens de mobilité** (véhicule), des **moyens de balisage et de signalisation** (tri-flashs, cônes de Lübeck, chasuble, lampes), des **moyens de constatation** (appareil photographique, décamètre, dépistage de l'alcoolémie) et d'**enquêtes** (Fiches A, B, C, D, E, F, réquisition à médecin, etc.).

2 Le recueil et la transmission de l'alerte

Définition

La **transmission de l'alerte** est la communication d'informations relatives à un accident permettant une intervention rapide et adaptée de moyens spécialisés.

a. Alerte

L'alerte reprend un canevas propre à tout événement. Ici, le fonctionnaire de police doit notamment se focaliser sur les lieux (point kilométrique précis), sur le type d'accident (gravité, nombre de véhicules) et sur son impact sur le trafic.

b. Transmission de l'alerte et gestion de l'information

Le CIC (centre d'information et de commandement) répercute l'alerte en engageant une ou plusieurs patrouilles et avise, le cas échéant, les services de secours. Il suit l'évolution de la situation par le biais des comptes-rendus de la patrouille engagée et prépare un message accident.

3 Le transport sur les lieux

Si l'intervention apparaît nécessaire et urgente, le transport rapide sur les lieux impose l'emploi de moyens spéciaux lumineux et sonores. La vitesse requise doit s'associer à la **prudence** et la **vigilance** pendant toute la phase de déplacement.

4 Le secours aux victimes et la protection des biens

a. À l'arrivée sur les lieux

- **Se protéger** constitue la première mesure et se traduit par le port des équipements réfléchissants et l'utilisation de moyens de signalisation.
- **Prévenir un sur-accident** impose ensuite la mise en place d'un dispositif amont et aval de régulation.
- **Secourir** les victimes par des premières mesures.
- **Protéger les biens** en balisant des zones d'interdiction par exemple.

b. Premières opérations

1. Identifier les parties en cause.
2. Dépister l'alcoolémie.
3. Prendre les mesures conservatoires (matérialiser les emplacements de VL).

L'assistance aux enquêteurs intègre l'état des lieux, le croquis, le dossier photographique et l'accident.

5 Le compte rendu au CIC

Une fois sur les lieux, le fonctionnaire doit effectuer un compte rendu oral auprès de la station directrice qu'est le centre d'information et de commandement (CIC), à l'aide de son émetteur radio.

Structure :

- Je suis… *sur le lieu précis de l'accident* (PK, sens de circulation, lieu-dit) ;
- Je vois… *un accident impliquant* (type de véhicules, chaussée) ;
- Je fais… *une déviation, une régulation*, etc.
- Je demande… *des renforts, des moyens spécialisés, une dépanneuse*, etc.

Le compte-rendu constitue un élément clé de l'intervention, il permet au supérieur hiérarchique de prendre les décisions et mesures éventuelles que nécessite l'événement.

- **Idée maîtresse**

Lors d'un événement ou d'un accident, les grandes missions de la gendarmerie peuvent souvent se résumer par l'acronyme ARMES : Alerter, Renseigner, Maintenir l'ordre, Enquêter, Secourir.

- **Notions clefs**
  - Intervenir pour prévenir le « sur-accident ».
  - Alerter pour optimiser l'intervention.
  - Se transporter sur les lieux en sécurité.
  - Rendre compte pour garantir un bon traitement de l'accident.
- **Référence**

Code de la route.

17 Aspects socioculturels contemporains de la délinquance

1 Les quartiers sensibles

Définition

Les quartiers sensibles se caractérisent par les difficultés que connaissent les habitants qui y vivent. Ces derniers sont souvent plus jeunes, moins diplômés et davantage confrontés au chômage et à la pauvreté que le reste de la population française.

En 2015, les zones urbaines sensibles (ZUS) et les zones de redynamisation urbaines (ZRU) ont été supprimées et remplacées par les quartiers prioritaires de la politique de la ville (QPPV). On en dénombre 1 300.

Quartiers sensibles et délinquance

Le sentiment d'insécurité est plus élevé dans les quartiers sensibles. Il s'explique en partie par la répétition des incivilités et l'existence d'une délinquance juvénile liée au territoire.

2 Les bandes délinquantes

Définition

« Constitue une bande organisée au sens de la loi tout groupement formé [...] en vue de la préparation d'une ou de plusieurs infractions. » (art. 132-71 du C.P.).

a. Les singularités

Les bandes délinquantes regroupent des adolescents majoritairement de sexe masculin qui profitent du groupe pour commettre des infractions pénales. Le code de valeurs des bandes délinquantes peut reposer sur le vol, la violence, les conduites addictives, le rejet de l'autorité de l'État, etc. La bande délinquante reste souvent associée à un quartier sensible dont elle occupe l'espace public et qui en constitue la référence identitaire.

b. Les modes d'action

Les bandes profitent le plus souvent d'opportunités pour commettre des infractions caractérisées par leur violence et par leur instantanéité.

La lutte contre les bandes s'articule autour de quatre axes : la connaissance, la circulation de l'information, la judiciarisation et la prévention-partenariat.

3 La délinquance des mineurs

a. L'approche judiciaire

Le mineur est un individu âgé de moins de 18 ans. Il dispose d'un régime juridique dérogatoire associé aux fragilités de son âge. Le législateur lui a prévu une responsabilité pénale atténuée ou nulle, des juridictions spécialisées et des règles particulières pour l'enquête, l'instruction et le jugement.

Depuis le 30 septembre 2021, le Code de justice pénale des mineurs pose le principe repris de l'ordonnance du 2 février 1945 du primat de la mesure éducative sur la répression.

b. La mise en perspective

En 2018, la délinquance des mineurs traitée par les parquets a concerné 233 000 mineurs, soit 3,5 % de la population âgée de 10 à 17 ans : la moitié des mineurs délinquants avaient 16 ou 17 ans (source ministère de la Justice). Ce chiffre révèle une constante augmentation de ce phénomène depuis 20 ans environ. Aujourd'hui, plus du tiers des auteurs des vols et des dégradations sont mineurs.

4 Les violences intrafamiliales

a. Le constat

Les violences intrafamiliales s'exercent au sein du couple ou à l'encontre des mineurs et des ascendants. Elles occupent aujourd'hui une place importante dans les crimes et délits contre les personnes et constituent un problème majeur en raison de leur impact sur les fondements de la société. En France, au cours de l'année 2023, 119 personnes tuées ont été recensées dans le cadre d'un couple, soit 96 femmes et 23 hommes. De plus, 9 mineurs sont également décédés, dans le cadre de ces violences intrafamiliales.

b. La mise en perspective

On estime aujourd'hui qu'une femme sur dix est victime de violences verbales, psychologiques, physiques ou sexuelles, au sein du couple. La prise en compte de la victime doit permettre de lui garantir, au travers d'une action croisée entre les associations judiciaires, les travailleurs sociaux et les forces de l'ordre, un niveau satisfaisant de protection, une poursuite effective de l'auteur des violences et une prévention efficace la récidive.

5 Les stupéfiants

a. L'approche judiciaire

L'usage et la détention de produits stupéfiants constituent des délits. Le trafic de drogue est un crime puni par une peine de réclusion criminelle. La liste des produits stupéfiants visés par la loi est établie par arrêté du ministre de la Santé.

b. La drogue en France

Le cannabis est, de très loin, la première drogue consommée en France. Les autres principaux produits stupéfiants sont la cocaïne, l'ecstasy et l'héroïne mais aussi dans une moindre mesure le crack, le LSD ou les amphétamines. Le trafic génère des profits importants qui structurent une criminalité organisée puissante.

Typologie des principales drogues illicites

Drogue	Formes usuelles	Substance active	Catégorie
Amphétamines	Ecstasy, cachets, gouttes	d-amphétamines	Stimulants
Cannabis	Résine, feuille, huile	Tetrahydro-cannabinol	Perturbateurs
Cocaïne	Poudre, crack	Benzoylecgonine	Stimulants
Opium/opiacés	Codéine, méthadone, héroïne, morphine	Morphine, méthadone	Dépresseurs
LSD	Cachets, LSD		Perturbateurs
GHB	Gouttes, poudre	Acide gamma- hydroxy-butirique	Hallucinogènes

6 L'immigration irrégulière

Définition

L'entrée d'un étranger est considérée comme irrégulière dès lors que celui-ci est dans l'incapacité de présenter les documents qui permettent de juger de la régularité de son séjour conformément au CESEDA : Code de l'entrée et du séjour des étrangers et du droit d'asile.

La lutte contre l'immigration irrégulière

La lutte contre l'immigration irrégulière doit permettre de maîtriser les flux migratoires. La police aux frontières constitue un acteur majeur de la lutte contre l'immigration irrégulière (filières clandestines, emploi d'étrangers sans titre, fraude documentaire).

- **Idée maîtresse**

De nombreux phénomènes délictueux contemporains nécessitent une action coordonnée ou conjointe des différents services concernés et imposent en permanence aux forces de l'ordre de s'adapter.

- **Références**
  - Site du ministère de l'Intérieur et de l'INHESJ.
  - www.drogues-info-service.fr

Pour s'entraîner

Annales et sujets inédits corrigés

Sujet 1
Résolution de plusieurs cas pratiques – septembre 2024

2 heures • Coef. 4 (externe), 5 (internes)

Concours nationaux de gardien de la paix de la Police nationale – session du 24 septembre 2024

À partir d'un dossier ne pouvant excéder 15 pages, résolution d'un ou plusieurs cas pratiques consistant en des mises en situation guidées par des questions. Cette épreuve est destinée à évaluer les capacités rédactionnelles, de compréhension d'une situation professionnelle, d'analyse et de synthèse des candidats ainsi que leur faculté à se projeter dans les missions du corps.

Vous devez traiter l'ensemble des 3 cas proposés. Vous n'êtes pas dans l'obligation de les traiter dans l'ordre, mais vous devez faire apparaître le numéro du cas pratique traité (ex : cas pratique n° 1) et le numéro des questions (ex : question n° 1).

Le sujet est noté sur un barème total de 50 points (15 points par cas pratique et 5 points pour l'orthographe, la syntaxe et la présentation de la copie). La note finale sera exprimée sur 20 points.

L'utilisation dans votre copie d'un indicatif radio, d'un nom de commissariat, d'un nom de personne ou d'un grade ou d'une fonction autres que ceux cités dans les sujets, sera considérée comme un signe distinctif et sera susceptible d'entraîner l'annulation de votre copie par le jury. De même, vous ne devez faire apparaître **aucun signe distinctif, ni votre nom ou un nom fictif, ni une signature ou un paraphe.**

Rappel important

Le dossier documentaire comporte des documents de nature différente permettant de vous éclairer utilement. **Son étude est donc nécessaire et indispensable** pour appréhender les cas pratiques proposés et construire efficacement votre composition.

Cas pratique n° 1 (15 points)

Vous êtes affecté(e) en qualité de gardien(ne) de la paix au sein du commissariat de Xville, en unité de police secours de jour.

Vous allez effectuer votre patrouille avec deux autres effectifs (le brigadier-chef GOLF et le gardien de la paix CHARLIE) à bord d'un véhicule de police dont l'indicatif radio est *TV 00 Alpha.*

À 14 h 00, le centre d'information et de commandement (*indicatif TN 00*) vous demande de vous rendre 6, rue des Concours à Xville où un homme, apparemment alcoolisé, dérangerait les clients d'un magasin d'alimentation.

Sur place, vous constatez la présence d'un individu qui crie dans la rue et s'approche des personnes qui tentent d'entrer, sans toutefois être agressif. Le requérant, gérant du magasin d'alimentation, vous indique que cet homme se comporte ainsi depuis environ une heure, importunant sa clientèle.

Alors que vous vous approchez de l'individu, vous constatez que ses propos sont incohérents, il sent fortement l'alcool et il a du mal à s'exprimer correctement.

À votre vue, il se met à hurler : « Ha ben manquait plus que ces connards de Keufs ! Je fais ce que je veux, je vous emmerde ! ».

Le brigadier-chef GOLF et le gardien de la paix CHARLIE décident de l'interpeller, mais l'homme s'y oppose en tentant de leur porter des coups de poing, obligeant le gardien de la paix CHARLIE à le mettre au sol.

Le brigadier-chef GOLF repère une femme qui filme la scène au moyen de son téléphone portable et vous ordonne d'aller la faire cesser immédiatement.

1. À quel(les) infraction(s) êtes-vous confronté(e) ? Justifiez votre réponse.
2. L'emploi de la force par le gardien de la paix CHARLIE vous semble-t-il adéquat ? Justifiez votre réponse.
3. La femme dans la rue a-t-elle le droit de filmer votre intervention ? Justifiez votre réponse.
4. Selon votre réponse à la question précédente, comment réagissez-vous à l'ordre du brigadier-chef GOLF ?

Cas pratique nº 2 (15 points)

Vous êtes affecté(e) en qualité de gardien(ne) de la paix au sein du commissariat de police de Xville, en police secours de nuit.

Vous avez pris votre service à 21 h 00 ce jour. Vous allez effectuer votre patrouille avec deux collègues gardiens de la paix à bord d'un véhicule de police dont l'indicatif radio est *TV 00 Alpha*. Le centre d'information et de commandement (salle radio) répond à l'indicatif radio *TN 00*.

Alors que vous patrouillez en centre-ville, une femme sort brusquement d'un immeuble et se précipite vers le véhicule de police. Particulièrement affolée, elle vous explique qu'elle vient d'entendre comme un « coup de feu » dans l'appartement de son voisin, Monsieur X. Elle vous indique qu'elle a frappé à sa porte mais que personne n'a répondu. Elle a tenté d'ouvrir la porte mais cette dernière est verrouillée. Elle vous précise que son voisin vit seul depuis que son épouse l'a quitté il y a un an et qu'il est dépressif. Elle vous informe également avoir contacté les pompiers et qu'elle s'apprêtait à appeler la police lorsqu'elle a vu votre véhicule.

Elle vous précise que Monsieur X a fait une tentative de suicide médicamenteuse il y a trois mois environ.

1. Détaillez les opérations que vous seriez amené(e) à réaliser face à cette situation.

Monsieur X s'est suicidé par arme à feu : c'est une mort violente constatée par le médecin. Par ailleurs, une lettre a été retrouvée à proximité du corps dans laquelle Monsieur X explique les raisons de son geste.

Le capitaine de police, officier de police judiciaire de permanence, a trouvé les coordonnées des parents de Monsieur X (adresse et numéro de téléphone). Ils demeurent à Xville. Le capitaine de police vous demande d'aviser les parents du décès de leur fils. Il poursuit ses constatations sur les lieux.

Alors que vous vous apprêtez à quitter les lieux afin de mener à bien cette mission, un homme et une femme se présentant comme les parents de Monsieur X se trouvent au pied de l'immeuble et vous demandent ce qu'il se passe. Ils vous informent avoir tenté de joindre leur fils mais, comme il ne répondait pas, ils se sont déplacés.

2. Quelles actions allez-vous entreprendre et quel comportement allez-vous adopter face à ce couple ?

Cas pratique n° 3 (15 points)

Vous êtes gardien(ne) de la paix affecté(e) au commissariat de Xville. Vous êtes chargé(e) de recevoir les plaintes.

Se présente à vous Madame ALPHA. Cette dernière vous informe qu'elle a indiqué à l'agent d'accueil du commissariat vouloir déposer plainte pour un vol mais qu'en fait il n'en est rien.

Madame ALPHA travaille pour la société de transport routier de marchandises « DELTA Express » à Yville située dans un département limitrophe. Elle est actuellement en déplacement professionnel sur Xville. Elle souhaitait s'entretenir avec un agent de la police nationale pour exposer, en toute discrétion, une situation bien particulière.

Elle vous explique qu'un de ses collègues de travail, Monsieur CHARLIE, a changé brutalement de comportement depuis quelques semaines. Il ne se mêle plus aux autres comme avant, il refuse de participer aux pots ainsi qu'aux moments de cohésion. Les conversations avec lui sont devenues très compliquées dans la mesure où il parle exclusivement de religion ou se réfugie dans le mutisme le plus total. Ses relations avec les femmes sont désormais inexistantes et il refuse d'ailleurs de leur serrer la main. Tous les midis, à la pause déjeuner, il a pris pour habitude de s'isoler dans un bureau afin de prier.

Depuis deux jours il arrive au travail en djellaba, se déclare favorable au djihad et semble réciter un discours en faisant sans cesse référence à l'Imam de la mosquée qu'il fréquente assidûment.

Elle conclut en vous indiquant que cette situation l'angoisse particulièrement. Elle vous précise qu'elle ne sait pas quoi faire mais souhaite absolument rester anonyme.

1. Les faits décrits par Madame ALPHA sont-ils préoccupants ? Justifiez votre réponse au regard du processus dans lequel ces derniers sont susceptibles de s'inscrire.
2. Dans cette situation, quels sont les conseils que vous pouvez apporter à Madame ALPHA ?
3. Devez-vous aviser votre hiérarchie ? Pourquoi ?
4. Que signifient les sigles :
   - C.I.P.D.R. ;
   - C.N.A.P.R. ;
   - D.G.S.I. ?

Articles du Code pénal

Article 226-1

Est puni d'un an d'emprisonnement et de 45 000 euros d'amende le fait, au moyen d'un procédé quelconque, volontairement de porter atteinte à l'intimité de la vie privée d'autrui :

1° En captant, enregistrant ou transmettant, sans le consentement de leur auteur, des paroles prononcées à titre privé ou confidentiel ;

2° En fixant, enregistrant ou transmettant, sans le consentement de celle-ci, l'image d'une personne se trouvant dans un lieu privé ;

3° En captant, enregistrant ou transmettant, par quelque moyen que ce soit, la localisation en temps réel ou en différé d'une personne sans le consentement de celle-ci.

Lorsque les actes mentionnés aux 1° et 2° du présent article ont été accomplis au vu et au su des intéressés sans qu'ils s'y soient opposés, alors qu'ils étaient en mesure de le faire, le consentement de ceux-ci est présumé.

Lorsque les actes mentionnés au présent article ont été accomplis sur la personne d'un mineur, le consentement doit émaner des titulaires de l'autorité parentale, dans le respect de l'article 372-1 du Code civil.

Lorsque les faits sont commis par le conjoint ou le concubin de la victime ou le partenaire lié à la victime par un pacte civil de solidarité, les peines sont portées à deux ans d'emprisonnement et à 60 000 euros d'amende.

Lorsque les faits sont commis au préjudice d'une personne dépositaire de l'autorité publique, chargée d'une mission de service public, titulaire d'un mandat électif public ou candidate à un tel mandat ou d'un membre de sa famille, les peines sont également portées à deux ans d'emprisonnement et à 60 000 euros d'amende.

Article 433-5

Constituent un outrage puni de 7 500 euros d'amende et d'une peine de travail d'intérêt général définie à l'article 131-8 les paroles, gestes ou menaces, les écrits ou images de toute nature non rendus publics ou l'envoi d'objets quelconques adressés à une personne chargée d'une mission de service public, dans l'exercice ou à l'occasion de l'exercice de sa mission, et de nature à porter atteinte à sa dignité ou au respect dû à la fonction dont elle est investie.

Lorsqu'il est adressé à une personne dépositaire de l'autorité publique, à un sapeur-pompier ou à un marin-pompier dans l'exercice ou à l'occasion de l'exercice de ses missions, l'outrage est puni d'un an d'emprisonnement et de 15 000 euros d'amende.

Lorsqu'il est adressé à une personne chargée d'une mission de service public et que les faits ont été commis à l'intérieur d'un établissement scolaire ou éducatif, ou, à l'occasion des entrées ou sorties des élèves, aux abords d'un tel établissement, l'outrage est puni de six mois d'emprisonnement et de 7 500 euros d'amende.

Lorsqu'il est commis en réunion, l'outrage prévu au premier alinéa est puni de six mois d'emprisonnement et de 7 500 euros d'amende, et l'outrage prévu au deuxième alinéa est puni de deux ans d'emprisonnement et de 30 000 euros d'amende.

Article 433-6

Constitue une rébellion le fait d'opposer une résistance violente à une personne dépositaire de l'autorité publique ou chargée d'une mission de service public agissant, dans l'exercice de ses fonctions, pour l'exécution des lois, des ordres de l'autorité publique, des décisions ou mandats de justice.

Article 433-7

La rébellion est punie de deux ans d'emprisonnement et de 30 000 euros d'amende.

La rébellion commise en réunion est punie de trois ans d'emprisonnement et de 45 000 euros d'amende.

Articles du Code de la santé publique

Article L. 3341-1

Une personne trouvée en état d'ivresse dans les lieux publics est, par mesure de police, conduite à ses frais par des agents de la police nationale, des militaires de la gendarmerie nationale, des agents de police municipale ou des gardes champêtres, après avoir fait procéder à un examen médical, réalisé sur le territoire communal ou en dehors de celui-ci, attestant que son état de santé ne s'y oppose pas, dans le local de police nationale ou de gendarmerie le plus voisin ou dans une chambre de sûreté, pour y être retenue jusqu'à ce qu'elle ait recouvré la raison.

Lorsqu'il n'est pas nécessaire de procéder à l'audition de la personne mentionnée au premier alinéa immédiatement après qu'elle a recouvré la raison, elle peut, par dérogation au même premier alinéa, être placée par un officier ou un agent de police judiciaire sous la responsabilité d'une personne qui se porte garante d'elle.

Article R. 3353-1

Le fait de se trouver en état d'ivresse manifeste dans les lieux mentionnés à l'article L. 3341-1 est puni de l'amende prévue pour les contraventions de la 2e classe.

Articles du Code de procédure pénale

Article 73

Dans les cas de crime flagrant ou de délit flagrant puni d'une peine d'emprisonnement, toute personne a qualité pour en appréhender l'auteur et le conduire devant l'officier de police judiciaire le plus proche.

Lorsque la personne est présentée devant l'officier de police judiciaire, son placement en garde à vue, lorsque les conditions de cette mesure prévues par le présent code sont réunies, n'est pas obligatoire dès lors qu'elle n'est pas tenue sous la contrainte de demeurer à la disposition des enquêteurs et qu'elle a été informée qu'elle peut à tout moment quitter les locaux de police ou de gendarmerie. Le présent alinéa n'est toutefois pas applicable si la personne a été conduite, sous contrainte, par la force publique devant l'officier de police judiciaire.

Articles du Code de la sécurité intérieure

Article R. 434-10

Le policier ou le gendarme fait, dans l'exercice de ses fonctions, preuve de discernement.

Il tient compte en toutes circonstances de la nature des risques et menaces de chaque situation à laquelle il est confronté et des délais qu'il a pour agir, pour choisir la meilleure réponse légale à lui apporter.

Article R. 434-14

Le policier ou le gendarme est au service de la population.

Sa relation avec celle-ci est empreinte de courtoisie et requiert l'usage du vouvoiement.

Respectueux de la dignité des personnes, il veille à se comporter en toute circonstance d'une manière exemplaire, propre à inspirer en retour respect et considération.

Article R. 434-18

Le policier ou le gendarme emploie la force dans le cadre fixé par la loi, seulement lorsque c'est nécessaire, et de façon proportionnée au but à atteindre ou à la gravité de la menace, selon le cas.

Il ne fait usage des armes qu'en cas d'absolue nécessité et dans le cadre des dispositions législatives applicables à son propre statut.

Note de service

Extraits de la note de service relative à la doctrine fixant l'organisation des centres d'information et de commandement des services de sécurité publique du 27 juin 2011

Le centre d'information et de commandement (*CIC ou « salle radio »*) est à la fois :

- un centre opérationnel départemental qui met en œuvre les instructions du directeur départemental de la sécurité publique dans les domaines de l'ordre public, la circulation routière, la police administrative et la police judiciaire ;
- un instrument de pilotage centralisé de la police d'intervention d'urgence, du maintien de l'ordre public, de la police de prévention et de la police d'investigation, de la police administrative et judiciaire et de la remontée des informations auprès des autorités hiérarchiques ;
- un centre de recueil et de traitement de l'ensemble des appels d'urgences : il doit faire face à un nombre croissant d'appels quotidiens et apporter une réponse optimale aux demandes légitimes du public.

Le CIC sert :

- les autorités policières ;
- les partenaires institutionnalisés du CIC sur place ;
- le public (appels 17 police secours et interventions).

En agissant sur :

- la connaissance du déroulement des interventions/événements ;
- la connaissance de la situation des différentes ressources.

Dans le but de :

- réagir simultanément à un ou plusieurs événements donnés ;
- pouvoir commander en temps réel toutes les unités opérationnelles disponibles ;
- pouvoir assister en temps réel aussi bien les unités opérationnelles que le public ;
- pouvoir coordonner et contrôler les interventions/événements ;
- informer les autorités décisionnelles et éclairer leur prise de décision ;
- prêter assistance à d'autres services de police en cas de besoin.

Le CIC doit avoir la connaissance en temps réel de la globalité des missions et de la situation sur le terrain.

La gestion de l'urgence

C'est la mission prioritaire du CIC.

L'opérateur radio traitera les informations au vu de celles qu'il aura reçues.

Des outils d'aide à la décision peuvent dans une certaine mesure aider l'opérateur à gérer des opérations multiples. La coordination des centres d'urgence de la police, des pompiers et des ambulances peut être assurée par des moyens radio et téléphoniques.

Le pilotage opérationnel

Dans le cadre de ses missions de commandement le CIC anime les réseaux radio et assure à tout instant un rôle de coordination et d'assistance de toutes les unités opérationnelles...

Le CIC doit être en relation permanente avec toute personne, toute autorité susceptible de prendre une décision sur une affaire en cours : réception et transmission d'ordres, transmission d'informations de situation.

Le CIC centralise l'ensemble des informations à caractère opérationnel que doivent lui fournir en temps opportun toutes les autorités centrales et locales, l'ensemble des unités œuvrant tant en civil qu'en tenue et les autres services partenaires notamment ceux de sécurité et de secours (*SAMU, COG, SDIS...).* Le CIC doit prendre en compte ces informations d'un point de vue opérationnel et les communiquer en temps réel aux autorités et aux services concernés, tant internes qu'externes.

Les effectifs engagés sur une mission par le CIC sont tenus de rendre compte sans délai par radio en priorité, ou par téléphone en cas de nécessité, de l'évolution de la situation (*prise en compte de la mission, arrivée sur les lieux, fin de la mission...*).

Extrait du guide pratique du policier
La mort violente sans qualification pénale

La mort violente sans qualification pénale est une mort violente dont la cause n'est ni criminelle ni délictuelle. La mort est due à une cause extérieure parfaitement identifiée, par exemple accident, suicide, noyade, intoxication, brûlures…

L'officier de police judiciaire a pour mission de :

- se transporter immédiatement sur les lieux ;
- requérir un médecin afin de constater le décès. Ce dernier rédige un rapport et un certificat médical établissant la réalité du décès. […]

Publications de sites Internet

Extrait de l'avis n° 20-05 du Défenseur des droits daté du 3 novembre 2020, publié sur le site Internet www.juridique.defenseurdesdroits.fr

« Tout policier ou gendarme a droit au respect de sa vie privée protégé notamment par l'article 226-1 du Code pénal. Mais dans le cadre de ses fonctions et en dehors des lieux privés, il ne peut s'opposer à l'enregistrement d'images et de sons. Comme le rappelle la circulaire du 23 décembre 2008 du ministre de l'Intérieur, dans ce cadre, la liberté d'information, qu'elle soit le fait d'un journaliste ou d'un particulier, prime sur le droit à l'image ou au respect de la vie privée dès lors que cette liberté ne porte pas atteinte à la dignité de la personne.

Il convient de rappeler que le droit au respect de l'intimité de la vie privée peut se heurter aux droits d'information du public et de la liberté d'expression garantis notamment par l'article 10 de la convention européenne de sauvegarde des droits de l'Homme et des libertés fondamentales. Le Défenseur des droits considère que l'information du public et la publication d'images et d'enregistrements relatifs à des interventions sont légitimes.

La Cour de cassation a eu l'occasion d'affirmer qu'est légitime, à condition d'être directement en relation avec l'évènement qui en est la cause, la révélation dans la presse du nom d'un fonctionnaire de police à propos des faits relatifs à son activité professionnelle et ne constitue donc pas une atteinte à la vie privée. »

Extrait d'un communiqué de presse de la sécurité routière daté du 13 février 2017, publié sur le site Internet www.mobile.interieur.gouv.fr

« L'annonce » : le drame des proches de victimes d'accidents de la route

Bruno LE ROUX, ministre de l'Intérieur, a présenté ce matin, au MK2 Grand Palais, *L'annonce*, un court-métrage documentaire qui sera diffusé dans près d'un millier de salles de cinéma du 15 au 28 février 2017.

Afin d'incarner l'onde de choc d'un accident sur les proches des victimes, la Sécurité routière a choisi le réalisme. Elle a confié à Jean-Xavier de LESTRADE (réalisateur de documentaires, primé aux Oscars pour *Un coupable idéal*) la réalisation d'un court-métrage sur les gendarmes chargés d'annoncer aux familles le décès d'un de leur proche dans un accident de la route. Un instant très précis, particulièrement sensible et douloureux.

« Nous sommes les messagers de l'horreur » dira l'un d'entre eux, « à cet instant, même si dehors il fait un soleil extrême, il fait tout noir, ça s'arrête. Tout s'arrête » témoigne une personne interrogée.

C'est la première fois en France que le thème de l'annonce aux familles fait l'objet d'un film. Pour ce faire, quatre gendarmes appartenant à des brigades d'Île-de-France ont été interviewés sur leur lieu de travail par le réalisateur. Un court-métrage documentaire de 5 minutes a été tiré de ces interviews. Ils y racontent d'abord le déni des familles « C'est pas possible, c'est pas lui. Non. Non, non, non il vient de m'appeler… » puis « les hurlements, les pleurs, les cris » des familles déchirées. Des scènes toujours présentes dans leurs mémoires.

L'annonce s'inscrit dans une communication plus large visant à faire prendre conscience de l'impact de la mortalité routière sur la vie des personnes, bien au-delà de l'accident lui-même.

Extraits d'un article publié sur le site Internet www.dgsi.interieur.gouv.fr le 7 septembre 2023

Reconnaître les signes de la radicalisation violente

La radicalisation jihadiste est le fruit d'une conjonction de facteurs qui ne sont pas identiques d'un individu à l'autre. Toutefois, il est indispensable de déterminer des signes objectifs qui doivent alerter l'entourage sur un processus potentiellement engagé.

Pris isolément, aucun des changements de comportement ne signifie forcément une radicalisation en cours. C'est pourquoi il est essentiel d'échanger avec des professionnels qui sauront faire le lien entre les comportements constatés et alerter sur les points d'attention et d'évolution à surveiller.

Le numéro vert du Centre national d'assistance et de prévention de la radicalisation (plateforme UCLAT au sein de la Direction générale de la Sécurité intérieure (DGSI)) répond à cet objectif :

Un processus de radicalisation complexe

Identifier un tel processus n'est pas toujours évident. Les réseaux de recrutement, virtuels ou physiques, encouragent leurs membres à dissimuler leurs actions pour ne pas éveiller les soupçons et échapper à la surveillance de leurs proches et des services spécialisés. Par ailleurs, un signe peut toujours être interprété différemment d'une personne à une autre selon son histoire, sa culture, sa pratique religieuse, ses craintes ou ressentiments.

Un ensemble d'indices qui doivent interroger

Le processus de radicalisation ne peut être caractérisé que par un faisceau d'indices en tenant compte du contexte dans lequel la personne évolue.

Les seuls indicateurs ayant trait aux changements d'apparence physique ou vestimentaire ou aux modifications des habitudes alimentaires ne sauraient, pris isolément, caractériser un processus de radicalisation.

- La **rupture avec l'environnement quotidien** est l'un des signes essentiels du processus de radicalisation. L'individu modifie plus ou moins brutalement ses habitudes, se replie sur lui-même, cesse de voir ses amis, ses collègues de travail, voire ses proches pour se consacrer à une relation exclusive avec un groupe, un individu charismatique et sa « nouvelle mission ». Il peut devenir **agressif ou hostile** à ses précédentes affinités et avec ses anciennes relations.

• La personne radicalisée aura fréquemment tendance à répéter de **façon stéréotypée la rhétorique radicale et propagandiste** que des recruteurs lui inculquent. Son approche très communautariste l'incitera progressivement à se séparer du reste de la société, à parfois s'enfermer dans une **pratique hyper ritualiste**, à rejeter la société dite occidentale, la République laïque. Elle relaiera souvent un **discours victimiste voire complotiste** qui légitime la violence comme réponse, pourra s'adonner à un prosélytisme déplacé et tenir en public ou en privé des propos apologétiques du terrorisme. Il faut être particulièrement attentif aux **discours violents ou menaçants**, notamment ceux à l'encontre d'autres groupes religieux, politiques, philosophiques ou ethniques.

• L'**usage inhabituel des outils digitaux** doit également attirer l'attention : changements réguliers de puces téléphoniques, comptes sur les réseaux sociaux fermés puis rouverts sous de nouvelles identités connotées, ou des consultations compulsives de sites radicaux…

• L'**évolution est souvent cachée** et nécessite la vigilance des proches ayant constaté l'un des signes de radicalisation; à l'inverse certains décident de s'exprimer librement et tentent de convertir ou de radicaliser leur entourage qui pourra alors soutenir leur démarche.

• Les individus les plus **fragiles et influençables** sont les premiers touchés par le phénomène de la radicalisation, surtout lorsqu'ils sont en situation d'instabilité, de recherche d'une reconnaissance identitaire, affective et de valorisation. Les recruteurs l'ont bien compris.

Extraits compilés du guide interministériel de prévention de la radicalisation (mars 2016) publié sur le site Internet du Comité interministériel de prévention de la délinquance et de la radicalisation – www . cipdr.gouv.fr

La circulaire du ministre de l'Intérieur du 29 avril 2014 définit le dispositif de prévention de la radicalisation à travers la mise en place d'un Centre national d'assistance et de prévention de la radicalisation (CNAPR) et une organisation déconcentrée de la réponse publique sous l'égide du préfet de département.

La radicalisation est un processus par lequel un individu ou un groupe adopte une forme violente d'action, directement liée à une idéologie extrémiste à contenu politique, social ou religieux qui conteste l'ordre établi sur le plan politique, social ou culturel. Elle se traduit souvent par un changement de comportement rapide pouvant conduire au rejet de la loi et à la violence. Le processus de radicalisation n'est pas toujours visible même pour les familles et les proches.

Le signalement d'une situation de radicalisation permet d'une part de protéger de tout danger nos concitoyens voire l'impétrant et d'empêcher notamment qu'il parte sur les zones de conflits.

Dès le repérage des premiers signes de basculement dans la radicalisation, il convient de faire un signalement aux autorités compétentes. Les acteurs s'appuieront utilement sur les indicateurs de basculement définis au niveau national qui permettent d'appréhender de manière précise les situations de radicalisation.

Depuis le 29 avril 2014, le Gouvernement a mis en place un Centre national d'assistance et de prévention de la radicalisation (CNAPR) avec un numéro vert (0800.005.696) qui permet aux familles, aux proches et aux professionnels de signaler toute situation de radicalisation.

Le signalement au CNAPR peut aussi se faire en dehors des heures d'ouverture par courriel directement sur le site du Gouvernement : www.stop-djihadisme.gouv.fr.

Phénomène multifactoriel, le processus de radicalisation est mis en exergue à travers l'identification d'un certain nombre d'indicateurs de basculement qui ont trait à la fois à la personnalité de l'individu, au milieu dans lequel l'individu vit, à son rapport avec la société et la place qu'il occupe, et à son parcours de vie y compris éventuellement dans sa dimension judiciaire.

Les indicateurs de basculement sont classés, dans le document, en cinq domaines et peuvent être identifiés par un certain nombre d'indices repérables qui, pris isolément, ne peuvent caractériser un processus de radicalisation :

- les ruptures ;
- l'environnement personnel de l'individu ;
- théories et discours ;
- techniques ;
- judiciaire.

1 – Les ruptures

On peut distinguer quatre types d'indicateurs :

- ***Le comportement de rupture avec l'environnement***

Il s'agit de l'un des indicateurs essentiels du processus de radicalisation, dans la mesure où l'individu modifie complètement ses habitudes quotidiennes et rompt toute relation avec les anciens amis, avec l'école et la communauté scolaire, voire avec la famille et les proches pour se consacrer à une relation exclusive avec un groupe et à sa mission.

Exemples de signaux forts : rejet brutal des habitudes quotidiennes / éloignement de ses proches / rupture avec les anciens amis, modification des centres d'intérêt / clivage exacerbé entre les hommes et les femmes.

- ***Les changements d'apparence physique ou d'apparence vestimentaire***

Ils constituent un des premiers indicateurs visibles de basculement dans la radicalisation. Toutefois, ce critère ne peut constituer à lui seul un indice de radicalisation violente sous peine de porter un jugement stigmatisant sur la pratique d'une religion. Pour caractériser le processus, cet indicateur doit donc être complété par d'autres indicateurs. Il faut noter par ailleurs que le changement d'apparence peut échapper à l'entourage proche, du fait d'une incitation croissante à la dissimulation.

Exemple de signaux forts : modification soudaine et apparaissant comme non cohérente pour l'entourage (passage à des signaux de religiosité forts : barbe, voile intégral, djellabas).

- ***Une pratique religieuse hyper ritualisée***

Si cet indicateur ne peut constituer à lui seul un critère de radicalisation, il n'empêche que des signes montrant un intérêt soudain et exclusif pour une pratique religieuse radicale, démonstrative et en rupture avec la pratique familiale peuvent alerter.

En effet, par exemple, la mise en place d'interdits alimentaires étendus à l'entourage, le retrait ou la destruction de toutes photos ou représentations humaines, voire l'obsession autour de rituels peuvent caractériser un processus de radicalisation. Dans tous les cas, l'analyse de la situation doit se faire avec discernement. Il convient en particulier de différencier de qui relève du fondamentalisme musulman et ce qui relève de l'adhésion à un groupe radicalisé.

Exemple de signaux forts : participation à des groupes de prières et cercles de réflexion radicaux et/ou conférences religieuses de prédicateurs islamistes / agressivité ou hostilité pour un motif religieux.

2 – L'environnement personnel de l'individu

On peut identifier cinq contextes de fragilisation de l'individu au regard de son environnement :

- une image paternelle et/ou parentale défaillante ou dégradée et un environnement familial fragilisé ;
- l'environnement social ;
- les traits de personnalité ;
- les réseaux relationnels.

3 – Théories et discours

Les théories et discours sont très prégnants dans le processus de radicalisation. L'individu radicalisé a tendance à répercuter de façon stéréotypée l'ensemble de la rhétorique radicale et propagandiste puisée le plus souvent sur Internet.

On distingue trois différents types de discours :

- ***Les théories complotistes, conspirationnistes et victimaires***

On peut souligner notamment les allusions à la fin du monde, à l'apocalypse, et aux différentes thèses du complot qui confortent une représentation de soi victimaire et légitiment la violence comme réponse.

- ***Le changement de comportement identitaire***

Les individus radicalisés tiennent des discours de rejet ou de remise en cause de l'autorité, de rejet de la démocratie, des discours antisémites, défendent et soutiennent les groupes djihadistes, et des propos asociaux.

Exemples de signaux forts : soutien aux djihadistes / absence d'expression autonome, auto-récitation, discours instrumentalisé.

Exemples de signaux faibles : attitude discriminatoire vis-à-vis des femmes / rejet de la vie en collectivité / propos asociaux.

- ***Du prosélytisme***

Il s'agit de discours prosélytes de la part d'individus radicalisés en vue de convertir leur entourage et leur famille, de recruter de nouvelles personnes, de les inciter à aller dans les zones de conflits voire de passer à l'action violente.

4 – Techniques

Les personnes radicalisées s'appuient sur différentes techniques et stratégies. On peut en distinguer deux types :

- ***L'usage de réseaux virtuels ou humains***

Internet et les réseaux sociaux sont des vecteurs puissants de communication, de propagande et de recrutement, pour les départs vers les zones de conflits. L'usage des sites radicaux s'effectue souvent à l'insu de la famille et de l'entourage, avec un soin particulier à ne pas laisser de traces.

Il existe également des réseaux humains ou physiques plus ou moins constitués, en lien souvent avec des groupes criminels ou délinquants qui, par leur discours et une aide matérielle, incitent à la radicalisation ou au départ pour le djihad.

- ***Les stratégies de dissimulation/duplicité***

Les personnes radicalisées usent de divers stratagèmes pour ne pas éveiller les soupçons quant à leurs intentions et notamment leur velléité de départ et pour échapper à la surveillance des services spécialisés de la police ou de la gendarmerie.

5 – Judiciaire

Les prisons peuvent être considérées comme un environnement propice à propagation de la radicalisation, au recrutement de terroristes ou d'extrémistes violents. Elles peuvent susciter une stratégie de regroupement identitaire mais aussi tout simplement de protection pour certains détenus.

Extrait de la plaquette d'information du Secrétariat général de la Défense et de la Sécurité nationale (S.G.D.S.N.) – prévention et signalement des cas de radicalisation djihadiste

FAMILLES, AMIS : SOYEZ VIGILANTS

Prenez contact dès que possible avec les autorités compétentes :

par téléphone au **0 800 005 696**, du lundi au vendredi, de 9 h à 18 h. Le centre national d'assistance et de prévention de la radicalisation a mis en place ce numéro gratuit depuis un poste fixe partout en France ;

par internet sur **www.stop-djihadisme.gouv.fr** pour accéder à un formulaire en ligne.

« Si j'appelle, la personne concernée par mon signalement le saura. »

FAUX.

Les appels sont strictement confidentiels, votre identité ne sera pas dévoilée.

« Si je signale un proche à la plate-forme, il risque d'avoir des ennuis avec la police et la justice. »

FAUX.

Votre signalement n'a pas pour but de nous aider à sanctionner mais de venir en aide à la personne concernée par votre signalement, d'aider et de soutenir ses proches, avec un accompagnement adapté pour éviter un drame.

« Inutile que j'appelle si je ne suis pas sûr que la personne s'est radicalisée. »

FAUX.

Même si vous n'êtes pas sûr de reconnaître des signes de radicalisation, il est préférable d'appeler rapidement le numéro vert. Les spécialistes à votre écoute sauront analyser plus précisément les signes et déterminer si il s'agit ou non d'un processus de radicalisation.

« Si je signale une situation trop tard, je risque d'être sanctionné. »

FAUX.

Signaler une situation de radicalisation ne vous sera jamais reproché. Même si la personne est déjà partie, votre appel est nécessaire, notamment pour que les services compétents apportent de l'aide à sa famille.

MINISTÈRE DE L'INTÉRIEUR

Capture d'écran du site Internet www.masecurite.interieur.gouv.fr (Chemin d'accès : Services en ligne – Choisir sa démarche – Signalement de faits – Radicalisation)

Je suis témoin d'une situation de radicalisation

← Choix précédent

En cas d'urgence
Je téléphone au 17 ou 112 (en cas de difficulté à parler ou entendre, j'envoie un SMS au 114).

RECOMMANDÉ

Signaler une personne radicalisée

1. Je remplis le formulaire en ligne.
2. Mon signalement est transmis aux services compétents.

Signaler une personne radicalisée

DÉMARCHE ALTERNATIVE

Se déplacer en commissariat ou en brigade

Je peux prendre rendez-vous :

Prendre rendez-vous

Je peux m'y rendre directement :

Trouver un commissariat ou une brigade à proximité

Échanger par tchat avec un policier

Quelle que soit ma situation et mon âge, je peux échanger **anonymement** 24 heures sur 24 et 7 jours sur 7 avec un policier.

Échanger avec un policier

Partager la page

En résumé

- M'orienter
- Démarche
- Signa ement de faits
- Radicalisation
- **Résultats**

J'échange avec un policier ou un gendarme

Corrigé

Cas pratique n° 1

1. Dans le cadre de notre patrouille véhiculée, nous sommes requis par notre station directrice afin d'intervenir au niveau du 6 rue des Concours à Xville. Sur place, un individu de sexe masculin importunerait les clients d'un magasin d'alimentation.

   Sur les lieux, nous constatons la présence de l'individu indiqué. Celui-ci présente toutes les caractéristiques physiques de l'ivresse publique et manifeste, à savoir les yeux vitreux, l'élocution bégayante, l'haleine sentant fortement l'alcool et la tenue de propos incohérents. Nous sommes ici confrontés à une première infraction qui est contraventionnelle, prévue et réprimée par les articles L. 3341-1 et R. 3353-1 du Code de la santé publique.

   Par la suite, alors que nous prenons contact avec le mis en cause, ce dernier s'adresse à nous de façon outrageuse en indiquant textuellement : « Je vous emmerde ! ». L'intéressé commet ici une nouvelle infraction, qui est cette fois délictuelle, à savoir un outrage à agent dépositaire de l'autorité publique. Cette infraction est prévue et réprimée par l'article 433-5 du Code pénal.

   Dès lors, alors que nous tentons de procéder à l'interpellation du mis en cause, celui-ci commet deux nouvelles infractions délictuelles, à savoir une rébellion, prévue et réprimée par les articles 433-6 et 433-7 du Code pénal, ainsi que des violences sur agent dépositaire de l'autorité publique, en tentant de porter des coups sur le gardien de la paix CHARLIE.

2. Lors de son interpellation, le mis en cause tente de porter des coups de poing au collègue gardien de la paix CHARLIE. Agissant alors dans le cadre de la légitime défense, comme le prévoit l'article 122-5 du Code pénal, et en faisant uniquement usage de la force strictement nécessaire, le collègue accompagne l'individu au sol, afin de le maîtriser et de pouvoir procéder à son interpellation. Au vu de la situation, je pense que l'emploi de la force du collègue CHARLIE est justifié.

3. Lors de notre intervention, le brigadier-chef GOLF constate la présence d'une femme, occupée à filmer la scène au moyen de son téléphone portable. L'intervention se déroulant sur la voie publique, alors que nous agissons dans le cadre de nos fonctions et l'interpellé étant majeur, cette femme est en droit de filmer nos actions, comme le rappelle la circulaire du 23 décembre 2008 du ministère de l'Intérieur. Ainsi, dans ce cadre, la liberté d'information prime sur celle du droit à l'image. Nous ne pouvons donc nous opposer aux images recueillies par la passante.

4. Notre responsable hiérarchique nous demande d'aller au contact de la femme qui filme la scène, afin de la faire cesser immédiatement. Cependant, comme indiqué précédemment, elle est pleinement en droit de filmer notre intervention à l'aide de son téléphone portable. Ainsi, nous indiquons à notre collègue, le brigadier-chef GOLF que nous ne sommes pas en droit d'empêcher cette femme de nous filmer, afin de respecter la loi. La consigne de notre responsable hiérarchique étant illégale, nous ne pouvons l'exécuter.

Cas pratique n° 2

1. Alors que nous réalisons une patrouille au sein du centre-ville de la commune de Xville, nous sommes requis par une femme affolée. Elle nous explique qu'elle vient d'entendre une détonation en provenance de l'appartement de son voisin, diagnostiqué récemment comme étant dépressif. Celle-ci aurait tenté de prendre contact avec l'intéressé en frappant à sa porte mais elle n'aurait obtenu aucune réponse. Elle nous précise également avoir contacté les sapeurs-pompiers et que son voisin a tenté de mettre fin à ses jours quelques mois auparavant.

   Au vu de la situation, nous relevons toutes les informations nécessaires auprès de la requérante (identité, adresse, numéro de téléphone, identité du mis en cause). Nous mettons pied à terre et entrons dans l'immeuble afin de tenter à notre tour d'établir un contact avec l'intéressé, supposé se trouver au sein de son logement.

   À l'aide de nos émetteurs radio, nous rendons compte des faits au centre d'information et de commandement (CIC) ainsi qu'à l'officier de Police judiciaire de permanence. Nous confirmons également la réquisition auprès des sapeurs-pompiers.

   Avec l'avis de l'officier de Police judiciaire et l'assistance des sapeurs-pompiers arrivés sur les lieux, nous procédons à l'ouverture de la porte d'entrée de l'habitation afin de nous assurer de la bonne santé de la victime. Nous procédons enfin à la sécurisation des lieux afin de permettre aux sapeurs-pompiers de travailler en toute sécurité. À l'issue, nous prenons à nouveau contact avec l'officier de Police judiciaire et le centre d'information et de commandement, à l'aide de nos émetteurs radio, afin de transmettre un compte-rendu verbal de l'intervention et de la situation au sein du logement.

2. Lors de notre entrée au sein du logement de Monsieur X, nous constatons que l'intéressé a mis fin à ses jours par le biais d'une arme à feu. Nous sécurisons l'intervention des sapeurs-pompiers qui réalisent les premiers gestes de secourisme et constatent la mort de Monsieur X. Au vu des faits, nous gelons la situation afin de préserver toutes traces ou indices pouvant permettre aux services d'enquêtes de procéder aux différentes constatations et investigations (arme à feu utilisée, lettre rédigée par Monsieur X). Il est donc important, dans un premier temps, de sécuriser les lieux et d'interdire à toute personne d'entrer dans le logement de Monsieur X, hormis les services de secours. Par la suite, nous faisons appel, à l'aide de nos émetteurs radio et par le biais de notre centre d'information et de commandement, à l'officier de Police judiciaire de permanence. Celui-ci devra se déplacer sur les lieux afin d'effectuer les premières constatations. À son arrivée, l'officier de Police judiciaire, capitaine de Police, nous demande de nous rendre au domicile des parents de Monsieur X, dans le but de les aviser du décès de ce dernier.

   Alors que nous nous apprêtons à quitter les lieux, se présentent les parents de Monsieur X. Nous les prenons en charge et les informons du décès de leur fils. Pour ce faire, il est important de faire preuve d'empathie et de ne pas être brusques dans nos déclarations afin de respecter pleinement la dignité de la situation. En fonction des réactions des parents de la victime, nous pouvons leur proposer une prise en charge par les sapeurs-pompiers. Enfin, nous leur demandons de se rendre au commissariat de Police afin de pouvoir se mettre à la disposition de l'officier de Police judiciaire en charge de la procédure.

Cas pratique n° 3

1. Alors que je me trouve en poste au commissariat de Xville, chargé de recevoir les plaintes des usagers, se présente au service Madame ALPHA, employée au sein d'une société de transport routier de marchandises. Celle-ci nous déclare se présenter au service afin de signaler le comportement suspect de l'un de ses collègues. En effet, depuis quelques semaines, celui-ci ne participe plus aux moments de cohésion, s'isole régulièrement, ne fait plus preuve de sociabilité avec ses collègues, refuse de serrer la main aux individus féminins et ne cesse de parler de religion.

   Ici, les faits décrits par Madame ALPHA sont préoccupants et s'inscrivent pleinement dans le processus de radicalisation, comme peuvent l'indiquer la plaquette d'information du Secrétariat général de la Défense et de la Sécurité nationale (S.G.D.S.N.) et le guide interministériel de prévention de la radicalisation du Comité interministériel de prévention de la délinquance et de la radicalisation (C.I.P.D.R.).

2. Face à cette situation, nous devons poser à Madame ALPHA les questions essentielles permettant de recueillir un maximum d'informations et de pouvoir identifier le mis en cause. Ensuite, nous devons conseiller à Madame ALPHA d'effectuer un signalement des faits retranscrits sur la plateforme du site Internet www.masecurite.interieur.gouv.fr. Par la suite, nous pourrons rédiger une main courante ainsi qu'un procès-verbal à titre d'information, qui seront transmis aux services d'investigations spécialisées, tels que la Direction générale de la Sécurité intérieure (D.G.S.I.). Enfin, nous conseillerons à Madame ALPHA de ne pas communiquer à qui que ce soit le fait de s'être présentée au commissariat et d'avoir effectué ce signalement, dans le but de préserver sa sécurité. Nous l'inviterons également de ne pas hésiter à faire appel aux services de Police si elle constate une recrudescence du comportement suspect de son collègue.

3. Au vu de ces éléments, il est essentiel d'avertir la hiérarchie. Je dois prévenir mon responsable lors de la présence de Madame ALPHA puis rédiger un procès-verbal d'information retranscrivant l'ensemble des éléments cités par cette dernière. Cet écrit servira de saisine pour les services d'investigations spécialisées, afin qu'une enquête sur le mis en cause puisse être diligentée.

4. C.I.P.D.R. : il s'agit du Comité interministériel de prévention de la délinquance et de la radicalisation.

   C.N.A.P.R. : il s'agit du Centre national d'assistance et de prévention de la radicalisation.

   D.G.S.I. : il s'agit de la Direction générale de la Sécurité intérieure de la Police nationale.

Sujet 2
Résolution de plusieurs cas pratiques - février 2024

2 heures • Coef. 4 (externe), 5 (internes)

Concours nationaux de gardien de la paix de la Police nationale – session du 20 février 2024

À partir d'un dossier ne pouvant excéder 15 pages, résolution d'un ou plusieurs cas pratiques consistant en des mises en situation guidées par des questions. Cette épreuve est destinée à évaluer les capacités rédactionnelles, de compréhension d'une situation professionnelle, d'analyse et de synthèse des candidats ainsi que leur faculté à se projeter dans les missions du corps.

Vous devez traiter l'ensemble des 3 cas proposés. Vous n'êtes pas dans l'obligation de les traiter dans l'ordre, mais vous devez faire apparaître le numéro du cas pratique traité (ex : cas pratique n° 1) et le numéro des questions (ex : question n° 1).

Le sujet est noté sur un barème total de 50 points (15 points par cas pratique et 5 points pour l'orthographe, la syntaxe et la présentation de la copie). La note finale sera exprimée sur 20 points.

L'utilisation dans votre copie d'un indicatif radio, d'un nom de commissariat, d'un nom de personne ou d'un grade ou d'une fonction autres que ceux cités dans les sujets, sera considérée comme un signe distinctif et sera susceptible d'entraîner l'annulation de votre copie par le jury. De même, vous ne devez faire apparaître **aucun signe distinctif, ni votre nom ou un nom fictif, ni une signature ou un paraphe.**

Rappel important

Le dossier documentaire comporte des documents de nature différente permettant de vous éclairer utilement. **Son étude est donc nécessaire et indispensable** pour appréhender les cas pratiques proposés et construire efficacement votre composition.

Cas pratique nº 1 (15 points)

Croquis – document de travail
(en attente du rapport de l'identité judiciaire)

32 rue des concours – Xville maison plain-pied
Victime (propriétaire) : Monsieur ALPHA (34 ans)
Constatations effectuées avec l'identité judiciaire ce jour à 11 h 30

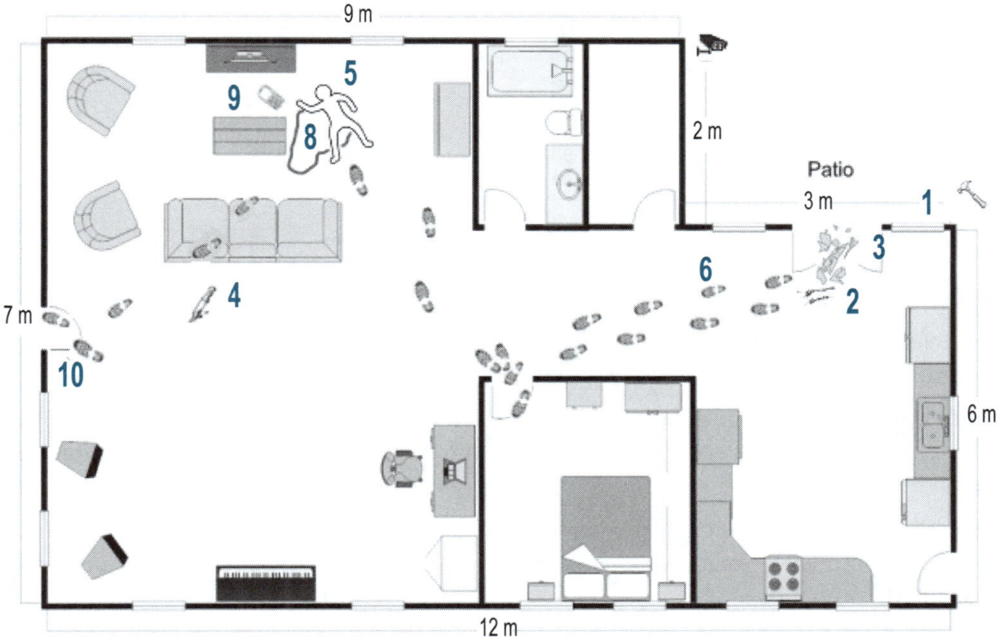

1	Marteau	Lieu découverte
2	Traces brunâtres	(sang)
3	Verre brisé (porte-fenêtre)	Traces brunâtres (sang)
4	Couteau cran d'arrêt	Lame 15 centimètres – sang
5	Corps de Monsieur ALPHA	Allongé nu sur le dos
6	Traces de pas	
7	Caméra télésurveillance	Société « DELTA Secure »
8	Sang	
9	Téléphone portable	
10	Porte d'entrée	Clefs sur la porte

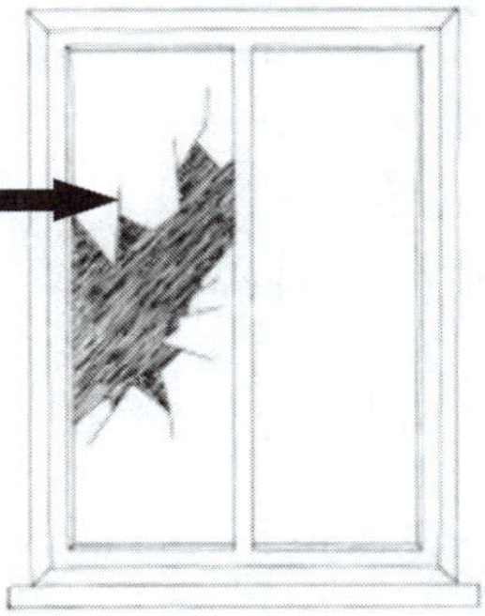

Corps (premières constations)

Face		Dos	
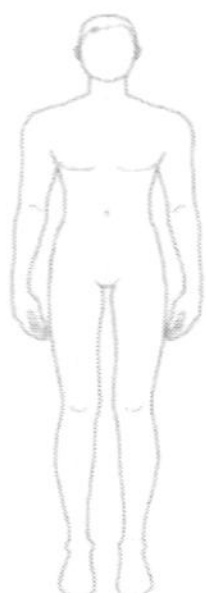	***Absence de plaies/ contusions***	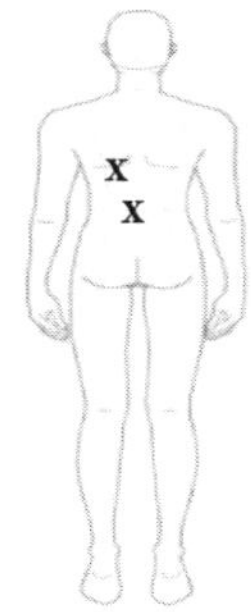	***Plaies pénétrantes (instrument piquant et tranchant pouvant être un couteau)***

Vous êtes gardien(ne) de la paix.

Vous venez d'être affecté(e) en service d'investigation (service en charge des enquêtes) au sein du commissariat de Xville.

Ce jour, le groupe en charge des atteintes aux personnes est intervenu au domicile de Monsieur ALPHA, en compagnie du service de police scientifique. Monsieur ALPHA a été retrouvé mort à son domicile.

Les membres du groupe sont actuellement mobilisés sur cette enquête en extérieur (enquête de voisinage notamment). Vous n'avez pas participé aux constatations effectuées au domicile de Monsieur ALPHA.

Vous êtes actuellement le seul effectif du groupe présent au service.

1. Le commissaire de police vous demande de lui expliquer la scène de crime.

   Pour ce faire, vous disposez des seuls documents de travail réalisés par le chef de groupe, officier de police judiciaire, à l'issue des premières constatations (documents ci-dessus).

   Rédigez, en quelques lignes, le déroulement des faits tout en insérant vos suppositions.

2. Que signifient les acronymes :
   - F.A.E.D. ;
   - F.N.A.E.G. ?

3. Quels sont les éléments appartenant à cette scène de crime pouvant permettre l'identification de l'auteur des faits ? Justifiez vos réponses.

4. En matière judiciaire, la preuve scientifique est-elle devenue incontournable ? Justifiez votre réponse.

Cas pratique n° 2 (15 points)

Vous êtes affecté(e) en qualité de gardien(ne) de la paix au sein du commissariat de police de Xville, en police secours de nuit.

Vous allez effectuer votre patrouille avec deux gardiens de la paix (le gardien de la paix ALPHA et le gardien de la paix CHARLIE) à bord d'un véhicule de police dont l'indicatif radio est *TV 00 Alpha*. Le centre d'information et de commandement répond à l'indicatif radio *TN 00*. Conformément aux instructions hiérarchiques reçues, vous mettez en place une opération de contrôle routier à un rond-point stratégique de la ville.

Quelques instants après votre installation, vous procédez au contrôle d'un véhicule, une Renault Clio de couleur noire immatriculée AA 000 AA dont le conducteur est en infraction car faisant usage de son téléphone portable au volant.

Il présente les papiers demandés au gardien de la paix ALPHA (permis de conduire, certificat d'immatriculation et attestation d'assurance).

Le conducteur est immédiatement informé par le gardien de la paix CHARLIE qu'il va faire l'objet d'une verbalisation pour cette infraction au Code de la route mais également d'un dépistage d'alcoolémie par éthylotest.

Le conducteur indique au gardien de la paix CHARLIE ne pas avoir consommé d'alcool.

Le gardien de la paix ALPHA a passé l'individu aux fichiers et vous indique discrètement que le conducteur fait l'objet d'une fiche de mise sous surveillance par la brigade des stupéfiants.

Il vous informe que la fiche mentionne la conduite à tenir : « Ne pas éveiller les soupçons et prendre tout renseignement utile. ».

1. Que faites-vous ? Détaillez et justifiez votre réponse.
2. La fiche mentionne « Ne pas éveiller les soupçons et prendre tout renseignement utile ». Quels sont les renseignements qui vous paraissent être utiles à collecter ?

Cas pratique n° 3 (15 points)

Vous êtes affecté(e) en qualité de gardien(ne) de la paix au commissariat de police de Xville. Vous exercez en police secours de nuit. Vous allez effectuer votre patrouille à bord d'un véhicule de police dont l'indicatif radio est *TV 00 Alpha*. Le centre d'information et de commandement répond à l'indicatif radio *TN 00*.

Lors de votre patrouille, vous recevez à 23 heures 00 un message radio de votre centre d'information et de commandement vous signalant des nuisances sonores au troisième étage du 10 rue des concours. Vous n'avez pas plus d'informations hormis le nom du requérant, Monsieur DELTA.

Votre équipage se compose, en plus de vous, d'un gardien de la paix stagiaire et d'un policier adjoint.

À cette adresse, dans un quartier résidentiel, se trouve un petit immeuble de trois étages.

Un homme se présente à vous. Il vous avise que c'est lui qui a fait appel au 17. Il s'agit de Monsieur DELTA qui réside au troisième étage de la résidence.

Deux appartements sont situés à cet étage : le sien et celui de Monsieur BRAVO, un étudiant âgé d'une vingtaine d'années. Monsieur BRAVO, locataire, a vraisemblablement pour habitude d'importuner le voisinage en mettant la musique plus fort que de raison. Monsieur DELTA, 70 ans, vous précise qu'il s'est, à de nombreuses reprises, disputé avec lui pour ces faits mais aujourd'hui il est excédé et il a fait appel pour la première fois aux services de police afin que cela cesse.

Une fois ces informations recueillies, vous vous rendez au troisième étage de la résidence. Sur place, vous constatez qu'une musique très bruyante est audible du palier et provient de l'appartement de Monsieur BRAVO. Monsieur DELTA vous invite à apprécier les nuisances également de son appartement. Vous constatez de graves nuisances sonores allant jusqu'à faire vibrer le mur mitoyen des deux appartements.

Vous tambourinez vigoureusement à la porte de l'appartement de Monsieur BRAVO en annonçant votre qualité de policier. Monsieur BRAVO crie alors derrière la porte qu'il fait ce qu'il veut, qu'il écoute de la musique comme et quand il le souhaite et que Monsieur DELTA ne supporte rien. Il vous somme de partir, car il ne vous ouvrira pas.

1. À quelle infraction êtes-vous confronté(e) ? Quelles actions allez-vous entreprendre ?

Vous recevez à 4 heures 00 un message radio de votre centre d'information et de commandement vous demandant de vous rendre immédiatement au 10 rue des concours.

Le 17 a été contacté par Monsieur ECHO, résident de l'immeuble, pour signaler que deux de ses voisins, Monsieur DELTA et Monsieur BRAVO, se trouvent sur le parking de la résidence et qu'ils « vont en venir aux mains ».

Vous vous rendez sur les lieux. Vous constatez la présence de Monsieur DELTA et d'un homme d'une vingtaine d'années sur le parking de la résidence. Ils s'invectivent devant les regards médusés des résidents qui assistent à la scène depuis leur logement. Alors que vous vous approchez, vous entendez distinctement Monsieur DELTA dire au jeune homme « j'en ai marre de ta musique de merde, je vais te tuer ! T'as compris je vais te tuer petit con ! ».

2. À quelle infraction êtes-vous confronté(e) ? Que faites-vous ?

Dossier documentaire

Extraits de la note de service relative à la doctrine fixant l'organisation des centres d'information et de commandement des services de sécurité publique du 27 juin 2011

Le centre d'information et de commandement (*CIC ou « salle radio »*) est à la fois :

- un instrument de pilotage centralisé de la police d'intervention d'urgence, du maintien de l'ordre public, de la police de prévention et de la police d'investigation, de la police administrative et judiciaire et de la remontée des informations auprès des autorités hiérarchiques ;
- un centre de recueil et de traitement de l'ensemble des appels d'urgences: il doit faire face à un nombre croissant d'appels quotidiens et apporter une réponse optimale aux demandes légitimes du public.

Le CIC sert :
- les autorités policières ;
- les partenaires institutionnalisés du CIC sur place ;
- le public (appels 17 police secours et interventions).

En agissant sur :
- la connaissance du déroulement des interventions/événements ;
- la connaissance de la situation des différentes ressources.

Dans le but de :
- réagir simultanément à un ou plusieurs événements donnés ;
- pouvoir commander en temps réel toutes les unités opérationnelles disponibles ;
- pouvoir assister en temps réel aussi bien les unités opérationnelles que le public ;
- pouvoir coordonner et contrôler les interventions/événements ;
- informer les autorités décisionnelles et éclairer leur prise de décision ;
- prêter assistance à d'autres services de police en cas de besoin.

Le CIC doit avoir la connaissance en temps réel de la globalité des missions et de la situation sur le terrain.

La gestion de l'urgence

C'est la mission prioritaire du CIC.

L'opérateur radio traitera les informations au vu de celles qu'il aura reçues.

Des outils d'aide à la décision peuvent dans une certaine mesure aider l'opérateur à gérer des opérations multiples. La coordination des centres d'urgence de la police, des pompiers et des ambulances peut être assurée par des moyens radio et téléphoniques.

Le pilotage opérationnel

Dans le cadre de ses missions de commandement le CIC anime les réseaux radio et assure à tout instant un rôle de coordination et d'assistance de toutes les unités opérationnelles...

Le CIC doit être en relation permanente avec toute personne, toute autorité susceptible de prendre une décision sur une affaire en cours : réception et transmission d'ordres, transmission d'informations de situation.

Le CIC centralise l'ensemble des informations à caractère opérationnel que doivent lui fournir en temps opportun toutes les autorités centrales et locales, l'ensemble des unités œuvrant tant en civil qu'en tenue et les autres services partenaires notamment ceux de sécurité et de secours (*SAMU, COG, SDIS...)*. Le CIC doit prendre en compte ces informations d'un point de vue opérationnel et les communiquer en temps réel aux autorités et aux services concernés, tant internes qu'externes.

Les effectifs engagés sur une mission par le CIC sont tenus de rendre compte sans délai par radio en priorité, ou par téléphone en cas de nécessité, de l'évolution de la situation (*prise en compte de la mission, arrivée sur les lieux, fin de la mission…*).

Extrait du site Internet de la CNIL

FPR (Fichier des personnes recherchées) : c'est quoi ?

Le Fichier des personnes recherchées (FPR), mis en œuvre par le ministère de l'Intérieur, recense les personnes faisant l'objet d'une mesure de recherche ou de vérification de leur situation juridique :

- Les personnes faisant l'objet de décisions judiciaires : mandat de recherche, contrôle judiciaire, interdiction de conduire certains véhicules, suivi socio-judiciaire, interdiction de se rendre dans certains lieux, etc. ;
- Les personnes recherchées dans le cadre d'une enquête de police judiciaire : enquête préliminaire, enquête de flagrance, personnes disparues, personnes décédées ou vivantes non identifiées ;
- Les personnes dont la présence constitue une menace pour l'ordre public ou la sûreté de l'État ;
- Les étrangers concernés par une mesure restrictive de voyage, obligation de quitter le territoire, interdiction de retour, reconduite à la frontière, expulsion, assignation à étranger ;
- Les personnes concernées par certaines mesures administratives : personnes devant de l'argent au Trésor, personnes devant être hospitalisées pour raisons psychiatriques, personnes interdites de stade, retrait de la carte nationale d'identité ou d'un passeport obtenus indûment.

Il vise à faciliter les recherches et les contrôles effectués par les services de police et de gendarmerie dans le cadre de leurs missions de police judiciaire ou administrative.

Extraits du site Internet www.service-public.fr – « Troubles de voisinage : bruits créés par des comportements anormaux »

Un bruit de comportement peut causer un trouble anormal de voisinage si l'auteur du bruit a conscience du trouble qu'il engendre et qu'il ne prend pas les mesures pour y remédier.

Il n'existe pas d'heures précises pour définir le *tapage nocturne*. Pour être reconnu comme un tapage nocturne, le bruit doit avoir lieu quand il fait nuit, c'est-à-dire entre le coucher et le lever du soleil.

Lorsque le bruit est commis la nuit, l'infraction pour *tapage nocturne* existe même s'il n'est pas répétitif, intensif et qu'il ne dure pas dans le temps. Il peut s'agir du bruit causé par :

- Un individu, locataire ou propriétaire (cri, talons, chant, fête...) ;
- Une chose (instrument de musique, chaîne hi-fi, téléviseur, outil de bricolage, pétard, pompe à chaleur, éolienne, électroménager...) ;
- Un animal (exemple : aboiements).

Vous devez aller voir le locataire qui occupe le logement d'où proviennent les bruits pour lui parler de votre gêne et lui demander de faire cesser les nuisances.

S'il n'agit pas, vous devez lui envoyer un courrier simple lui rappelant le bruit et la gêne occasionnée.

En cas d'inaction de l'occupant, vous devez lui envoyer un courrier recommandé avec accusé de réception demandant de faire cesser la gêne occasionnée par le bruit.

Le propriétaire est responsable du comportement de son locataire. Par conséquent, vous devez également envoyer une lettre recommandée avec accusé de réception au propriétaire pour lui demander de veiller à ce que son locataire cesse les nuisances.

Il est recommandé de réunir un maximum de preuves à l'appui de vos courriers.

Par ailleurs, si le logement est en copropriété, il est recommandé de vérifier le règlement de copropriété qui peut contenir des règles relatives au bruit.

Si le locataire ne respecte pas ce règlement, vous devez contacter le syndic de copropriété qui avertira le propriétaire du logement. En effet, le syndic est garant du respect du règlement de copropriété et doit veiller à la tranquillité dans l'immeuble.

Il est également recommandé de vérifier s'il existe un arrêté municipal ou préfectoral relatif au bruit.

Vous pouvez faire appel à un commissaire de justice (anciennement huissier de justice et commissaire-priseur judiciaire) pour qu'il établisse un ou plusieurs constats. Ce constat sera utile pour faire par la suite, éventuellement, appel au juge.

Vous pouvez faire appel à la police ou la gendarmerie pour faire constater les nuisances. Vous pouvez également déposer une main courante ou porter plainte.

Une amende forfaitaire peut alors être infligée à l'auteur du bruit.

Si malgré vos différents courriers, les nuisances persistent, vous avez la possibilité de recourir à un conciliateur de justice (démarche gratuite) ou à un médiateur (démarche payante) ou à une procédure participative : démarche amiable de résolution d'un litige qui repose sur la signature d'un contrat écrit par lequel chacun s'engage à rechercher un accord dans un certain délai. Le recours à un avocat est obligatoire (démarche payante avec recours à un avocat) pour trouver une solution amiable avec l'auteur du bruit.

Il est obligatoire d'avoir recours à un conciliateur de justice ou à un médiateur ou à une procédure participative pour pouvoir, par la suite, faire un recours auprès du tribunal.

Vous devez alors démontrer la réalité de votre préjudice du fait des nuisances sonores. Pour cela, vous devez réunir un maximum de preuves à l'appui de votre demande, notamment :

- Courriers échangés avec l'auteur du bruit ;
- Constat du commissaire de justice, procès-verbal ;
- Témoignages, pétition ;
- Certificat médical si votre état de santé s'est dégradé en raison de ces nuisances.

Site Internet www.cnil.fr

Le FAED c'est quoi ?

Le Fichier automatisé des empreintes digitales est un fichier de police judiciaire géré par le ministère de l'Intérieur, contient les empreintes digitales :

- Des personnes mises en cause dans une procédure pénale (enquête pour crime ou délit flagrant, enquête préliminaire, enquête à la suite d'une disparition, commission rogatoire, etc.) ;
- Des personnes condamnées à des peines de détention.

Le fichier contient également les informations suivantes :

- Traces relevées sur les lieux d'une infraction au cours de l'enquête ;
- Identité, date et lieu de naissance, filiation de la personne ;
- Service ayant réalisé l'enregistrement ;
- Nature de l'affaire ;
- Pour les empreintes prélevées sur les lieux d'une infraction : lieu et date du relevé ;
- Les clichés anthropométriques dans le cas d'empreintes digitales et palmaires.

Le FAED sert à la recherche et à l'identification des auteurs de crimes et de délits, ainsi qu'à la poursuite, à l'instruction et au jugement des affaires criminelles et délictuelles dont l'autorité judiciaire est saisie.

Le FAED permet de s'assurer de la véritable identité des personnes mises en cause dans une procédure pénale ou condamnées à une peine privative de liberté, afin d'éviter les erreurs judiciaires, de détecter les fausses identités et d'établir les cas de récidive. Il s'agit également d'identifier, par comparaison, les traces de personnes inconnues relevées sur des lieux d'infractions.

Par ailleurs, le FAED peut être utilisé pour faciliter la recherche de personnes disparues et l'identification de personnes décédées ou grièvement blessées.

Enfin, il permet de vérifier l'identité de personnes retenues en application de l'article 78-3 du Code de procédure pénale ou dans les conditions prévues par l'article L. 611-4 du Code de l'entrée et du séjour des étrangers et du droit d'asile.

En chiffres :

6,2 millions d'individus enregistrés – 220 000 traces non résolues en 2018

Site Internet www.justice.fr

Le Fichier national automatisé des empreintes génétiques conserve les empreintes génétiques de personnes mises en cause ou déclarées coupables de certaines infractions pour faciliter l'identification d'auteurs de ces infractions.

Par exemple, infraction de nature sexuelle, meurtre, trafic de stupéfiants.

Ce fichier est également utilisé pour identifier une personne décédée dont l'identité est inconnue, une victime de catastrophe naturelle ou pour retrouver une personne disparue.

Les données suivantes sont enregistrées au Fnaeg :

- Empreinte génétique ;
- Nom, prénoms, date et lieu de naissance et filiation de la personne mise en cause, déclarée coupable ou disparue ;
- Service ayant demandé l'enregistrement au Fnaeg ;
- Nature de l'affaire et référence de la procédure.

Le fichier peut conserver les empreintes génétiques des ascendants et descendants de personnes disparues et de victimes de catastrophes naturelles. Sous certaines conditions, les empreintes génétiques des collatéraux peuvent également être collectées. Les ascendants, descendants et collatéraux doivent donner leur accord par écrit.

Combien de temps sont conservées les données ?

Personnes concernées	Durée maximale de conservation Personne majeure	Durée maximale de conservation Personne mineure
Personne définitivement déclarée coupable ou ayant fait l'objet d'une décision d'irresponsabilité pénale.	De 25 à 40 ans selon la gravité des faits.	De 15 à 25 ans selon la gravité des faits.
Personne mise en cause pour certaines infractions. Exemples : infraction de nature sexuelle, meurtre, vol, extorsion, escroquerie aggravée, destruction, acte de terrorisme.	De 15 à 25 ans selon la gravité des faits.	De 10 à 15 ans selon la gravité des faits.
Personne inconnue.	De 25 à 40 ans.	
Personne décédée non identifiée.	Jusqu'à l'identification de la personne décédée ou pendant 40 ans.	
Personne disparue.	Jusqu'à la découverte de la personne disparue ou pendant 40 ans.	
Ascendant, descendant ou collatéral d'une personne disparue ou d'une victime de catastrophe naturelle.	Jusqu'à la découverte de la personne disparue ou pendant 40 ans.	

Article du site Internet francetvinfo.fr – « Petite martyre de l'A10 » : ses parents trahis par l'ADN, après une enquête de trente ans

Publié le 14 juin 2018

L'énigme autour de la mort d'une fillette, dont le corps a été découvert en 1987 au bord de l'autoroute A10, est en passe d'être résolue, avec l'identification et la mise en examen de ses parents. Elle s'appelait Inass Touloub.

Sur le monument funéraire du cimetière de Suèvres (Loir-et-Cher) est gravée cette simple inscription : « Ici repose un ange ». Un ange qui est en passe d'enfin retrouver son identité. Trente ans et dix mois après la découverte du corps sans vie d'une petite fille au bord de l'autoroute A10, ses parents ont été identifiés et interpellés. Jeudi 14 juin, ils ont été mis en examen, dans le cadre d'une enquête ouverte pour « meurtre », « recel de cadavre » et « violences habituelles sur mineur de moins de 15 ans ». Le procureur de la République s'est félicité qu'elle *« ait désormais un nom et un prénom : Inass Touloub »*.

La fillette, dont la photo avait été placardée dans toute la France, avait jusqu'ici été surnommée *« la petite martyre de l'A10 »*. Retour sur un mystère en passe d'être résolu.

Le 11 août 1987 vers 15 h 20, au cœur de l'été, deux agents d'entretien de l'autoroute découvrent la dépouille d'une fillette aux boucles brunes, abandonnée derrière la glissière de sécurité de l'autoroute, au niveau de la commune de Suèvres, à quelques kilomètres au nord de Blois. D'après les médecins légistes, la victime est âgée de 3 à 5 ans et le créneau de la mort se situe entre 11 heures et 13 heures, soit deux à quatre heures avant la découverte du corps.

La petite fille est habillée d'un short et d'un tee-shirt, avec une robe de chambre à carreaux bleus et blancs. Une simple couverture dissimule les traces des sévices qu'elle a subis. Les expertises révèlent des traces de brûlures dues à un fer à repasser, des fractures non consolidées, ainsi que des cicatrices et des plaies. L'enquête démontrera que ces dernières ont pu être provoquées par une petite mâchoire, qui pourrait être celle d'une femme. Le juge d'instruction de Blois, chargé à l'époque du dossier, estime alors qu'il s'agit *« pratiquement d'un cas d'anthropophagie avec prélèvement de chair »*.

Mais qui est cette fillette ? Et quel calvaire a-t-elle subi ? Qui lui a infligé ces blessures ? Ces questions vont hanter les enquêteurs pendant plus de trente ans. Pour tenter de retrouver la piste de ses tortionnaires, les gendarmes lancent la plus grande diffusion judiciaire jamais entreprise en France. Le groupe d'enquête, basé à la brigade de Marchenoir (Loir-et-Cher), diffuse 30 000 portraits-robots de la fillette, la photo de son visage tuméfié ayant été jugée trop choquante.

À partir de la rentrée de septembre, 65 000 écoles sont démarchées pour savoir si une élève est absente et 6 000 médecins ou assistantes maternelles sont interrogés pour essayer de donner un nom à la jeune victime. Son signalement est également diffusé dans plus de 30 pays et sa photographie placardée dans tous les lieux publics.

Mais l'analyse de ses vêtements, en décembre 1987, et notamment *« l'analyse de fragments de quartz et de plastique – des morceaux de cônes de chantier – retrouvés dans les fibres de sa robe de chambre atteste qu'elle a bien séjourné dans la région »*, rappelle *La République du Centre*. Ils déterminent même un périmètre plus précis délimité par Blois, Oucques, Ouzouer-le-Marché, Marchenoir et Meung-sur-Loire.

Six ans plus tard, l'enquête est relancée par l'émission « Témoin numéro un » de Jacques Pradel. La France entière découvre ou redécouvre avec horreur le calvaire subi par cette petite fille, toujours sans identité. Le procureur de l'époque comptait sur cette médiatisation pour faire avancer l'enquête. Mais aucun appel ne conduit à une réelle avancée. En l'absence de piste et de suspect, une ordonnance de non-lieu est rendue en octobre 1997.

Pour autant, les enquêteurs n'abandonnent pas. En 2007, une information judiciaire est ouverte par le parquet de Blois, pour retarder l'échéance de la prescription. En 2012, un nouvel appel à témoignages est lancé. « *On compte toujours sur un remords d'un membre de la famille, sur un témoin qui, à l'époque des faits, n'aurait pas fait le lien avec la disparition, un petit élément anodin* », expliquait alors le procureur de la République de Blois. En vain.

Après autant d'échecs, les enquêteurs n'ont qu'un espoir : que les traces ADN prélevées en 2007 sur la couverture entourant le petit corps parlent enfin. Impossible à l'époque de trouver une correspondance dans le fichier national des empreintes génétiques (FNAEG). En revanche, comparées à l'ADN de la petite fille, elles permettent de confirmer qu'elles appartiennent à des membres de la famille de la petite victime, sans doute un frère et ses parents. Ce sont ces traces qui vont faire basculer l'enquête.

Coup de théâtre, avec l'arrestation, fin 2016, d'un homme de 34 ans après une bagarre survenue l'été précédent à Villers-Cotterêts (Aisne), n'ayant aucun rapport avec l'enquête, raconte *Le Parisien*. Condamné à six mois de prison avec sursis, il se fait prélever son ADN. Celui-ci est comparé aux profils contenus dans le FNAEG et il « *matche* ». Pour les enquêteurs, il pourrait s'agir du frère de la fillette, qui n'était alors toujours pas identifiée. Grâce à cette information cruciale, les gendarmes de la section de recherches d'Orléans parviennent ainsi à retrouver ceux qui pourraient bien être ses parents. Ils sont appréhendés mardi 12 juin et placés en garde à vue.

Extraits du Code de la route/fiche synthétique guide pratique du policier

QUALIFICATION	
Usage d'un téléphone tenu en main par le conducteur d'un véhicule en circulation	
CONDUITE À TENIR	
• Amende forfaitaire minorée • Dépistage alcoolémie • Dépistage stupéfiants facultatif • Retrait de points : 3	
TEXTE(S)	
INFRACTION PRÉVUE PAR :	**RÉPRIMÉE PAR :**
R. 412-6-1 al. 1 C.R.	R. 412-6-1 al. 4 C.R.

Article R. 412-6-1 du Code de la route

L'usage d'un téléphone tenu en main par le conducteur d'un véhicule en circulation est interdit.

Est également interdit le port à l'oreille, par le conducteur d'un véhicule en circulation, de tout dispositif susceptible d'émettre du son, à l'exception des appareils électroniques correcteurs de surdité.

Les dispositions du deuxième alinéa ne sont pas applicables aux conducteurs des véhicules d'intérêt général prioritaire prévus à l'article R. 311-1, ni dans le cadre de l'enseignement de la conduite des cyclomoteurs, motocyclettes, tricycles et quadricycles à moteur ou de l'examen du permis de conduire ces véhicules.

Le fait, pour tout conducteur, de contrevenir aux dispositions du présent article est puni de l'amende prévue pour les contraventions de la quatrième classe.

Tout conducteur coupable de cette infraction encourt également la peine complémentaire de suspension, pour une durée de trois ans au plus, du permis de conduire, cette suspension pouvant être limitée à la conduite en dehors de l'activité professionnelle.

Cette contravention donne lieu de plein droit à la réduction de trois points du permis de conduire.

Articles du Code pénal

Article 131-13

Constituent des contraventions les infractions que la loi punit d'une amende n'excédant pas 3 000 euros.

Le montant de l'amende est le suivant :

1° 38 euros au plus pour les contraventions de la 1re classe.

2° 150 euros au plus pour les contraventions de la 2e classe.

3° 450 euros au plus pour les contraventions de la 3e classe.

4° 750 euros au plus pour les contraventions de la 4e classe.

5° 1 500 euros au plus pour les contraventions de la 5e classe, montant qui peut être porté à 3 000 euros en cas de récidive lorsque le règlement le prévoit, hors les cas où la loi prévoit que la récidive de la contravention constitue un délit.

Article R. 623-2

Les bruits ou tapages injurieux ou nocturnes troublant la tranquillité d'autrui sont punis de l'amende prévue pour les contraventions de la 3e classe.

Les personnes coupables des contraventions prévues au présent article encourent également la peine complémentaire de confiscation de la chose qui a servi ou était destinée à commettre l'infraction.

Le fait de faciliter sciemment, par aide ou assistance, la préparation ou la consommation des contraventions prévues au présent article est puni des mêmes peines.

Article 222-17

La menace de commettre un crime ou un délit contre les personnes dont la tentative est punissable est punie de six mois d'emprisonnement et de 7 500 euros d'amende lorsqu'elle est, soit réitérée, soit matérialisée par un écrit, une image ou tout autre objet.

La peine est portée à trois ans d'emprisonnement et à 45 000 euros d'amende s'il s'agit d'une menace de mort.

Articles du Code de procédure pénale

Article 53

Est qualifié crime ou délit flagrant le crime ou le délit qui se commet actuellement, ou qui vient de se commettre. Il y a aussi crime ou délit flagrant lorsque, dans un temps très voisin de l'action, la personne soupçonnée est poursuivie par la clameur publique, ou est trouvée en possession d'objets, ou présente des traces ou indices, laissant penser qu'elle a participé au crime ou au délit.

À la suite de la constatation d'un crime ou d'un délit flagrant, l'enquête menée sous le contrôle du procureur de la République dans les conditions prévues par le présent chapitre peut se poursuivre sans discontinuer pendant une durée de huit jours.

Lorsque des investigations nécessaires à la manifestation de la vérité pour un crime ou un délit puni d'une peine supérieure ou égale à cinq ans d'emprisonnement ne peuvent être différées, le procureur de la République peut décider la prolongation, dans les mêmes conditions, de l'enquête pour une durée maximale de huit jours.

Article 59 (extrait)

Sauf réclamations faites de l'intérieur de la maison ou exceptions prévues par la loi, les perquisitions et les visites domiciliaires ne peuvent être commencées avant 6 heures et après 21 heures.

Article 78-2 (extraits)

Les officiers de police judiciaire et, sur l'ordre et sous la responsabilité de ceux-ci, les agents de police judiciaire et agents de police judiciaire adjoints mentionnés aux articles 20 et 211° peuvent inviter à justifier, par tout moyen, de son identité toute personne à l'égard de laquelle existe une ou plusieurs raisons plausibles de soupçonner :

- qu'elle a commis ou tenté de commettre une infraction ;
- ou qu'elle se prépare à commettre un crime ou un délit ;
- ou qu'elle est susceptible de fournir des renseignements utiles à l'enquête en cas de crime ou de délit ;
- ou qu'elle a violé les obligations ou interdictions auxquelles elle est soumise dans le cadre d'un contrôle judiciaire, d'une mesure d'assignation à résidence avec surveillance électronique, d'une peine ou d'une mesure suivie par le juge de l'application des peines ;
- ou qu'elle fait l'objet de recherches ordonnées par une autorité judiciaire.

Article 803 (extrait)

Nul ne peut être soumis au port des menottes ou des entraves que s'il est considéré soit comme dangereux pour autrui ou pour lui-même, soit comme susceptible de tenter de prendre la fuite.

Article du Code de la santé publique

Article R. 1336-5

Aucun bruit particulier ne doit, par sa durée, sa répétition ou son intensité, porter atteinte à la tranquillité du voisinage ou à la santé de l'homme, dans un lieu public ou privé, qu'une personne en soit elle-même à l'origine ou que ce soit par l'intermédiaire d'une personne, d'une chose dont elle a la garde ou d'un animal placé sous sa responsabilité.

Corrigé

Cas pratique n° 1

1. En ma qualité de gardien de la paix affecté au sein du service d'investigation, Monsieur le Commissaire de Police me demande des informations et explications quant à la scène de crime se trouvant au domicile de Monsieur ALPHA.

Pour ce faire, je dispose de la procédure de constatation des faits réalisée par le chef de groupe chargé des atteintes aux personnes au sein du commissariat.

À la vue des faits, il en ressort que Monsieur ALPHA aurait été victime d'un homicide par le biais d'une arme blanche (couteau ensanglanté), retrouvée dans le salon de l'habitation, à proximité du corps. La victime aurait été atteinte par deux coups au niveau de son dos.

L'auteur(e) des faits aurait pénétré au sein de l'habitation en brisant une vitre au niveau du patio, en utilisant un marteau retrouvé posé à même le sol. L'intéressé(e) se serait blessé(e) en ouvrant la fenêtre brisée. En effet, des traces de sang seraient visibles au niveau de ladite fenêtre, puis à l'intérieur de la cuisine, en prolongement de l'accès. Des traces de pas au sol seraient également perceptibles, quadrillant le cheminement de l'éventuel(le) auteur(e) des faits.

Ainsi, la personne aurait progressé en direction de la chambre de Monsieur ALPHA. Elle se serait ensuite retournée et rapidement rendue à hauteur du salon, lieu où le corps a été découvert, allongé sur le sol, à côté de la table basse. Une plus grande distance perceptible entre les différentes traces de pas sur le trajet entre la chambre et le salon, démontrerait une soudaine précipitation des déplacements de l'éventuel(le) auteur(e) des faits. L'auteur(e) aurait pu être surpris(e) par la présence de la victime dans le salon et non la chambre.

La victime, retrouvée nue et allongée au sol, se trouvait à proximité d'un téléphone portable. Par la suite, les traces de pas sont à nouveau visibles sur le canapé du salon puis sur le sol, en direction de la porte d'entrée de l'habitation, sur laquelle se trouvaient les clés permettant de la déverrouiller. L'auteur(e) des faits aurait donc quitté le lieux en empruntant la porte d'entrée du domicile.

2. F.A.E.D. : il s'agit du Fichier automatisé des empreintes digitales.

F.N.A.E.G. : il s'agit du Fichier national automatisé des empreintes génétiques.

3. Sur cette scène de crime, plusieurs éléments peuvent aider à identifier l'auteur(e) des faits. En premier lieu, nous pouvons constater qu'une caméra de vidéosurveillance est implantée sur la façade de l'habitation de la victime. Celle-ci est orientée vers la fenêtre du patio qui a été brisée afin de pouvoir pénétrer au sein des lieux du crime. Ainsi, les images enregistrées par ladite caméra pourront être récupérées et exploitées par les services chargés de l'enquête.

De plus, au niveau de la fenêtre du patio, des traces de sang séchées (brunâtres) sont visibles, laissant supposer que l'auteur(e) des faits s'est blessé(e) en réalisant cette action. D'autres traces laissant supposer être du sang sont à nouveau présentes au sein de l'habitation, au niveau de la fenêtre brisée. Des relevés ADN pourront être réalisés afin d'assister à l'identification de l'auteur(e) des faits, via la consultation du Fichier automatisé des empreintes digitales (F.A.E.D.).

Également, des objets pouvant avoir été utilisés par l'auteur(e) des faits, dans le but d'accomplir son acte sont retrouvés sur les lieux du crime comme le marteau (ayant pu être utilisé pour briser la vitre et pénétrer dans le domicile de Monsieur ALPHA) ainsi qu'un couteau ensanglanté présent dans le salon, posé à même le sol et pouvant être l'arme du crime. Un relevé des empreintes génétiques pourra être effectué, dans le but de pouvoir les insérer et consulter les différents fichiers de police (F.A.E.D. et F.N.A.E.G.), afin de pouvoir confondre et identifier le ou la mis(e) en cause.

4. Dans le cadre des actions de la Police judiciaire, l'utilisation des données scientifiques est désormais devenue incontournable. Les débuts de celle-ci remontent à la fin du XIXe siècle, avec les relevés anthropométriques créés par Alphonse Bertillon. Cette technique scientifique, appelée « Bertillonage », consistait au relevé des mesures de certains membres des criminels et de clichés photographiques de ceux-ci, lors de leurs interpellations. Il s'agit du premier fichier qui était à la disposition des policiers de l'époque. Plus tard, les relevés des empreintes génétiques ont intégré ce dispositif puis ADN vers la fin du XXe siècle. Ces avancées scientifiques permettent désormais aux enquêteurs de résoudre plus aisément des enquêtes, même si les faits commis datent d'il y a plusieurs années. L'enregistrement des données et la consultation des fichiers de Police tels que le F.A.E.D. ou F.N.A.E.G. permettent désormais d'identifier plus rapidement et facilement les auteurs de crimes ou délits.

Cas pratique n° 2

1. Ici, alors que nous effectuons une opération de contrôle routier, nous constatons que le conducteur d'un véhicule de marque RENAULT, de type CLIO, supportant l'immatriculation AA-000-AA circule en faisant usage d'un téléphone portable. En procédant aux différentes vérifications sur le véhicule et son conducteur et lors du passage aux fichiers de celui-ci, nous recevons l'information via notre centre de commandement que le mis en cause fait actuellement l'objet d'une fiche de mise sous surveillance émise par la brigade des stupéfiants.

   Au vu des faits mentionnés, nous poursuivons notre contrôle ainsi que la verbalisation du conducteur sans faire une quelconque allusion à la mesure dont celui-ci fait l'objet, comme l'indique la conduite à tenir sur la fiche. Nous profitons de ce contrôle pour relever tous les éléments pouvant être utiles à nos collègues de la brigade des stupéfiants.

2. Lors de ce contrôle, au vu de la fiche émise, les différents éléments utiles à collecter sont :
   - l'identité complète du conducteur et des occupants du véhicule ;
   - l'adresse postale du conducteur et des occupants du véhicule ;
   - le numéro de téléphone du conducteur et des occupants du véhicule ;
   - la description physique du conducteur et des occupants du véhicule ;
   - la destination routière du véhicule ;
   - la mention des objets visibles au sein de l'habitacle du véhicule ;
   - la mention en cas de constatation d'une odeur suspecte laissant penser qu'il s'agisse de stupéfiants ;
   - la mention de la présence visible d'argent liquide au sein de l'habitacle ou en possession des occupants du véhicule.

Cas pratique n° 3

1. Ici, nous intervenons au niveau de la résidence basée au 10 rue des Concours à Xville pour un tapage musical troublant la tranquillité publique. Il s'agit d'une infraction contraventionnelle prévue et réprimée par les articles R. 623-2 du Code pénal et R. 1336-5 du Code de la santé publique.

   Au vu des faits, nous allons devoir constater et relever les différentes nuisances, notamment au sein du domicile du requérant (Monsieur DELTA).

   Par la suite, nous allons nous rendre à l'entrée du domicile de l'auteur des faits (Monsieur BRAVO) dans le but de prendre contact avec celui-ci et de lui demander de cesser son infraction. Si tel était le cas, nous serions en droit d'effectuer un contrôle de son identité et de procéder à la rédaction d'une amende forfaitaire à l'aide du procès-verbal électronique dont nous sommes dotés. Cependant, ici, Monsieur DELTA refuse de prendre attache avec nous et crie derrière la porte de son habitation, indiquant qu'il est en droit d'écouter de la musique comme bon lui semble.

   Ainsi, nous mentionnerons ces différentes informations au sein d'un procès-verbal que nous rédigerons lors de notre retour au service.

   Avant de quitter les lieux, nous indiquerons au requérant de ne pas hésiter à se rendre au commissariat afin d'effectuer un dépôt de plainte envers son voisin pour les nuisances subies quotidiennement. Enfin, nous l'inviterons à ne pas hésiter à de nouveau faire appel à nos services si les faits venaient à perdurer.

2. À 04 h 00, nous sommes de nouveau requis par notre centre d'information et de commandement, nous demandant de nous rendre immédiatement au 10 rue des concours. Sur place, au niveau du parking de la résidence se déroulerait un différend opposant deux individus à savoir Messieurs DELTA et BRAVO.

   Une fois sur place, nous constatons la présence des deux mis en cause sur le parking. Nous entendons distinctement Monsieur BRAVO s'adresser à Monsieur DELTA en proférant des menaces de mort réitérées. Il s'agit ici d'une infraction délictuelle prévue par l'article 222-17 du Code pénal.

   Face à cette situation, nous séparons et tentons de calmer, dans un premier temps, les deux parties.

   Par la suite, nous demandons à la victime, à savoir Monsieur BRAVO s'il désire déposer une plainte à l'encontre de Monsieur DELTA pour les menaces réitérées citées précédemment.

   Si tel est le cas, agissant dans le cadre du flagrant délit, en vertu des articles 53 et 73 du Code de procédure pénale, nous procéderons à l'interpellation de Monsieur DELTA, afin de le présenter dans les plus brefs délais à l'officier de Police judiciaire territorialement compétent. L'individu étant fortement énervé et pouvant présenter un danger imminent pour lui-même ou autrui, nous procéderons à son menottage, en vertu de l'article 803 du Code de procédure pénale. Une palpation de sécurité sera effectuée avant de placer l'interpellé dans notre véhicule de service.

   Nous profiterons de cette intervention pour relever l'identité de Monsieur BRAVO, victime de menaces réitérées mais également auteur du tapage musical ayant déclenché ce différend, afin qu'il puisse également faire l'objet d'une procédure contraventionnelle.

Sujet 3
QCM de culture générale – février 2024

1 heure pour les 2 QCM (culture générale et langue) • Coef. 2 (externe), 1 (internes)

Concours nationaux de gardien de la paix de la Police nationale – session du 20 février 2024

1. En Turquie, a été réélu à la tête du pays en mai 2023 :
- ☐ **a.** Turgut Özal.
- ☐ **b.** Recep Tayyip Erdogan.
- ☐ **c.** Cevdet Sunay.

2. En France, pour se présenter à l'élection présidentielle, les candidats doivent disposer de :
- ☐ **a.** 300 parrainages.
- ☐ **b.** 400 parrainages.
- ☐ **c.** 500 parrainages.

3. Au VIIe siècle, les rois mérovingiens, appauvris, n'ont plus d'autorité. On les nomme alors les rois :
- ☐ **a.** maudits.
- ☐ **b.** fainéants.
- ☐ **c.** laxistes.

4. En août 2023, le président Ali Bongo est renversé par un coup d'État militaire au :
- ☐ **a.** Togo.
- ☐ **b.** Ghana.
- ☐ **c.** Gabon.

5. À la Renaissance, la calculatrice mécanique, nommée calculatrice arithmétique, a été inventée par :
- ☐ **a.** Blaise Pascal.
- ☐ **b.** Descartes.
- ☐ **c.** Marin Mersenne.

6. Le sous-marin disparu en mer, en juin 2023, alors qu'il allait explorer l'épave du Titanic se nommait :
- ☐ **a.** Coulomb.
- ☐ **b.** Arago.
- ☐ **c.** Titan.

7. En juin 2022, la Cour suprême des États-Unis a :
- ☐ **a.** rétabli la peine de mort dans tous les États d'Amérique.
- ☐ **b.** rendu à chacun de ses États la liberté d'interdire les avortements sur leur sol.
- ☐ **c.** abaissé la majorité à 17 ans.

8. N'est pas une mission du Conseil constitutionnel :
- ☐ **a.** statuer, en cas de contestation, sur la régularité de l'élection des députés.
- ☐ **b.** conseiller le gouvernement en émettant un avis sur les projets d'ordonnance.
- ☐ **c.** proclamer les résultats du scrutin à l'élection présidentielle.

9. Le début de la Seconde Guerre mondiale est traditionnellement surnommé :

- ☐ **a.** « grande guerre ».
- ☐ **b.** « sale guerre ».
- ☐ **c.** « drôle de guerre ».

10. Afin d'ancrer la sobriété énergétique dans la durée, le gouvernement français a lancé une campagne nommée :

- ☐ **a.** « Éteignons-les ! ».
- ☐ **b.** « Chaque geste compte ».
- ☐ **c.** « Halte au gaspillage énergétique ».

11. Le vainqueur du second tour de l'élection présidentielle argentine de 2023 est Javier :

☐ **a.** Milei. ☐ **b.** Bardem. ☐ **c.** Tebas.

12. La période de troubles qui éclate en France entre 1648 et 1653 pendant la régence d'Anne d'Autriche et le ministère du cardinal Mazarin se nomme :

- ☐ **a.** la Révolution des œillets.
- ☐ **b.** la Fronde.
- ☐ **c.** les cinq Glorieuses.

13. Fin 2022, a été franchi le cap des :

- ☐ **a.** 5 milliards d'humains.
- ☐ **b.** 8 milliards d'humains.
- ☐ **c.** 10 milliards d'humains.

14. Le premier des rois carolingiens est :

☐ **a.** Pépin le Bref. ☐ **b.** Clovis. ☐ **c.** Saint Louis.

15. Le dernier sommet de l'OTAN s'est déroulé au mois de juillet 2023 en :

☐ **a.** Lituanie. ☐ **b.** Biélorussie. ☐ **c.** Estonie.

16. Il est exact que, sous Jules Ferry, l'école devient dans un premier temps obligatoire jusqu'à :

☐ **a.** 10 ans. ☐ **b.** 13 ans. ☐ **c.** 16 ans.

17. La journée internationale des droits des femmes est célébrée tous les 8 :

☐ **a.** mars. ☐ **b.** avril. ☐ **c.** mai.

18. Le Sénat :

- ☐ **a.** est composé de 577 sénateurs.
- ☐ **b.** représente les collectivités territoriales.
- ☐ **c.** est la « chambre basse » du Parlement.

19. La Coupe du monde de rugby 2023 organisée en France a été remportée par :

- ☐ **a.** l'Afrique du Sud.
- ☐ **b.** la Nouvelle-Zélande.
- ☐ **c.** l'Angleterre.

20. En vertu de la Constitution française, le président de la République :

- ☐ **a.** détermine et conduit la politique de la Nation.
- ☐ **b.** est le chef des armées.
- ☐ **c.** vote la loi et évalue les politiques publiques.

21. À l'été 2023, une tentative de putsch a été menée en Russie par le groupe :

☐ **a.** Liszt. ☐ **b.** Wagner. ☐ **c.** Weber.

22. L'hymne européen est :

- ☐ **a.** « la Valse » de Ravel.
- ☐ **b.** « la Traviata » de Verdi.
- ☐ **c.** « l'Ode à la joie » de Beethoven.

23. Le drapeau tricolore est défini par la Constitution comme un :

☐ **a.** fanion. ☐ **b.** étendard. ☐ **c.** emblème.

24. Au mois de septembre 2022, une jeune femme est décédée en Iran pour avoir enfreint le code vestimentaire de la République islamique. Il s'agit de :

☐ **a.** Leila Ebrahimi. ☐ **b.** Aravane Rezaï. ☐ **c.** Mahsa Amini.

25. La France est une République démocratique, sociale, laïque et :

☐ **a.** indivisible. ☐ **b.** irréductible. ☐ **c.** sécuritaire.

26. Depuis 2013, la France agit pour la stabilité et la sécurité des pays du Sahel. En septembre 2023, suite à un coup d'État militaire, a été annoncé le retrait des forces françaises présentes au :

☐ **a.** Burkina Faso. ☐ **b.** Tchad. ☐ **c.** Niger.

27. En France, pour être élu au Sénat, il faut être âgé de :

☐ **a.** 18 ans révolus. ☐ **b.** 21 ans révolus. ☐ **c.** 24 ans révolus.

28. A rejoint la zone euro en 2023, la :

☐ **a.** Roumanie. ☐ **b.** Croatie. ☐ **c.** Hongrie.

29. Durant la Première Guerre mondiale, une bataille a fait près de 300 000 morts, il s'agit de la bataille de :

☐ **a.** Saint-Quentin. ☐ **b.** Dijon. ☐ **c.** Verdun.

30. Le sommet international de l'écocitoyenneté s'est tenu au mois de juin 2023 à :

☐ **a.** New-York. ☐ **b.** Paris. ☐ **c.** Montréal.

31. L'esclavage a été définitivement aboli en France par une loi de :

☐ **a.** 1748. ☐ **b.** 1848. ☐ **c.** 1948.

32. Au sujet de l'Assemblée nationale, il est exact :

- ☐ **a.** qu'elle peut mettre en cause la responsabilité du gouvernement en votant une motion de censure.
- ☐ **b.** que son siège est situé au palais du Luxembourg.
- ☐ **c.** que les députés qui la composent sont élus au suffrage universel indirect.

33. Complétez cette phrase issue de l'hymne national : « Amour sacré de la Patrie, Conduis, soutiens nos bras :

☐ **a.** vengeurs ». ☐ **b.** défenseurs ». ☐ **c.** abatteurs ».

34. L'euro, monnaie unique européenne, a été mis en place par le traité de :

☐ **a.** Maastricht. ☐ **b.** Rome. ☐ **c.** Lisbonne.

35. Le début du Moyen Âge coïncide traditionnellement avec la :

☐ **a.** chute de l'empire romain.

☐ **b.** bataille d'Alésia.

☐ **c.** naissance de Jeanne d'Arc.

36. N'est pas une institution européenne, le Conseil :

☐ **a.** de l'Union européenne.

☐ **b.** européen.

☐ **c.** de l'Europe.

37. Par l'édit de Villers-Cotterêts, François Ier :

☐ **a.** a mis en place le principe de la présomption d'innocence.

☐ **b.** a créé l'écu : monnaie unique du Royaume.

☐ **c.** a remplacé le latin par le français dans la rédaction des actes judiciaires et notariés.

38. Il est exact que les citoyens européens élisent directement les membres :

☐ **a.** de la Commission européenne.

☐ **b.** du Conseil européen.

☐ **c.** du Parlement européen.

39. La séparation des églises et de l'État intervient en France par une loi de :

☐ **a.** 1789. ☐ **b.** 1881. ☐ **c.** 1905.

40. Il est exact que le principe de la République est « gouvernement du peuple, par le peuple et pour… :

☐ **a.** tous ». ☐ **b.** le peuple ». ☐ **c.** les citoyens ».

Corrigé

1. **b.** Recep Tayyip Erdogan est le président de la République en Turquie depuis 2014.
2. **c.** Tout citoyen français, âgé de plus de 18 ans, qui jouit de ses droits civils et politiques, peut être candidat à l'élection présidentielle, à condition d'avoir 500 parrainages d'élus, répartis sur un minimum de 30 départements.
3. **b.** Certains rois mérovingiens ont été nommés les rois fainéants.
4. **c.** Le coup d'État contre Ali Bongo a eu lieu au Gabon.
5. **a.** Blaise Pascal, philosophe et mathématicien, a inventé la calculette mécanique qu'on appelle la pascaline.
6. **c.** Titan est le sous-marin qui a disparu en mer, au large de Terre-Neuve.
7. **b.** La Cour suprême des États-Unis annule son arrêt Roe vs Wade, qui garantissait depuis 1973 le droit des Américaines à avorter, et rend à chaque État sa liberté de légiférer.
8. **b.** Le Conseil constitutionnel n'est pas habilité à conseiller le gouvernement en émettant un avis sur les projets d'ordonnance.
9. **c.** Le début de la Seconde Guerre mondiale en France est appelé la « drôle de guerre ». Cette période se situe entre la déclaration de guerre par le Royaume-Uni et la France à l'Allemagne nazie le 3 septembre 1939 et l'offensive allemande du 10 mai 1940 en France.
10. **b.** À l'automne 2022, le gouvernement français lance la campagne « Chaque geste compte » pour mobiliser les Français à économiser l'énergie. Elle rappelle les bons gestes à adopter pour réduire la consommation d'énergie.
11. **a.** Javier Milei est élu en 2023 président de la Nation argentine.
12. **b.** La Fronde, de 1648 à 1653, est une période de troubles graves qui touchent le royaume de France en pleine guerre contre l'Espagne.
13. **b.** En 2022, le cap des 8 milliards d'humains a été franchi.
14. **a.** Pépin le Bref est le premier roi carolingien. Clovis est aussi un roi mérovingien, mais saint Louis est un roi capétien.
15. **a.** Le dernier sommet de l'OTAN s'est tenu en 2023 à Vilnius, en Lituanie.
16. **b.** Les lois Ferry de 1882 et 1883 rendent l'école primaire gratuite, laïque et obligatoire pour tous les enfants âgés de 6 à 13 ans.
17. **a.** La Journée internationale des femmes est célébrée le 8 mars.
18. **b.** Le Sénat représente les collectivités territoriales. Les sénateurs sont élus au suffrage indirect par un collège électoral de 150 000 électeurs qui se composent de députés, de conseillers régionaux, de conseillers généraux et de délégués des conseils municipaux notamment.
19. **a.** La Coupe du monde de rugby est remportée en 2023 par l'Afrique du Sud.
20. **b.** En France, le président de la République est le chef des armées, selon l'article 15 de la Constitution de 1958.

21. **b.** Le groupe Wagner a mené un putsch en Russie durant l'été 2023.

22. **c.** Depuis 1985, l'hymne européen est « l'Ode à la joie » de Ludwig van Beethoven, compositeur allemand.

23. **c.** D'après l'article 2 de la Constitution de 1958, « l'emblème national est le drapeau tricolore, bleu, blanc, rouge à trois bandes verticales d'égales dimensions ».

24. **c.** Mahsa Amini est la jeune femme iranienne qui est décédée. Sa mort a provoqué des révoltes en Iran.

25. **a.** La France est une République démocratique, sociale, laïque et indivisible, conformément à l'article 1 de la Constitution de 1958.

26. **c.** Les forces françaises ont quitté le Niger en 2023.

27. **c.** Il faut avoir 24 ans révolus pour être élu au Sénat.

28. **b.** La Croatie a rejoint la zone euro en 2023.

29. **c.** La bataille de Verdun est un événement célèbre de la Première Guerre mondiale.

30. **c.** Le sommet international de l'écocitoyenneté a eu lieu à Montréal, au Canada.

31. **b.** Sous la monarchie de Juillet, Victor Schœlcher, homme politique français, a rédigé le décret du 27 avril 1848 qui abolit l'esclavage en France.

32. **a.** L'Assemblée nationale peut mettre en cause la responsabilité du gouvernement en votant une motion de censure.

33. **a.** *La Marseillaise* comprend les vers suivants : « Amour sacré de la Patrie, / Conduis, soutiens nos bras vengeurs ! ».

34. **a.** L'euro est mis en place par le traité de Maastricht en 1992.

35. **a.** Le début du Moyen Âge coïncide traditionnellement avec la chute de l'empire romain en 476.

36. **c.** Le Conseil de l'Europe, créé en 1949, est une organisation internationale qui rassemble 46 États membres.

37. **c.** L'édit de Villers-Cotterêts a remplacé le latin par le français dans la rédaction des actes judiciaires et notariés.

38. **c.** Les citoyens européens élisent directement les membres du Parlement européen qui sont les députés européens.

39. **c.** La séparation des Églises et de l'État intervient en France par la loi de 1905, sous la Troisième République.

40. **b.** L'article 2 de la Constitution de 1958 précise : « gouvernement du peuple, par le peuple et pour le peuple ».

Sujet 4
QCM d'anglais – février 2024

1 heure pour les 2 QCM (culture générale et langue) • Coef. 1 (externe), points > 10/20 (internes)

Concours nationaux de gardien de la paix de la Police nationale – session du 20 février 2024

1. "What is … surname?" – "Smith."

☐ **a.** he ☐ **b.** she's ☐ **c.** your

2. Where … she live?

☐ **a.** do ☐ **b.** does ☐ **c.** is

3. He … drive.

☐ **a.** don't ☐ **b.** never ☐ **c.** doesn't

4. There … a car crash in the city centre this morning.

☐ **a.** was ☐ **b.** were ☐ **c.** did

5. The victim … know his attacker.

☐ **a.** didn't ☐ **b.** weren't ☐ **c.** isn't

6. Mary started working as a police officer …

☐ **a.** there are six years

☐ **b.** six years ago

☐ **c.** since six years

7. "What was the suspect wearing?"

☐ **a.** A pair of black shoes and a briefcase.

☐ **b.** A suitcase and a skirt.

☐ **c.** A dark blue hat and scarf.

8. It's not far to walk. You can go … foot.

☐ **a.** on ☐ **b.** by ☐ **c.** with

9. In our community, the police play a vital role. They wear distinctive uniforms and patrol the streets. In emergencies, dial 911 for immediate assistance. The police are dedicated to ensuring our safety and well-being.

According to the text, what should you do in an emergency?

☐ **a.** Stop a police officer on patrol.

☐ **b.** Call 911 for help.

☐ **c.** Wait for the police to come.

10. Excuse me, you can't park in this space. It's reserved for … people.

☐ **a.** enabled ☐ **b.** disabled ☐ **c.** disenabled

11. They … to Canada last year.

☐ **a.** went ☐ **b.** gone ☐ **c.** been

12. Criminals are people who … the law.

☐ **a.** break ☐ **b.** brake ☐ **c.** take

13. What time … the train tomorrow?

☐ **a.** are you going ☐ **b.** are you leaving ☐ **c.** are you catching

14. Around midnight yesterday, a robbery took place at a local jewellery shop. Two masked individuals entered the shop, smashed the glass cases, and stole valuable diamonds and gold. They escaped in a stolen car. The police are investigating the incident, and the shop owners are devastated by the loss. The community is urged to report any suspicious activity.
According to the text …

☐ **a.** The thieves stole money.

☐ **b.** The shop owners lost a car.

☐ **c.** The incident happened late last night.

15. "The meeting started 15 minutes ago". "Yes, I know, I'm so sorry …

☐ **a.** I delayed." ☐ **b.** I'm late." ☐ **c.** I'm in late."

16. If you … buy any car, which model would you choose?

☐ **a.** could ☐ **b.** can ☐ **c.** will

17. Matthew … a team meeting every Monday morning.

☐ **a.** attends ☐ **b.** assists ☐ **c.** waits

18. I … in Paris since 2020.

☐ **a.** am living ☐ **b.** live ☐ **c.** have lived

19. Mr. Wilkinson's house … while he was on holiday.

☐ **a.** was stolen ☐ **b.** was theft ☐ **c.** was burgled

20. The suspect has … been arrested twice before.

☐ **a.** always ☐ **b.** already ☐ **c.** ever

21. Handcuffs … of plastic.

☐ **a.** are not made ☐ **b.** are not making ☐ **c.** are not make

22. Sarah … to buy a new car.

☐ **a.** isn't enough money

☐ **b.** doesn't have enough money

☐ **c.** has not money enough

23. Emma had a skiing accident last week and broke … leg.

☐ **a.** the ☐ **b.** hers ☐ **c.** her

24. The man was suspected … killing his neighbour.

☐ **a.** of ☐ **b.** with ☐ **c.** for

25. In recent months, the police have been cracking down on drug-dealing activities in our neighbourhood. They've conducted raids and made several arrests. This has been welcomed by the community, as drug-dealing has had a negative impact on our safety. Residents are hopeful that these efforts will make our streets safer.

Why have the police been conducting raids and making arrests in the neighbourhood?

☐ **a.** To improve community relations.

☐ **b.** To improve safety by addressing drug-dealing issues.

☐ **c.** To increase drug-dealing activities.

26. *Which word is opposite in meaning to the underlined word?*

The woman was <u>inebriated</u> when she was picked up by the police.

☐ **a.** drunk ☐ **b.** sober ☐ **c.** depressed

27. *Which word has the same meaning as the underlined word?*

The lawyer was counting on the testimony of a <u>reliable</u> witness in the trial.

☐ **a.** faithful ☐ **b.** false ☐ **c.** dependable

28. … if I ask you a question?

☐ **a.** Do you mind ☐ **b.** Do you disturb ☐ **c.** Are you disturbed

29. Jane … for a company in London.

☐ **a.** used to working ☐ **b.** used to work ☐ **c.** is used to work

30. *Put the following events in the correct order:*

1. The bank manager gives a statement to the police.
2. The police arrive at the bank.
3. The alarm system is triggered.
4. The bank robber escapes in a waiting car.
5. The bank robber demands money from the teller.

☐ **a.** 5 – 4 – 3 – 1 – 2 ☐ **b.** 3 – 5 – 2 – 4 – 1 ☐ **c.** 5 – 3 – 4 – 2 –1

31. Several people were arrested last Saturday following a massive demonstration in the street against the decision of the government to increase the age of retirement. The demonstration started peacefully, but then a few agitators started throwing stones at shop windows and fights broke out in numerous places around the city. The police dispersed the crowds and took over thirty people into custody.

According to the text …

☐ **a.** The demonstration took a violent turn.

☐ **b.** The police were attacked by vandals.

☐ **c.** The police arrested several shoplifters.

32. Michael is suffering from burnout and … a doctor.

☐ **a.** ought to see ☐ **b.** ought see ☐ **c.** should to see

33. *Which word has the same meaning as the underlined word?*

The information protected by the cyber unit is very sensitive and must not be leaked.

☐ **a.** disputed ☐ **b.** discovered ☐ **c.** disclosed

34. Two armed robbers broke … a bank on Main Street on Saturday morning.

☐ **a.** in ☐ **b.** into ☐ **c.** out

35. The suspect denied … the crime.

☐ **a.** committing ☐ **b.** to commit ☐ **c.** committed

36. The victim of the accidental drowning … yet.

☐ **a.** has not been identifying

☐ **b.** has not identified

☐ **c.** has not been identified

37. Laura … writing the report by 5 pm today.

☐ **a.** would be finished

☐ **b.** will have finished

☐ **c.** will have been finishing

38. Richard …

☐ **a.** has been managing the unit since six years.

☐ **b.** has been managing the unit for three years.

☐ **c.** has been managing the unit three years ago.

39. The suspect would have been caught if the police … track of him during the shadowing operation.

☐ **a.** wouldn't have lost ☐ **b.** have not lost ☐ **c.** hadn't lost

40. *Put the following events in the correct order:*

1. Detectives analyze the crime scene for evidence.
2. The suspect is taken into custody.
3. Witness statements are recorded by the police.
4. Forensic experts examine fingerprints and DNA.
5. The investigation leads to a search warrant.
6. The police interrogate the suspect.

☐ **a.** 5 – 3 – 1 – 2 – 6 – 4

☐ **b.** 3 – 5 – 1 – 4 – 2 – 6

☐ **c.** 6 – 2 – 5 – 3 – 4 – 1

Corrigé

1. **c.** What is **your** surname?
2. **b.** Where **does** she live?
3. **c.** He **doesn't** drive.
4. **a.** There **was** a car crash in the city centre this morning.
5. **a.** The victim **didn't** know his attacker.
6. **b.** Mary started working as a police officer **six years ago**.
7. **c. A dark blue hat and scarf.**
8. **a.** It's not far to walk. You can go **on** foot.
9. **b. Call 911 for help.**
10. **b.** It's reserved for **disabled** people.
11. **a.** They **went** to Canada last year.
12. **a.** Criminals are people who **break** the law.
13. **c.** What time **are you catching** the train tomorrow?
14. **c. The incident happened late last night.**
15. **b.** "Yes, I know, I'm so sorry **I'm late.**"
16. **a.** If you **could** buy any car, which model would you choose?
17. **a.** Matthew **attends** a team meeting every Monday morning.
18. **c.** I **have lived** in Paris since 2020.
19. **c.** Mr. Wilkinson's house **was burgled** while he was on holiday.
20. **b.** The suspect has **already** been arrested twice before.
21. **a.** Handcuffs **are not made** of plastic.
22. **b.** Sarah **doesn't have enough money** to buy a new car.
23. **c.** Emma had a skiing accident last week and broke **her** leg.
24. **a.** The man was suspected **of** killing his neighbour.
25. **b. To improve safety by addressing drug-dealing issues.**
26. **b. sober**.
27. **c. dependable**.
28. **a. Do you mind** if I ask you a question?
29. **b.** Jane **used to work** for a company in London.
30. **c. 5 – 3 – 4 – 2 –1**.
31. **a. The demonstration took a violent turn.**
32. **a.** Michael is suffering from burnout and **ought to see** a doctor.

33. **c. disclosed.**

34. **b.** Two armed robbers broke **into** a bank on Main Street on Saturday morning.

35. **a.** The suspect denied **committing** the crime.

36. **c.** The victim of the accidental drowning **has not been identified** yet.

37. **b.** Laura **will have finished** writing the report by 5 pm today.

38. **b.** Richard **has been managing the unit for three years.**

39. **c.** The suspect would have been caught if the police **hadn't lost** track of him during the shadowing operation.

40. **b. 3 – 5 – 1 – 4 – 2 – 6.**

Sujet 5
Tests psychotechniques - sujet inédit

2 heures

Sujet inédit concours externe et internes

1. Continuez la série suivante : 1 – 2 – 5 – 14 – ?

☐ **a.** 41 ☐ **b.** 19 ☐ **c.** 31

2. Complétez la série suivante : Gap – Sète – Rimini – Ozon – ?

☐ **a.** Ur ☐ **b.** Ypès ☐ **c.** Reims

3. Quel nombre remplace le point d'interrogation ?

10	3	2	5
14	4	9	**?**
14	8	2	4
27	11	14	2

☐ **a.** 1 ☐ **b.** 3 ☐ **c.** 12

4. Pendant la pause, Octave mange une pomme, Nadège deux papayes, Lucie une mangue, mais que mange Alexandre ?

☐ **a.** trois dattes ☐ **b.** cinq cerises ☐ **c.** cinq framboises

5. Quel nombre remplace le point d'interrogation ?

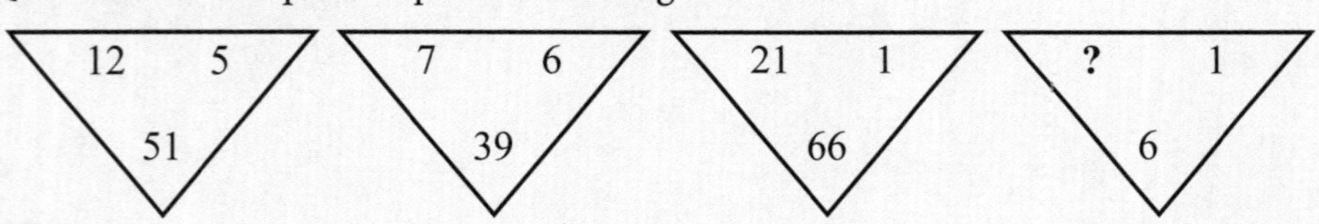

☐ **a.** 2 ☐ **b.** 4 ☐ **c.** 1

6. Avant de commencer une réunion, chacune des 5 personnes présentes serre la main des autres. Combien de poignées de main sont-elles échangées ?

☐ **a.** 5 ☐ **b.** 8 ☐ **c.** 10 ☐ **d.** 20

7. Quel est l'intrus ?

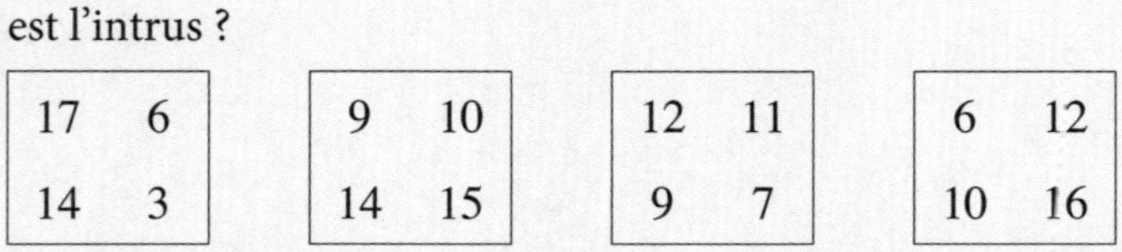

☐ **a.** ☐ **b.** ☐ **c.** ☐ **d.**

8. Quel nombre complète la série ?

4139 – 2119 – 121 – 3129 – 9123 – ?

☐ **a.** 51611 ☐ **b.** 4236 ☐ **c.** 9157 ☐ **d.** 52317

9. Dans un commissariat parisien, sur 458 agents, 236 sont originaires de province. Quel pourcentage (à 0,1 près) d'agents est originaire de la région parisienne ?

☐ **a.** 51,5 % ☐ **b.** 50,5 % ☐ **c.** 49,5 % ☐ **d.** 48,5 %

10. Vous vous placez devant un miroir en tenant, dans votre main gauche, un papier sur lequel vous avez écrit la lettre « b ». Quelle image renvoie le miroir ?

☐ **a.** La lettre « q » dans la main gauche

☐ **b.** La lettre « b » dans la main gauche

☐ **c.** La lettre « b » dans la main droite

☐ **d.** La lettre « d » dans la main droite

11. Un épicier a une curieuse logique pour afficher les prix des produits. Dans son magasin :

- un kg d'oranges coûte 15,18 € ;
- un kg de poires coûte 16,15 € ;
- un kg de fraises coûte 6,18 €.

En suivant cette logique, combien coûte un kg de mandarines ?

☐ **a.** 13,01 € ☐ **b.** 14,15 € ☐ **c.** 18,51 €

12. Quel domino remplace le point d'interrogation ?

☐ **a.**  ☐ **b.**  ☐ **c.**  ☐ **d.** 

13. Trouvez l'intrus :

- ▢ **a.** xᴉɐd ɐl ǝp uǝᴉpɹɐ⅁
- ▢ **b.** xiɒq ɒl əb nəibɿɒӘ
- ▢ **c.** Ɓɐɹdıǝu dǝ lɐ bɐıx
- ▢ **d.** xiɒq ɒl əb nəbɿɒӘ

14. Des amis parlent de leurs voitures :

- Paul possède une Reno ;
- Anatole possède une Gitroen ;
- Julie possède une Pojot.

Quelle est la marque de la voiture de Jean-Charles ?

- ▢ **a.** Perrari
- ▢ **b.** Lamborguino
- ▢ **c.** Morche

15. Le prix d'un article est de 100 €.

- Le premier jour, le prix augmente de 10 %.
- Le deuxième jour, le prix baisse de 10 %.

Quel est le prix final ?

- ▢ **a.** 100 €
- ▢ **b.** 99 €
- ▢ **c.** 101 €

16. Quels nombres remplacent les points d'interrogation ?

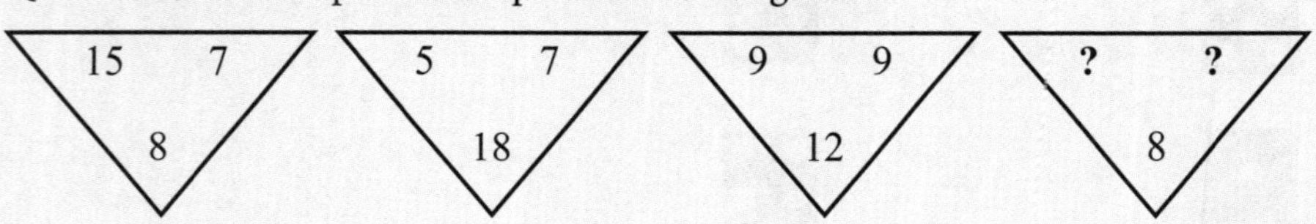

- ▢ **a.** 7 et 2
- ▢ **b.** 10 et 4
- ▢ **c.** 9 et 3

17. Maxime partage un gâteau. Il en donne un tiers à son frère, un quart à sa mère et un cinquième à son père. Quelle fraction du gâteau lui reste-t-il ?

- ▢ **a.** 16/60
- ▢ **b.** 44/60
- ▢ **c.** 47/60
- ▢ **d.** 13/60

18. Dans la liste ci-dessous, combien de mots sont mal orthographiés ?

un remords – des choux-fleurs – une acnée – une géllule – des mennottes

- ▢ **a.** 0
- ▢ **b.** 1
- ▢ **c.** 2
- ▢ **d.** 3

19. Quels nombres remplacent les points d'interrogation ?

1	2	8	2	9	12	?	?
4	3	6	4	6	3	4	16

- ▢ **a.** 6 et 13
- ▢ **b.** 6 et 8
- ▢ **c.** 8 et 12
- ▢ **d.** 12 et 13

20. Au commissariat, la prime de fin d'année est distribuée. Le brigadier obtient une prime de 182 €, le major une prime de 1 813 €, le capitaine une prime de 53 €. En suivant cette logique, combien touche le commandant ?

- ▢ **a.** 203 €
- ▢ **b.** 213 €
- ▢ **c.** 223 €

21. Quels nombres remplacent les points d'interrogation ?

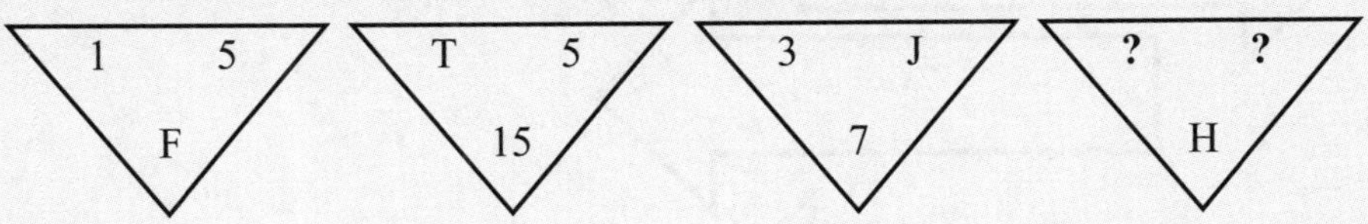

- ▢ **a.** 5 et 4
- ▢ **b.** 9 et 4
- ▢ **c.** 5 et 3

22. Quelle carte complète la série suivante ?

▢ **a.** 

▢ **b.** 

▢ **c.** 

▢ **d.** 

23. Le troisième enfant de Maxime se prénomme Pauline et le cinquième enfant de Noé se prénomme Stanislas. Comment se prénomme le premier enfant d'Hubert ?

▢ **a.** Théodore

▢ **b.** Julienne

▢ **c.** Iris

24. Vous trouvez, à un carrefour, les panneaux indicateurs suivants :

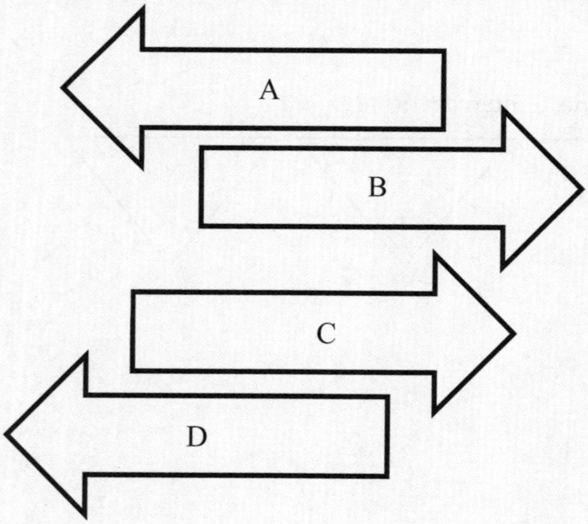

Vous savez que :

- la pancarte indiquant « Joinville » se trouve au-dessus de celle indiquant « Doulaincourt » ;
- la pancarte indiquant « Doulaincourt » est juste sous la pancarte indiquant « Froncles » :
- la pancarte indiquant « Froncles » et la pancarte indiquant « Saucourt » sont dans le même sens.

Quelle lettre correspond à la pancarte indiquant « Doulaincourt » ?

Corrigé

1. **a.** 1 – 2 – 5 – 14 – **41**

Remarquez que les nombres de la série augmentent comme ci-dessous :

1 → 2 → 5 → 14 → **41**

× 3 –1 × 3 –1 × 3 –1

2. **a.** Gap – Sète – Rimini – Ozon – Ur

Les voyelles qui composent les villes suivent la série A-E-I-O-U.

3. **a.**

10	3	2	5
14	4	9	**1**
14	8	2	4
27	11	14	2

En raisonnant en ligne, remarquez que le premier chiffre représente la somme des termes suivants :

3 + 2 + 5 = 10

8 + 2 + 4 = 14

11 + 14 + 2 = 27

Donc, 14 – 9 – 4 = 1.

4. **a.** Le nombre de fruits consommés correspond au décalage entre les initiales du prénom et du fruit.

O → **P** (1)   **N** O → **P** (2)   **L** → **M** (1)

Donc, Alexandre mange **trois dattes** :

A B C → **D** (3)

5. **c.** Le nombre situé à la pointe inférieure du triangle est obtenu en multipliant par 3 la somme des deux autres nombres.

(12 + 5) × 3 = 17 × 3 = 51

(7 + 6) × 3 = 13 × 3 = 39

(21 + 1) × 3 = 22 × 3 = 66

Donc, (**1** + 1) × 3 = 2 × 3 = 6.

6. **c.** Appelez ces 5 personnes A, B, C, D et E.

A serre la main de B, C, D et E : 4 poignées de main.

B serre la main de C, D et E : 3 poignées de main.

C serre la main de D et E : 2 poignées de main.

D serre la main de E : 1 poignée de main.

Donc, il y a eu 4 + 3 + 2 + 1 = **10 poignées de main.**

7. **c.** Pour les autres figures, la somme des nombres situés sur les diagonales est la même :
17 + 3 = 14 + 6 = 20

9 + 15 = 14 + 10 = 24

6 + 16 = 10 + 12 = 22

Pour la figure C, 12 + 7 = 19 et 11 + 9 = 20.

8. **a. 51611.** Pour chaque nombre, additionnez les chiffres ou les nombres situés aux extrémités pour retrouver le nombre du milieu.
9 + 4 = 13

2 + 9 = 11

1 + 1 = 2

3 + 9 = 12

9 + 3 = 12

Donc, 5 + 11 = 16.

9. **d. 48,5 %**. Calculez d'abord le nombre d'agents originaires de Paris et sa région :
458 – 236 = 222

Le pourcentage d'agents originaires de la région parisienne est de :

222 ÷ 458 = 0,4847 = 48,5 %

10. **d. La lettre « d » dans la main droite**. Il s'agit d'une rotation horizontale. Le miroir renvoie une image inversée. Le « b » est donc transformé en « d » et l'image sera cette lettre tenue dans votre main droite.

11. **a. 13,01 €**. Le rang de la première lettre donne le montant en euros, le rang de la deuxième lettre donne le montant en centimes :

- un kg d'oranges coûte 15,18 € (O = 15 et R = 18) ;
- un kg de poires coûte 16,15 € (P = 16 et O = 15) ;
- un kg de fraises coûte 6,18 € (F = 6 et R = 18).

M = 13 et A = 1, donc le kilogramme de mandarines coûte 13,01 €.

12. a. Vous retrouvez, dans la colonne de droite, les dominos de la colonne de gauche mais « inversés ».

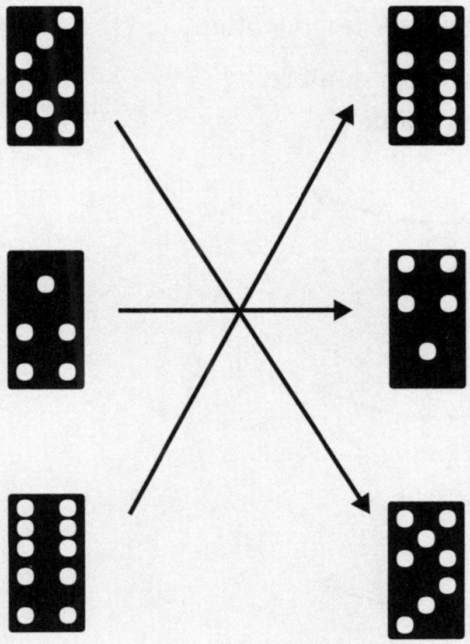

13. d. Pour les trois premières figures, il s'agit des mots « Gardien de la paix » retournés horizontalement et/ou verticalement. Pour le **d.**, il est écrit « Garden de la paix ».

14. b. Remarquez que le prénom et la marque de la voiture contiennent le même nombre de lettres.

- Paul possède une Reno (4 lettres) ;
- Anatole possède une Gitroen (7 lettres) ;
- Julie possède une Pojot (5 lettres) ;
- Jean-Charles (11 lettres) : donc, il possède une **Lamborguino.**

15. b. 99 €. Le premier jour, le prix de l'article augmente de 10 %, donc le prix est :
100 + (100 × 0,1) = 100 + 10 = 110 €.

Le deuxième jour, le prix de l'article baisse de 10 %, donc le prix est :

110 – (110 × 0,1) = 110 – 11 = 99 €.

16. c. La somme des nombres situés à l'intérieur du triangle est égale à 30.
15 + 7 + 8 = 30

5 + 7 + 18 = 30

9 + 9 + 12 = 30

Donc, **9 + 3** + 8 = 30.

Sujets corrigés

17. d. Maxime donne 1/3 puis 1/4 et enfin 1/5. En additionnant, puis en réduisant au même dénominateur, on obtient : 1/3 + 1/4 + 1/5 = 20/60 + 15/60 + 12/60 = 47/60. Il lui en reste donc : 1 – 47/60 = 60/60 – 47/60 = **13/60.**

18. d. Les mots corrects sont : une acné – une gélule – des menottes.

19. c. Dans chaque carré, commencez par le plus petit nombre.

Dans le premier carré, les nombres suivent cette logique :

1 → 2 → 3 → 4

+ 1 + 1 + 1

Dans le deuxième carré :

2 → 4 → 6 → 8

+ 2 + 2 + 2

Dans le troisième carré :

3 → 6 → 9 → 12

+ 3 + 3 + 3

Dans le quatrième carré :

4 → **8** → **12** → 16

+ 4 + 4 + 4

20. a. Le montant de la prime est obtenu en ajoutant le rang dans l'alphabet de la dernière lettre puis le rang dans l'alphabet de la première lettre :

- brigadier (R = 18, B = 2) : 182 € ;
- major (R = 18, M = 13) : 1 813 € ;
- capitaine (E = 5, C = 3) : 53 €.

Donc, commandant (T = 20, C = 3) : **203 €.**

21. c. Remplacez la lettre par son rang dans l'alphabet (A = 1, B = 2, etc.).

Le rang de la lettre représente la somme des deux nombres du triangle :

1 + 5 = 6 (F)

5 + 15 = 20 (T)

3 + 7 = 10 (J)

Donc, **5 + 3** = 8 (H).

22. b. Les cartes de la série augmentent comme ci-dessous :

1 → 3 → 5 → 7 → 9 → 11

(+ 2 à chaque étape : + 2, + 2, + 2, + 2, + 2)

Attention, comme il s'agit de cartes, 11 équivaut au Valet.

Les couleurs alternent noir (trèfle et pique) puis rouge (cœur et carreau).

23. c. Le rang de naissance de l'enfant correspond au nombre de lettres qui séparent les initiales des prénoms :

M N O P (M → P : + 3) Maxime → Pauline

N O P Q R S (N → S : + 5) Noé → Stanislas

H I (H → I : + 1) Hubert → **Iris**

24. D. La pancarte indiquant « Joinville » se trouve au-dessus de celle indiquant « Doulaincourt », donc :

- Joinville
- Doulaincourt

La pancarte indiquant « Doulaincourt » est juste sous la pancarte indiquant « Froncles », donc :

- Joinville
- Froncles
- Doulaincourt

La pancarte indiquant « Froncles » et la pancarte indiquant « Saucourt » sont dans le même sens, donc :

- Joinville
- Saucourt
- Froncles
- Doulaincourt

Sujet 6
Tests psychotechniques - sujet inédit

2 heures

Sujet inédit concours externe et internes

1. Quel nombre remplace le point d'interrogation ?

4	14	14	27
14	4	8	**?**
14	8	4	4
27	11	4	4

☐ **a.** 11 ☐ **b.** 3 ☐ **c.** 12

2. Continuez la série suivante : 1 – 2 – 3 – 5 – 8 – 13 – **?**

☐ **a.** 17 ☐ **b.** 24 ☐ **c.** 21

3. Lors d'un concours de la Police nationale, 46,35 % des candidats sont des femmes. Au total, le concours rassemble 658 personnes. Quel est le nombre de candidats masculins (arrondi à l'entier le plus proche) ?

☐ **a.** 353 ☐ **b.** 362 ☐ **c.** 378 ☐ **d.** 368

Vérifiez ces 20 opérations puis répondez aux questions 4 et 5.

1. 28 + 270 = 318
2. 261 – 46 = 307
3. 271 + 46 = 327
4. 608 + 22 = 640
5. 722 + 281 = 993
6. 832 – 165 = 687
7. 908 + 212 = 1 120
8. 18 + 45 = 53
9. 312 – 163 = 159
10. 523 – 152 = 381
11. 333 + 645 = 798
12. 756 – 168 = 578
13. 323 – 147 = 156
14. 465 – 189 = 284
15. 310 + 970 = 1 280
16. 925 – 673 = 222
17. 74 + 33 = 117
18. 45 + 379 = 434
19. 426 – 33 = 383
20. 354 – 198 = 176

4. Nombre d'additions correctes :

☐ **a.** 4 ☐ **b.** 10 ☐ **c.** 2 ☐ **d.** 8 ☐ **e.** 7

5. Nombre de soustractions fausses :

☐ **a.** 7 ☐ **c.** 3 ☐ **e.** 5

☐ **b.** 9 ☐ **d.** 10

6. Sur le plan d'une ville, 16 cm représentent 400 m. Quelle est l'échelle du plan ?

☐ **a.** 1/25 ☐ **b.** 1/250 ☐ **c.** 1/2 500 ☐ **d.** 1/25 0002

7. Le comité départemental décide d'organiser des élections pour élire le nouveau président de l'amicale des sports. Une fois le vote terminé, on comptabilise 2 100 bulletins répartis entre deux bureaux de vote. Gilles a remporté l'élection avec 52 % des votes. Il a obtenu 150 voix de plus dans le second bureau que dans le premier.

Combien Gilles a-t-il obtenu de votes dans le premier bureau ?

☐ **a.** 396 ☐ **b.** 471 ☐ **c.** 429 ☐ **d.** 621

8. Trouvez le chiffre qui remplace le point d'interrogation :

5 – 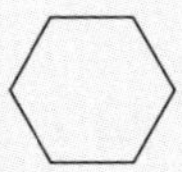 – 1 –  – **?**

☐ **a.** 1 ☐ **b.** 2 ☐ **c.** 3 ☐ **d.** 4

9. Trouvez la figure qui complète l'analogie :

 est à  ce que  est à **?**

☐ **a.** 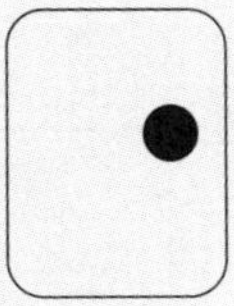 ☐ **b.** 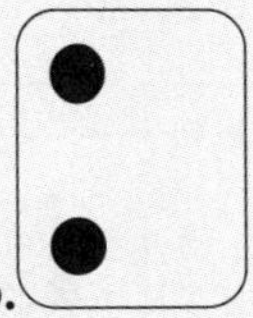 ☐ **c.** 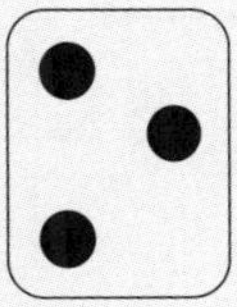 ☐ **d.** 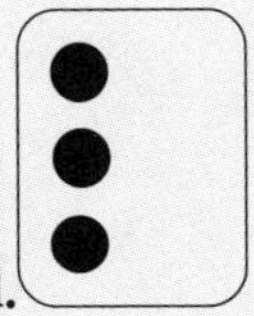

10. Trouvez le tableau qui complète l'analogie :

1	5	7
2	6	3
8	9	2

est à

13
11
19

ce que

3	6	8
5	6	2
1	4	7

est à **?**

☐ **a.**

17
13
12

☐ **b.**

17
12
13

☐ **c.**

13
11
19

☐ **d.**

13
19
11

Sujets corrigés

11. Trouvez la carte qui remplace le joker :

☐ **a.**  ☐ **b.**  ☐ **c.**  ☐ **d.** 

12. Quelle figure complète la série ?

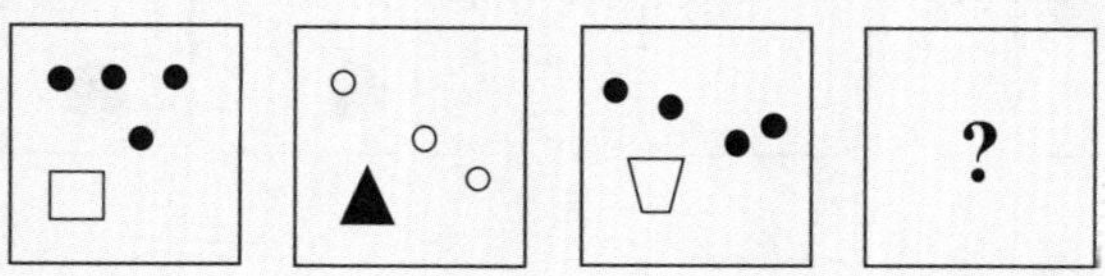

☐ **a.** 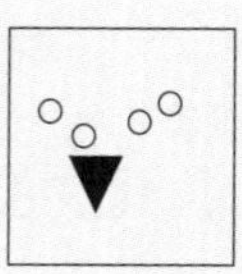 ☐ **b.** 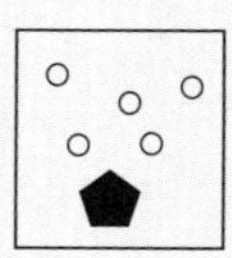 ☐ **c.** 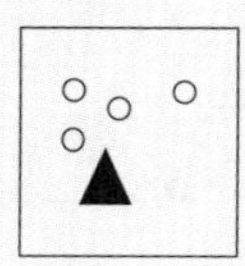 ☐ **d.** 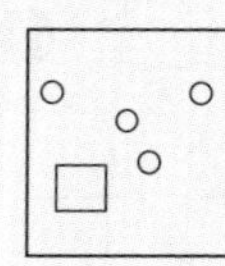

13. Une prime de 15 % récompense un agent dont le salaire est de 1 820 €. Quel est le montant de la prime ? (Gardien de la paix, 2017)

☐ **a.** 358 € ☐ **b.** 273 € ☐ **c.** 197 €

14. Quelle est l'aire exacte d'un disque de rayon 4 cm ? (Gardien de la paix, 2017)

☐ **a.** 16π cm ☐ **b.** 8π cm ☐ **c.** $16\pi^2$ cm

15. Quelle est la définition d'une gabegie ? (Gardien de la paix, 2016)

☐ **a.** Une forte stature

☐ **b.** Un petit placard

☐ **c.** Un gaspillage

16. Quelle est la carte manquante ? (Gardien de la paix, 2017)

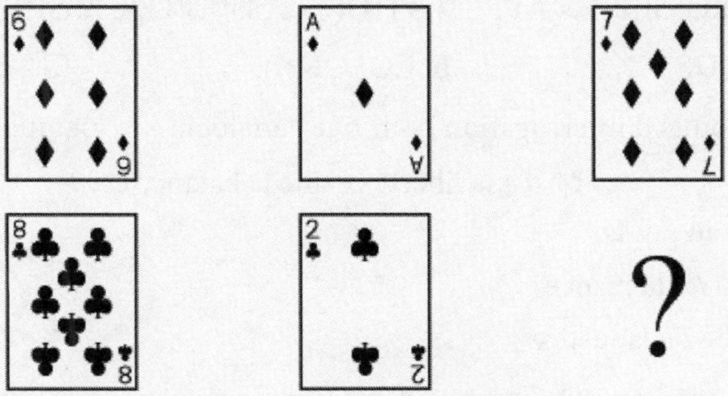

☐ **a.**  ☐ **b.**  ☐ **c.** 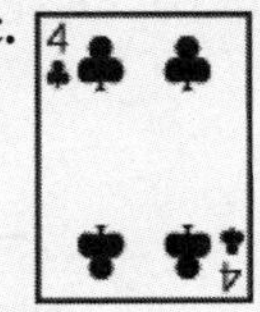

17. Quel nombre remplace le point d'interrogation ?

5		9
	10	
7		5

9		7
	21	
6		7

5		9
	13	
8		4

9		3
	?	
5		4

☐ **a.** 7 ☐ **b.** 12 ☐ **c.** 26

18. YVAN habite dans un pays de 2 522 114 habitants, VIVIANNE dans un pays de 229 229 114 145 habitants. Combien d'habitants vivent dans le pays de XAVIER ?

☐ **a.** 244 229 518 ☐ **b.** 241 228 518 ☐ **c.** 241 229 518

19. Quelle lettre remplace le point d'interrogation ? **B – C – D – F – G – H – ?**

☐ **a.** J ☐ **b.** I ☐ **c.** O

20. Une personne détenant le tiers de la valeur d'une maison décide de partager équitablement entre ses quatre héritiers. Combien chacun possèdera-t-il de la maison ?

☐ **a.** 1/6 ☐ **b.** 1/8 ☐ **c.** 1/12

21. Complétez la série :

CARROSSERIE – APPELLATION – ASSIETTE – ASSUJETTIR

☐ **a.** COLLOQUE ☐ **b.** COLONNE ☐ **c.** ASSASSIN

22. Remplacez les points d'interrogation pour que l'analogie soit logique :

? est à la liberté ce que la balance est **?**

☐ **a.** La force / au poids

☐ **b.** Le plateau / à la justice

☐ **c.** La colombe / à la justice

23. Vous êtes positionné en 4D. En vous déplaçant de deux cases au nord, une case au sud, deux cases à l'ouest et une case au nord-est, où arrivez-vous ?

	A	B	C	D	E	F
1						
2						
3						
4				X		
5						
6						

☐ **a.** En case 2C ☐ **b.** En case 2E ☐ **c.** En case 2A

24. En plaçant les voyelles qui conviennent sur les tirets, vous formerez la définition d'un mot. Lequel ?

F_ _R_ C_NN_ _TR_ Q_ _LQ_ _ CH_S_ _ Q_ _LQ_'_N

☐ **a.** Surface

☐ **b.** Combustible

☐ **c.** Communiquer

Corrigé

1. **a. 11.** Observez qu'il existe une symétrie par rapport à la diagonale.

2. **c. 21.** Remarquez que les nombres de la série sont obtenus en additionnant les deux termes précédents :

   1 + 2 = 3 ; 2 + 3 = 5 ; 3 + 5 = 8 ; 8 + 5 = 13. Donc, 13 + 8 = 21.

3. **a. 353.** Si 46,35 % des candidats sont des femmes, alors 53,65 % sont des hommes (100 – 46,35 = 53,65).

   (658 × 53,65) ÷ 100 = 353,01.

4. **c. 2.** Il s'agit des additions suivantes :

   7. (908 + 212 = 1120)

   15. (310 + 970 = 1280)

5. **d. 10.** Il s'agit des soustractions suivantes :

2. 261 – 46 = 215	13. 323 – 147 = 176
6. 832 – 165 = 667	14. 465 – 189 = 276
9. 312 – 163 = 149	16. 925 – 673 = 252
10. 523 – 152 = 371	19. 426 – 33 = 393
12. 756 – 168 = 588	20. 354 – 198 = 156

6. **c. 1/2 500.** L'énoncé indique que 16 cm représentent 400 m, donc 16 cm sur la carte représentent 40 000 cm sur le terrain. Ainsi, 1 cm sur la carte représente 40 000/16 cm sur le terrain : 40 000/16 = 2 500. L'échelle est donc de 1/2 500.

7. **b. 471.** Gilles a été élu avec 52 % des voix, ce qui représente (2 100 × 52) ÷ 100 = 1 092 voix. On pose x le nombre de voix obtenues dans le premier bureau de vote. Puisqu'il a obtenu 150 voix de plus dans le second bureau que dans le premier, alors :

   $x + (x + 150) = 1\,092$ à $2x = 1\,092 - 150$ à $2x = 942$ à $x = 942 \div 2 = 471$.

8. **b. 2.** Chaque figure est entourée de deux chiffres dont la somme correspond au nombre de côtés de la figure. Ainsi, la première figure est un hexagone (figure à six cotés) et elle est située entre 5 et 1 (5 + 1 = 6). Le triangle possède 3 cotés et 3 – 1 = 2.

9. **a.**

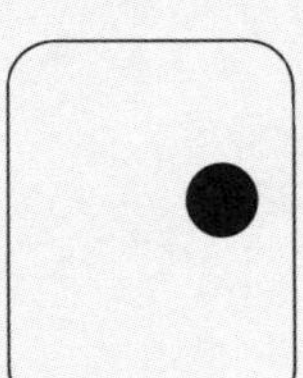

Sur la première analogie, constatez que les points communs aux deux premières figures disparaissent de la figure finale. En appliquant cette méthode à la deuxième analogie, vous obtenez la proposition a.

10. a.

17
13
12

Dans chaque analogie, le second tableau est constitué de la somme des termes de chaque ligne du premier tableau.

Première analogie :	Deuxième analogie :
1 + 5 + 7 = 13	3 + 6 + 8 = 17
2 + 6 + 3 = 11	5 + 6 + 2 = 13
8 + 9 + 2 = 19	1 + 4 + 7 = 12

11. a.

Regroupez les cartes deux par deux et attribuez à chacune sa valeur nominale (*exemples* : 2 pour le Deux de Pique, 5 pour le Cinq de Cœur, etc.). Les figures (Valet, Dame et Roi) prennent les valeurs suivantes : Valet (J) = 11 ; Dame (Q) = 12 ; Roi (K) = 13.

Remarquez alors que la somme des cartes groupées par deux est toujours égale à 15 : 2 + 13 ; 10 + 5 ; 4 + 11. Il faut donc ajouter 3 à la Dame qui vaut 12

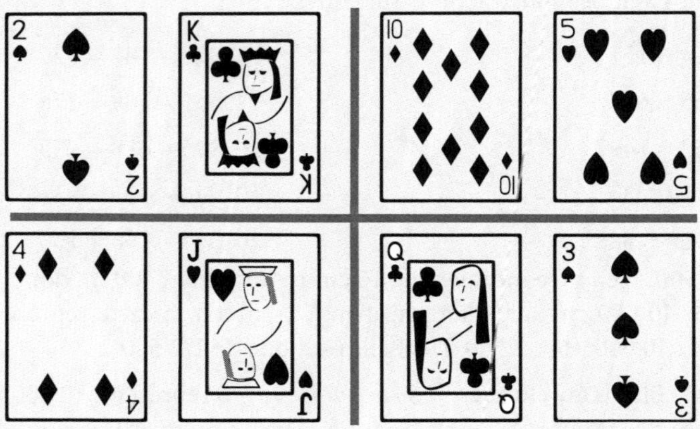

12. b.

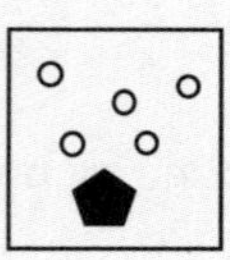

Chaque figure de la série est composée de points et d'une forme géométrique. Remarquez que la couleur des points et des formes alterne à chaque figure (noir/blanc). Observez également que le nombre de côtés de la forme géométrique correspond au nombre de points.

13. b. 273 €. Il s'agit d'un cas de proportionnalité.

	Salaire	Prime
Montant	1 820 €	**? €**
Pourcentage	100 %	15 %

On calcule donc un produit en croix : (1 820 × 15) / 100 = 273.

14. **a. 16π cm.** L'aire d'un disque est donnée par la formule : $A = \pi r^2 = 4^2\ \pi = 16\ \pi$.

15. **c. Un gaspillage.** Le terme « gabegie » désigne également un désordre, un chaos, une dépense inconsidérée, un gâchis.

16. **a.**

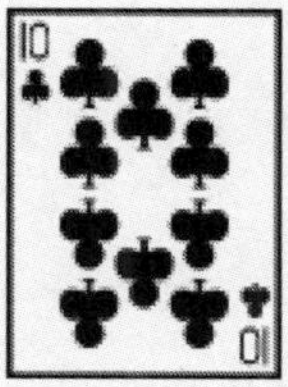

Pour chaque ligne, la couleur ne change pas : vous recherchez donc un trèfle. Remarquez que le nombre indiqué sur la carte de la colonne de gauche est la somme des nombres des deux premières colonnes.

17. **a.** Le nombre central est obtenu en multipliant le nombre situé en haut à gauche par le nombre situé en haut à droite puis en soustrayant le produit des nombres situés en bas :

$(5 \times 9) - (7 \times 5) = 45 - 35 = 10$

$(9 \times 7) - (6 \times 7) = 63 - 42 = 21$

$(5 \times 9) - (8 \times 4) = 45 - 32 = 13$

Donc, $(9 \times 3) - (5 \times 4) = 27 - 20 = 7$

18. **c. 241 229 518.** On attribue à chaque lettre du prénom un nombre correspondant à son rang dans l'alphabet : A = 1 ; B = 2 ; C = 3 ; etc. Ensuite, il suffit de retranscrire chaque prénom en chiffres : XAVIER = 24 1 22 9 5 18.

19. **a. J.** La série est exclusivement composée de consonnes suivant l'ordre alphabétique.

20. **c. 1/12.** Il y a 4 héritiers, donc on divise par 4. Comme la personne possède un tiers du bien : (1/3) / 4 = 1/12.

21. **c. ASSASSIN.** Dans cette série, chaque mot comporte deux consonnes doublées :

CARROSSERIE (2 R et 2 S) ; APPELLATION (2 P et 2 L) ; ASSIETTE (2 S et 2 T) ; ASSUJETTIR (2 S et 2 T) et donc, ASSASSIN (2 S et 2 S).

22. **c. La colombe / à la justice.** La colombe est le symbole de la liberté et la balance est le symbole de la justice.

23. **a. En case 2C.** Se déplacer de deux cases au nord puis d'une case au sud équivaut à un déplacement d'une seule case au nord, donc en 3D. En vous déplaçant de deux cases à l'ouest, vous arrivez en 3B. Avec le dernier mouvement d'une case au nord-est, vous finissez en 2C.

24. **c. Communiquer.** La phrase complète est : « Faire connaître quelque chose à quelqu'un ».

Sujet 7
Tests psychotechniques - sujet inédit

2 heures

Sujet inédit concours externe et internes

1. Pour sortir de la gare, il existe plusieurs chemins possibles. En prenant la première sortie, on emprunte un escalier de 21 marches et il faut 4 minutes en tout pour sortir. En prenant la deuxième sortie, on emprunte un escalier de 9 marches et il faut 3 minutes en tout pour sortir. Si on prend la troisième sortie, alors :
   - ☐ **a.** On emprunte un escalier de 25 marches et il faut 4 minutes en tout pour sortir.
   - ☐ **b.** On emprunte un escalier de 21 marches et il faut 3 minutes en tout pour sortir.
   - ☐ **c.** On emprunte un escalier de 19 marches et il faut 5 minutes en tout pour sortir.

2. Alexandre achète 1 croissant et 2 pains au chocolat pour 2 € 60. Maxime achète 5 croissants et 4 pains au chocolat et paie 7 € 60. Combien coûtent 3 croissants et 3 pains au chocolat ?
   - ☐ **a.** 5 € 90
   - ☐ **b.** 5 € 10
   - ☐ **c.** 4 € 90

3. Quel nombre remplace le point d'interrogation ?

   1967 9671 6719 **?**

   - ☐ **a.** 7196
   - ☐ **b.** 7961
   - ☐ **c.** 7619

4. Lors d'une visite à la librairie, vous êtes intéressé par la collection « Villages de France ». L'exemplaire consacré au village de Doulaincourt comporte 204 pages et celui consacré au village d'Épizon 145 pages. Combien de pages contient l'exemplaire consacré au village de Froncles ?
   - ☐ **a.** 196
   - ☐ **b.** 187
   - ☐ **c.** 178

5. Quel mot complète la série ?

   Cambrioleur – Accuse – Escroc – Harcèlement – **?**

   - ☐ **a.** Voleuse
   - ☐ **b.** Délit
   - ☐ **c.** Police

6. Quels nombres complètent la série ?

24 – 12

48 – 24

? – **?**

☐ **a.** 72 et 34 ☐ **b.** 72 et 36 ☐ **c.** 96 et 48

7. Trouvez l'intrus :

☐ **a.** 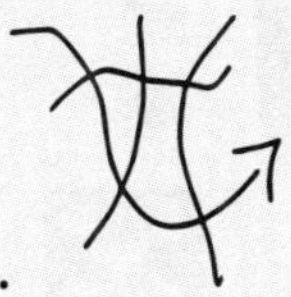 ☐ **b.** 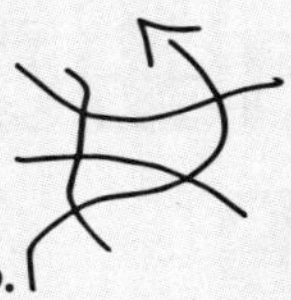 ☐ **c.** 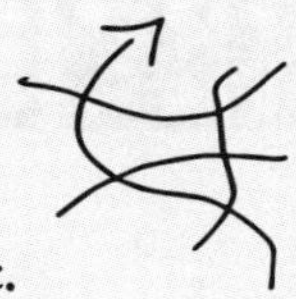 ☐ **d.** 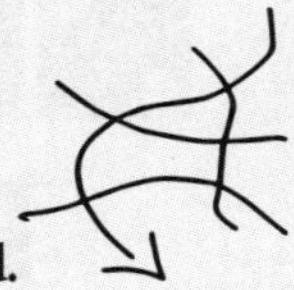

8. Voici trois policiers, Adrien, Boris et Clément, associés à leur numéro de casier.

1 **2** **3**

Vous savez que :

- le numéro correspondant au casier de Clément est supérieur au numéro correspondant au casier de Boris ;
- les numéros des casiers d'Adrien et de Boris ne se suivent pas.

Le casier n° 2 est celui de :

☐ **a.** Adrien ☐ **b.** Boris ☐ **c.** Clément

9. Quels nombres remplacent les points d'interrogation ?

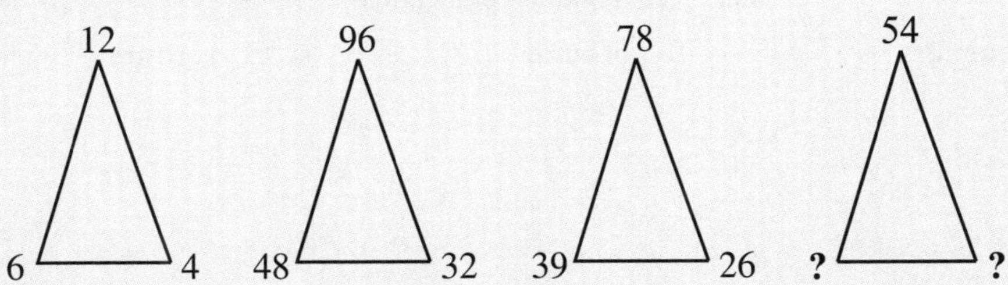

☐ **a.** 27 et 18 ☐ **b.** 27 et 28 ☐ **c.** 17 et 14

10. Quelle lettre remplace le point d'interrogation pour compléter la série ?

KMPT **?**

☐ **a.** Y ☐ **b.** E ☐ **c.** A

11. Quel est le domino manquant ?

☐ **a.**  ☐ **b.** 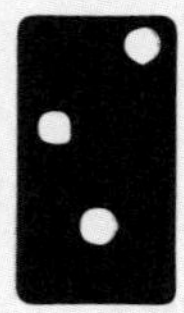 ☐ **c.** 

12. Quelle affirmation est fausse concernant l'ensemble de poulies (numérotées de 1 à 4) ci-dessous ?

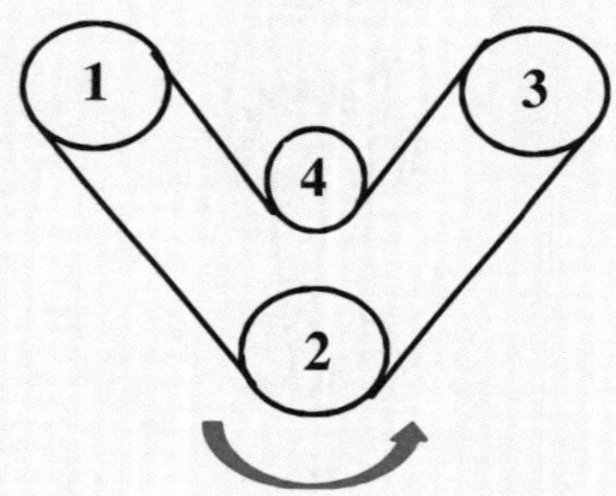

☐ **a.** Les poulies 2 et 3 tournent dans le même sens.

☐ **b.** Les poulies 2 et 4 tournent dans le même sens.

☐ **c.** Les poulies 1 et 3 tournent dans le même sens.

13. Continuez la série suivante : 10 – 20 – 50 – 140 – **?**

☐ **a.** 410 ☐ **b.** 190 ☐ **c.** 310

14. Quel mot complète la série suivante ?

bar – cep – bikini – polochon – **?**

☐ **a.** humus ☐ **b.** buste ☐ **c.** rustre

15. Quel nombre remplace le point d'interrogation ?

1	13	1	5
14	4	1	**?**
4	8	4	4
7	3	8	2

☐ **a.** 1 ☐ **b.** 3 ☐ **c.** 12

16. Lors des épreuves sportives de sélection, Alexandre a obtenu 9 à l'épreuve du javelot, Éric a obtenu 9 en natation, Maxime a obtenu 1 en natation, mais combien a obtenu Tristan au volley-ball ?

☐ **a.** 2 ☐ **b.** 5 ☐ **c.** 12

17. Quel nombre remplace le point d'interrogation ?

<table>
<tr><td></td><td colspan="2">13</td><td></td></tr>
<tr><td></td><td>2</td><td>3</td><td></td></tr>
<tr><td colspan="2">52</td><td colspan="2">29</td></tr>
<tr><td>4</td><td>?</td><td>2</td><td>5</td></tr>
</table>

☐ **a.** 2 ☐ **b.** 4 ☐ **c.** 6

18. Qu'est-ce qui remplace le point d'interrogation dans la suite ci-dessous ?

VI 3 – XX 4 – II 2 – XXV 6 – XV **?**

☐ **a.** 3 ☐ **b.** 4 ☐ **c.** 5

19. Quel est l'intrus ?

18	6
9	3

☐ **a.**

6	5
18	15

☐ **b.**

11	10
9	7

☐ **c.**

6	12
7	14

☐ **d.**

20. Un terrain est composé de 3 parcelles :

- une première de 4,62 dam^2 ;
- une seconde de 130 000 cm^2 ;
- une troisième de 90 dm^2.

Quelle est la superficie totale en m^2 ?

☐ **a.** 475,9 m^2

☐ **b.** 484 m^2

☐ **c.** 592,9 m^2

21. Pendant les soldes, vous choisissez un article à 200 € avec une étiquette « – 25 % ». En caisse, le vendeur vous annonce que vous avez droit à 10 % supplémentaires. Finalement, combien allez-vous payer l'article ?

- ☐ **a.** 148 €
- ☐ **b.** 135 €
- ☐ **c.** 165 €

22. Lors d'une vente aux enchères dédiée à des peintres célèbres, le prix des tableaux est le suivant :

- un tableau de Vasarelo est mis à prix 2 215 € ;
- un tableau de Picassu est mis à prix 1 621 €.

En suivant cette logique, combien est mis à prix un tableau de Nonet ?

☐ **a.** 1 420 € ☐ **b.** 1 315 € ☐ **c.** 1 419 €

23. Quel nombre remplace le point d'interrogation ?

☐ **a.** 56 ☐ **b.** 75 ☐ **c.** 80

24. En regroupant les syllabes ci-dessous deux par deux, vous formerez des noms de ville. Quelle syllabe ne sert à rien ?

LIN – NAN – MONT – PA – BER – CHAU – SE – RIS – TES

☐ **a.** SE ☐ **b.** CHAU ☐ **c.** TES

25. Trouvez l'intrus :

- ☐ **a.** PPPbbbunn
- ☐ **b.** bbbPPPnuu
- ☐ **c.** uunnqqqddd
- ☐ **d.** nnudddqqq

Corrigé

1. a. On emprunte un escalier de 25 marches et il faut 4 minutes en tout pour sortir.
Le nombre de marches est la somme des rangs dans l'alphabet des première et dernière lettres de la sortie :

- première : P = 16 et E = 5, donc 21 marches ;
- deuxième : D = 4 et E = 5, donc 9 marches ;
- troisième : T = 20 et E = 5, donc 25 marches.

Le temps est égal au nombre de consonnes du numéro de sortie :

- première : 4 consonnes, donc 4 minutes ;
- deuxième : 3 consonnes, donc 3 minutes ;
- troisième : 4 consonnes, donc 4 minutes.

2. b. 5 € 10. Alexandre achète 1 croissant et 2 pains au chocolat et paie 2 € 60. Maxime achète 5 croissants et 4 pains au chocolat et paie 7 € 60. Ainsi, à eux deux, ils achètent 6 croissants et 6 pains au chocolat pour : 2,60 + 7,60 = 10 € 20.
Donc, 3 croissants et 3 pains au chocolat coûtent deux fois moins cher : 10,20 ÷ 2 = 5 € 10.

3. a. 7196. En passant d'un nombre à l'autre, le premier chiffre se déplace à la fin du nombre suivant et tous les autres chiffres se décalent d'une position vers la gauche.

4. a. 196. Le nombre de pages est obtenu en ajoutant le rang dans l'alphabet de la dernière lettre, puis le rang dans l'alphabet de la première lettre :

- Doulaincourt (T = 20, D = 4) : 204 pages ;
- Épizon (N = 14, E = 5) : 145 pages.

Donc, Froncles (S = 19, F = 6) : 196 pages.

5. c. Police. On retrouve la lettre « C » dans tous les mots. Elle se trouve en première position dans le premier mot, en deuxième position dans le deuxième mot, en troisième position dans le troisième mot, en quatrième position dans le quatrième mot.
Donc, vous cherchez un mot qui contient la lettre « C » en cinquième position : police.

6. c. 96 et 48. En colonne, le nombre inférieur est le nombre du dessus multiplié par 4 :
$12 \times 4 = 48$

Donc, $24 \times 4 = 96$.

En ligne, le deuxième nombre est le premier nombre divisé par 2 :

$24 \div 2 = 12$ et $48 \div 2 = 24$

Donc, $96 \div 2 = 48$.

7. c. La figure A subit une rotation de 90° vers la droite (B) ou 90° vers la gauche (D). La figure C est la figure B mais retournée horizontalement.

8. c. Clément. Le numéro correspondant au casier de Clément est supérieur au numéro correspondant au casier de Boris. Il y a donc trois possibilités :

	Casier n° 1	Casier n° 2	Casier n° 3
1	Adrien	Boris	Clément
2	Boris	Adrien	Clément
3	Boris	Clément	Adrien

Les numéros des casiers d'Adrien et de Boris ne se suivent pas, donc Clément occupe le casier n° 2.

9. a. 27 et 18. Le nombre (ou chiffre) situé en bas à gauche du triangle est la moitié du nombre du dessus :

12/2 = 6 ; 96/2 = 48 ; 78/2 = 39, donc 54/2 = 27.

Le nombre (ou chiffre) situé en bas à droite du triangle est le tiers du nombre du dessus :

12/3 = 4 ; 96/3 = 32 ; 78/3 = 26, donc 54/3 = 18.

10. a. Y.

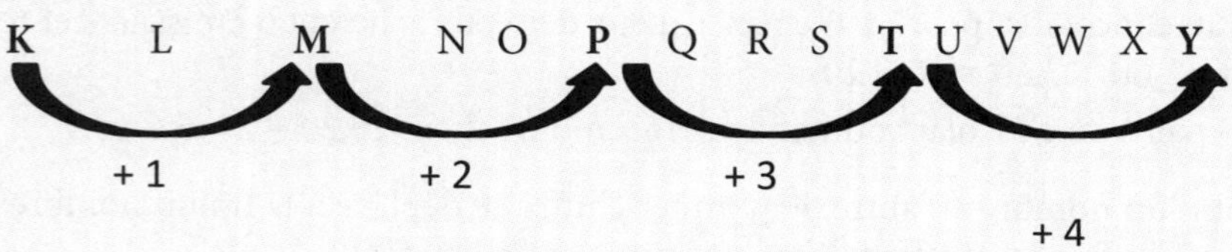

11. b. Les mêmes dominos situés de chaque côté sont inversés.

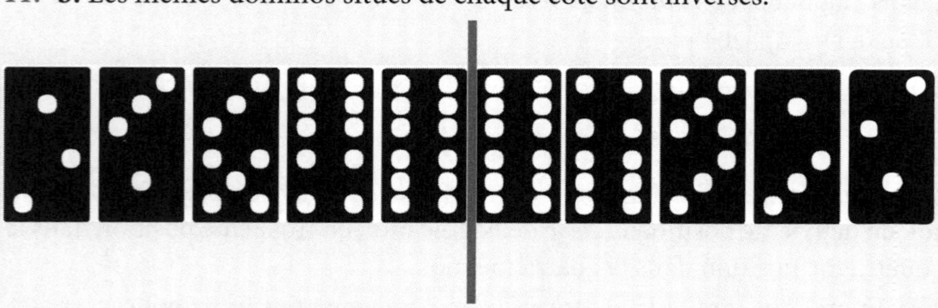

12. b. Les poulies 2 et 4 tournent dans le même sens.

13. a. 410. Remarquez que les nombres de la série augmentent comme ci-dessous :

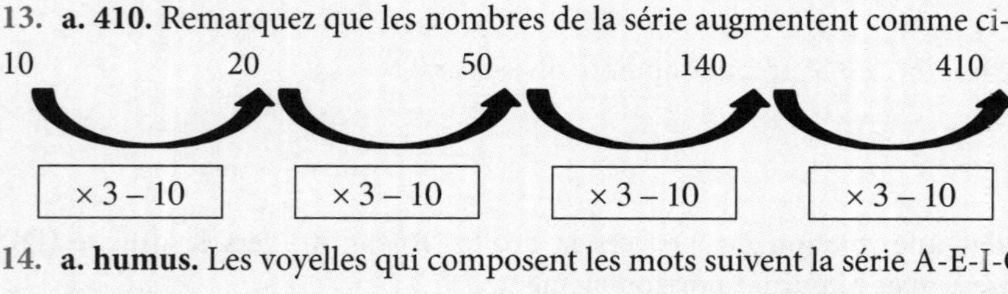

14. a. humus. Les voyelles qui composent les mots suivent la série A-E-I-O-U.

15. a. 1. En raisonnant en ligne, remarquez que la somme des termes est égale à 20.

1 + 13 + 1 + 5 = 20

$4 + 8 + 4 + 4 = 20$

$7 + 3 + 8 + 2 = 20$

Donc, $20 - 14 - 4 - 1 = 1$.

16. a. 2. La note obtenue correspond au nombre de lettres qui séparent les initiales du prénom et de la discipline :

A BCDEFGHI **J** → 9

E FGHIJKLM **N** → 9

M **N** → 1

Donc,

T U V → 2

17. c. 6. Observez que le nombre situé au-dessus de chaque paire de chiffres est égal à la somme de leurs carrés.

$13 = 2^2 + 3^2 = 4 + 9$

$29 = 2^2 + 5^2 = 4 + 25$

Donc, $52 - 4^2 = 52 - 16 = 36 = 6^2$.

18. b. 4. Le chiffre représente le nombre de traits utilisés pour écrire les nombres romains :

- VI : 3 traits
- XX : 4 traits
- II 2 : traits
- XXV : 6 traits
- XV : 4 traits

19. c. Pour les autres figures, le produit des nombres en diagonale est le même :

$18 \times 3 = 9 \times 6 = 54$

$6 \times 15 = 18 \times 5 = 90$

$6 \times 14 = 7 \times 12 = 84$

Pour la figure C, $11 \times 7 = 77$ et $10 \times 9 = 90$.

20. a. 475,9 m2. On exprime toutes les surfaces en m^2 :

4,62 dam^2 = 462 m^2

130 000 cm^2 = 1 300 dm^2 = 13 m^2

90 dm^2 = 0,9 m^2

Donc, $462 + 13 + 0{,}9 = 475{,}9$ m^2.

21. b. 135 €. Calcul du prix après la réduction « – 25 % » :

200 – 0,25 × 200 = 200 – 50 = 150 €.

Calcul du prix après la réduction supplémentaire « – 10 % » :

150 – 0,10 × 150 = 150 – 15 = 135 €.

22. a. 1 420 €. Le rang de la première lettre donne le montant en centaines d'euros, le rang de la dernière lettre donne le montant en euros :

- un tableau de Vasarelo est mis à prix à 2 215 € (V = 22 et O = 15) ;
- un tableau de Picassu est mis à prix à 1 621 € (P = 16 et U = 21).

Donc, un tableau de Nonet est mis à prix à 1 420 € (N = 14 et T = 20).

23. a. 56. Le nombre représente le produit de la somme des points pour la paire de dominos :

$(4 + 2) \times (6 + 6) = 72$

$(6 + 3) \times (5 + 3) = 72$

$(6 + 5) \times (6 + 2) = 88$

Donc, $(5 + 3) \times (5 + 2) = 56$.

24. a. SE. Il s'agit des villes de Paris, Berlin, Nantes et Chaumont.

25. c. La figure B est identique à la figure A qui a subi une rotation de 180° verticalement. La figure D est identique à la figure A qui a subi une rotation de 180° horizontalement. En revanche, la figure C n'est pas composée des même lettres (PPPbbbuunn). Elle a été retournée verticalement puis horizontalement.

87665 - (I) - OSB 80 - PMS 633U - BPE - MSN

DUPLI PRINT

733, rue Saint-Léonard, 53100 MAYENNE

Dépôt légal : mars 2025

N° 2996764V

Imprimé en France